我们一起解决问题

PRACTICE GUIDE TO

普华审计实务
工具书系列

内部控制审计
[实务指南]

INTERNAL CONTROL AUDIT

高雅青 李三喜 施莹华◎主编

人民邮电出版社
北　京

图书在版编目（ＣＩＰ）数据

内部控制审计实务指南 / 高雅青，李三喜，施莹华
主编. -- 北京：人民邮电出版社，2024.1
　　（普华审计实务工具书系列）
　　ISBN 978-7-115-63215-9

　　Ⅰ．①内… Ⅱ．①高… ②李… ③施… Ⅲ．①企业—
内部审计—指南 Ⅳ．①F239.45-62

中国国家版本馆CIP数据核字(2023)第234492号

内 容 提 要

内部控制是企业的一项重要管理活动。近年来，各国政府监管机构、企业界和会计职业界对内部控制的重视程度日益提升，企业内部控制审计业务由原来的一次性业务或面向少数企业的业务变成了与财务报表审计一样的经常性业务。而对于如何做好内部控制审计，很多审计人员仍旧不得其法，本书便是一部内部控制审计实务指南。

本书汇集了作者团队在内部控制审计领域多年积累的丰厚理论研究成果和丰富实践经验。在介绍了一些内部控制审计的基础知识后，本书详细论述了整体层面内部控制审计、资金活动内部控制审计、采购业务内部控制审计、资产管理内部控制审计、销售业务内部控制审计、工程项目内部控制审计、财务报告内部控制审计、全面预算内部控制审计、合同管理内部控制审计、信息系统内部控制审计的实务及案例。作者以深入浅出的方式介绍了内部控制审计的具体流程与方法，并辅以案例解析，带领读者充分透视内部控制审计，全面掌握内部控制审计实战技巧。

本书适合审计机关、内部审计机构、社会审计机构及其人员，内部控制与风险管理人员、咨询人员等阅读和使用。

◆主　　编　高雅青　李三喜　施莹华
　责任编辑　贾淑艳
　责任印制　彭志环
◆人民邮电出版社出版发行　　北京市丰台区成寿寺路 11 号
　邮编 100164　电子邮件 315@ptpress.com.cn
　网址 https://www.ptpress.com.cn
　涿州市般润文化传播有限公司印刷
◆开本：787×1092　1/16
　印张：18.5　　　　　　　　　　2024 年 1 月第 1 版
　字数：350 千字　　　　　　　　2025 年 11 月河北第 7 次印刷

定　价：89.00 元
读者服务热线：（010）81055656　印装质量热线：（010）81055316
反盗版热线：（010）81055315

中天恒内部控制审计实务指南编写组

主　编	高雅青　李三喜　施莹华
副主编	李　章　赵志新　武战伟　冯　坚
编写组核心成员	王　健　王　浩　王青纹　王　银　尹薇苹
	许宏丰　石茜茜　刘　勇　段　锋　冷宏峰
	张爱军　李红岩　张英阁　魏　伟　胡　煜
	崔艳花　葛一方　史士晟　朱　杰　郭满义
	刘立伟　黄　岩　高继艳　崔慧帼
审　定	于维严　张杉杉

前　言

随着内部控制日益重要，不论是审计机关、内审机构，还是社会审计机构（会计师事务所），都越来越重视内部控制审计工作，并将其作为现代审计的一项重要内容。

内部控制审计实务到底包括哪些内容、如何审计，这是值得深入研究和探索的实践课题。经长期实践和研究，我们编写了本书。

对于内部控制审计，人们的认识很不一致。内部控制审计有制度基础审计、内部控制审核、内部控制测试、内部控制评价等多种称谓，也有多种定义。本书将内部控制审计简单定义为对特定基准日内部控制有效性独立进行的监督工作。

本书认为，内部控制审计不是制度基础审计，而是对内部控制这一对象进行的专项审计，属于专项审计的范畴。内部控制审计是对被审计单位内部控制有效性单独发表意见，与作为其他审计形式的一个环节来决定实质性测试的深度和广度的内部控制测试不同，它需要擅长经营管理的审计人员，采用必要的审计程序，专门就被审计单位内部控制的设计与运行的有效性进行审查和评价，编制内部控制审计工作底稿，取得充分的审计证据，依据审计结果，仅就内部控制设计与运行的有效性出具审计报告。

本书认为，内部控制审计不是内部控制评价，两者是相互独立、并行不悖的，既有联系，又有区别。组织实施内部控制评价和内部控制审计必须按照不同的规则独立完成，两者之间不能相互替代和免除。鉴证类内部控制审计是对内部控制评价报告进行审计并发表意见，是一种对结果的认定；而内部控制评价是一种循环往复的过程，组织通过这一过程不断完善内部管理。内部控制审计是由审计人员独立进行测试并得出结论的；而内部控制评价是由管理层对本组织的内部控制有效性进行测试并得出结论的。

本书认为，会计师事务所接受委托对管理层内部控制评价报告进行审计并发表意见，这属于鉴证性质。会计师事务所从事的鉴证性质的内部控制审计，应针对管理层内部控制评价报告进行审计并提出结论。审计人员对管理层内部控制评价报告进行审计，其责任在于确定管理层内部控制评价报告的恰当性，关注的重点是内部控制评价报告是否符合实际，内部控制是否有效只是审计人员判断内部控制评价报告是否恰当的基础。审计报告要明确提及管理层内部控制评价报告。如果被审计单位内部控制存在缺陷，但管理层在内部控制评价报告中已做充分披露，那么审计人员仍然可以出具无保留意见的审计报告。只有当被审计单位内部控制存在缺陷，而管理层未发现或未做适当披露时，审计人员才可能出具保留意见或否定意见的审计报告。

本书认为，审计机关、内审机构进行的内部控制审计是为了满足监督和管理需要，属于管理审计的范畴，不是鉴证性质的，应该直接对特定基准日内部控制设计与运行的有效性进行审计并出具报告。会计师事务所受托从事上述内部控制审计业务，也不是鉴证性质的，属于基于外部监管和内部管理需要的管理类审计。

在实际工作中，会计师事务所接受委托所从事的内部控制审计包括基于满足政府监管部门要求的鉴证类审计和基于内部管理需要的管理类审计。基于内部管理需要的管理类审计大多是由内部审计机构委托的，需要满足委托人的特殊要求。注册会计师在执业时区分这两类内部控制审计的要求很重要。

在审计实务中，不论是财务报表审计、经济责任审计，还是经济效益审计等审计类型，都把内部控制的健全、有效性作为一项重要审计内容，而不是把内部控制审计作为一种独立的审计类型。

如把内部控制审计作为独立的审计类型，内部控制审计应如何进行？具体可分为两种形式。一是独立审计形式。内部控制审计是对内部控制的有效性发表意见，对象是内部控制，应出具单独的审计报告。二是整合审计形式。整合审计形式就是将内部控制审计与财务报表审计整合进行的一种审计形式。这两种形式各有特点：独立审计有利于提高审计工作质量，但审计效率较低，也会增加审计成本；整合审计可以提高审计工作效率，但难以提高内部控制审计的工作质量。

审计机关、内审机构进行的内部控制审计和会计师事务所接受委托从事的非鉴证类的内部控制审计，应该采用独立审计形式。否则，就没有必要进行这类内部控制审计。

关于内部控制审计内容，现实的做法也不一致。一般把内部控制整体框架及其要素作为内部控制审计内容，即对控制环境、风险评估、控制活动、信息与沟通和内部监督五要素或内部环境、目标设定、事件识别、风险评估、风险反应、控制活动、信息与沟通和内部监督八要素进行审查和评价。

本书认为，把内部控制整体框架及其要素作为内部控制审计内容是重要的，但这是基本的整体层面上的内部控制审计内容，还应把业务层面上的内部控制作为内部控制审计的重要内容。如不把业务层面的内部控制作为审计重点，内部控制审计工作将难以深入，容易走形式。

本书强调内部控制审计内容包括整体层面控制审计和业务层面控制审计两个方面，均应对其设计与运行的有效性独立进行审查和评价。内部控制的设计很重要，内部控制的运行更重要，其都是内部控制审计的重要内容。

内部控制审计程序划分为哪几个阶段，每个阶段又分为哪些步骤，这些因审计组织和审计范围的不同而不同。一般将内部控制审计程序划分为审计规划、评估风险、控制测试、分析结果、提出建议、编写报告、跟踪和监督等阶段。本书将内部控制审计程序划分为审计准备、审计实施、审计报告三个基本阶段，每个阶段又可细分为若干步骤。

内部控制审计到底包括哪些方法，理论界和实务界对此的认识是不同的，具体做法也不一样。本书认为，内部控制审计方法是多种多样的，审计人员需要综合运用审阅法、询问法、调查法、观察法、讨论法、穿行测试法、抽样法、比较分析法、文字说明法、控制矩阵法和流程图法等；在内部控制审计中，数据分析将越来越重要。

本书内容包括内部控制审计概述及案例，整体层面、资金活动、采购业务、资产管理、销售业务、工程项目、财务报告、全面预算、合同管理和信息系统等方面的内部控制审计实务及案例，基本涵盖了内部控制审计实务的主要方面。

本书按照基本概念、内容和要点、程序和方法、实务案例的体例编写，以实务案例为主，突出操作性、实用性。

本书虽力求具有操作性和实用性，但限于我们的认识水平和实践经验，不足之处在所难免，希望广大读者不吝指正，以便我们在今后的工作中先行纠正和完善，并在本书再版时进行修订。

李三喜

2023 年 10 月

目 录

第 1 章

内部控制审计概述及案例

第 1 节　基本概念

内部控制审计有制度基础审计、内部控制审核、内部控制测试和内部控制评价等多种称谓，也有多种定义。

一般认为，内部控制审计是指对组织的内部控制体系进行评估和审计的过程，是一种评估和改进组织内部控制体系的方法，旨在维护组织的利益，提高组织的运作效率和效果。

【观点分享】

　　本指引所称内部控制审计，是指会计师事务所接受委托，对特定基准日内部控制设计与运行的有效性进行审计。

　　　　——财政部、证监会等五部委颁布的《企业内部控制审计指引》第二条

【观点分享】

　　本准则所称内部控制审计，是指内部审计机构对组织内部控制设计和运行的有效性进行的审查和评价活动。

　　　　——中国内部审计协会发布的《第 2201 号内部审计具体准则——内部控制审计》第二条

我们认为内部控制审计，就是由审计机构或审计人员依据国家内部控制规范及组织内部控制制度，通过系统规范的审计程序和方法，对特定基准日内部控制设计与运行的有效性独立进行审查和评价的监督工作。

简单定义，内部控制审计就是对特定基准日内部控制有效性独立进行的监督工作。

第2节　内容和要点

一般将内部控制审计内容分为整体层面控制审计和业务层面控制审计两个方面。

整体层面控制审计，就是对组织特定基准日内部控制设计与运行的有效性的审查和评价，审计内容和要点包括控制环境、风险评估、控制活动、信息与沟通、内部监督构成的内部控制体系及其每个构成要素的设计与运行有效性的审查和评价。

业务层面控制审计，就是对组织特定基准日业务活动或者业务活动某些环节的内部控制设计与运行有效性的审查和评价，审计内容和要点因组织的特点、行业要求和法规等因素而有所不同。

审计机构及其人员可根据管理需求和业务活动的特点，针对资金活动、采购业务、资产管理、销售业务、研究与开发、工程项目、财务报告、全面预算、合同管理和信息系统等，对业务层面内部控制的设计和运行有效性进行审查和评价。

【观点分享】

内部控制审计按其范围划分，分为全面内部控制审计和专项内部控制审计。全面内部控制审计，是针对组织所有业务活动的内部控制，包括内部环境、风险评估、控制活动、信息与沟通、内部监督五个要素所进行的全面审计。专项内部控制审计，是针对组织内部控制的某个要素、某项业务活动或者业务活动某些环节的内部控制所进行的审计。

——《第2201号内部审计具体准则——内部控制审计》第八条

第 3 节　程序和方法

一、内部控制审计程序

内部控制审计程序，就是内部控制审计工作从开始到结束的基本步骤。一般将内部控制审计程序划分为审计规划、评估风险、控制测试、分析结果、提出建议、编写报告、跟踪和监督等阶段。

我国财政部、证监会等五部委颁布的《企业内部控制审计指引》把会计师事务所承接的基于鉴证需要的内部控制审计工作分为计划审计工作、实施审计工作、评价控制缺陷、完成审计工作、出具审计报告等主要步骤。

中国内部审计协会发布的《第 2201 号内部审计具体准则——内部控制审计》将内部审计机构及其人员承接的内部控制审计程序划分为编制项目审计方案、组成审计组、实施现场审查、认定控制缺陷、汇总审计结果、编制审计报告等步骤。

我们认为内部控制审计基本程序包括审计准备、审计实施、审计报告三个阶段，每个阶段又可细分为若干步骤。我们自主编制的内部控制审计业务流程目录如表 1-1 所示。

表 1-1　内部控制审计业务流程目录

流程编号	一级流程	二级流程	三级流程	四级流程
01	审计准备			
01.01		制定规划		
01.02		确定单位		
01.03		初步了解		
01.04		制定方案		
01.05		成立小组		
01.06		确定标准		
01.07		编制程序		
01.08		准备资料		
01.09		下发通知		
01.10		组织进点		
02	审计实施			
02.01		调查了解		
02.01.01			从整体层面了解内部控制	
02.01.02			从业务层面了解内部控制	

流程编号	一级流程	二级流程	三级流程	四级流程
02.02		初步评价		
02.02.01			确定理想的内部控制模式	
02.02.02			描述现行内部控制	
02.02.03			比较现行内部控制与理想内部控制模式	
02.02.04			进行初步评价	
02.03		评估风险		
02.04		选择控制		
02.04.01			识别整体层面的控制	
02.04.02			识别重要账户、列报及其相关认定	
02.04.03			了解错报的可能来源	
02.04.04			选择拟测试的控制	
02.05		控制测试		
02.05.01			整体层面控制测试	
02.05.01.01				整体层面控制设计有效性测试
02.05.01.02				整体层面控制运行有效性测试
02.05.02			业务层面控制测试	
02.05.02.01				业务层面控制设计有效性测试
02.05.02.02				业务层面控制运行有效性测试
02.06		应对舞弊		
02.06.01			审计准备阶段应当考虑舞弊风险的评估结果	
02.06.02			测试控制时应当评价内部控制是否足以应对舞弊风险	
02.07		获取证据		
02.07.01			风险与获取证据的关系	
02.07.02			获取证据的方法	
02.07.03			获取证据的时间范围	
02.07.04			控制偏差对获取证据的影响	
02.08		评价缺陷		
02.09		形成意见		
02.09.01			对获取证据进行分析评价	

（续表）

流程编号	一级流程	二级流程	三级流程	四级流程
02.09.02			就审计事实进行现场沟通	
02.09.03			获取企业签署的书面声明	
03	审计报告			
03.01		复核底稿		
03.02		分析缺陷		
03.03		核定意见		
03.04		起草报告		
03.05		复核报告		
03.06		征求意见		
03.07		结果利用		
03.08		总结归档		

（一）内部控制审计准备

内部控制审计准备是内部控制审计工作的首要环节，是对内部控制审计工作的规划或计划，一般应包括制定规划、确定单位、初步了解、制定方案、成立小组、确定标准、编制程序、准备资料、下发通知、组织进点等步骤。其中，制定方案、成立小组和准备资料很重要。

1. 制定规划

制定规划就是审计机构对内部控制审计工作做出事先规划，规划是确定内部控制审计项目的直接依据。

审计机关和内审机构应根据本机构工作目标和重点，提出内部控制审计的重点内容和重点审计单位，编制年度内部控制审计规划（计划），或更长期间的规划，并根据实际工作出现的新情况和新问题及时对规划进行调整。

会计师事务所不需要编制年度内部控制审计计划，而应编制内部控制审计项目计划。项目计划就是对内部控制审计项目的具体安排，基本上可等同于项目工作方案。

2. 确定单位

确定单位就是确定内部控制审计的被审计单位。

审计机关和内审机构应依据审计工作规划，根据上级部门和有关领导直接布置的专项工作确定内部控制审计的具体被审计单位。

会计师事务所只能根据委托协议确定需对其实施内部控制审计的客户。

3. 初步了解

初步了解也称初步调查，就是初步了解组织的基本情况及其内部控制状况，是制定具有针对性的内部控制审计工作方案的前提。

在确定了被审计单位后，审计人员应对被审计单位的情况进行初步了解。审计准备阶段的初步了解不可能太详细，一般应包括了解被审计单位所处的环境和营业的特点、内部控制的构建和运行状况等。初步了解的程序如下。

（1）确定内部控制有效性审计标准。

（2）收集相关资料和信息，主要包括被审计单位的基本情况、被审计单位正在执行的各种成文的管理制度及其适用范围和所属控制环节、以前年度内部控制审计结果、近一年来其他审计或检查的结果、从其他渠道得到的内部控制信息，等等。

（3）确定审计内容和重点。对照内部控制审计要点，对收集到的相关资料和信息进行分析，判断被审计单位的控制薄弱环节，确定审计的内容和重点。以往审计或检查发现的内部控制执行缺陷必须纳入审计重点。

4.制定方案

制定方案就是制定内部控制审计工作方案。内部控制审计工作方案是实施内部控制审计的具体依据。内部控制审计工作方案相当于内部控制审计工作项目计划，是审计机构及审计人员为完成审计业务、达到预期的审计目的，对内部控制审计工作做出的事先规划，对审计人员及时、有效地开展内部控制审计工作具有重要作用。

内部控制审计工作方案一般包括内部控制审计的目的、时间、范围、方式、内容、人员分工等内容，其中最主要的内容是审计范围、审计人员、审计程序。

会计师事务所的内部控制审计工作项目计划内容包括风险评估程序、计划实施的进一步审计程序、计划实施的其他审计程序，对审计计划的更改。

为了更高效地实施内部控制审计，审计人员应根据被审计单位所处的环境和营业的特点等，充分了解被审计单位的内部控制构建和运行状况及评价状况，考虑审计上的重要性，制定内部控制审计工作方案。

一般来说，在制定内部控制审计工作方案时，审计人员应当考虑以下主要因素：

一是企业所在行业的情况，包括行业景气程度、经营风险、技术进步等；

二是企业的内部情况，包括组织结构、经营特征、资本构成、生产和业务流程、员工素质等；

三是企业近期在经营和内部控制方面的变化；

四是管理层的诚信、能力及发生舞弊的可能性；

五是管理层评价内部控制有效性的方法和证据；

六是对重要性水平、固有风险及其他与确定内部控制重大缺陷有关的因素的初步判断；

七是特定内部控制的性质及其在内部控制整体中的重要性；

八是对内部控制有效性的初步判断；

九是从其他专业服务中了解到的有关被审计单位内部控制的情况。

在内部控制审计实施过程中，在因条件的变化需要改变方案的内容的情况下，或者在审计实施过程中发现新的重要事项的情况下，审计人员必须合理地调整内部控制审计工作方案，但需要按规定程序进行修改和批准。一般是按内部控制审计工作方案的制定程序制定补充方案。为保证内部控制审计工作方案的有效实施，确保内部控制审计工作的质量，审计人员应严格执行内部控制审计工作方案，不能私自更改内部控制审计工作方案的内容。

5. 成立小组

成立小组就是成立内部控制审计组。这是内部控制审计工作能够有效进行的组织和人员上的保证。具有专业胜任能力的审计组是高质量完成内部控制审计的基础。

与一般财务报表审计相比，内部控制审计对审计人员的要求比较高，审计人员除应具备基本的财务审计知识和技能外，还需要具备经营管理知识和能力，更需要具备内部控制和风险管理知识和技能。

审计机构应根据内部控制审计工作的性质、业务量、难度及时间进度，并结合有关领导及部门对内部控制审计任务的特殊要求和规避原则，组织有经验的审计人员和聘请有关专家，组建内部控制审计组，任命组长，并对审计组成员提出任务性质、工作量、完成时间、注意事项等方面的要求，同时进行审计前有关法律法规、主要业务培训，为现场审计打好基础。

6. 确定标准

确定标准就是确定内部控制审计具体依据。审计机构在实施内部控制审计前应明确审计标准，并要求所有参与审计的人员认真阅读，必要时应进行审计前的培训。国际上关于内部控制审计的标准有很多，我国政府部门颁布的法规或者规范性文件也不少。

这么多标准到底执行哪个呢？这是在实施内部控制审计之前必须解决的。我国企业的内部控制审计标准应该统一为财政部、证监会、审计署等五部委颁发的《企业内部控制基本规范》及其配套指引。

就一个具体内部控制审计项目而言，本组织的《内部控制管理手册》《内部控制评价手册》《内部控制审计手册》是最具体的标准和指南。

就内审机构而言，通常审计人员应选择组织已制定的内部控制标准为内部控制审计标准。如果审计人员认为已有标准不合适，应向适当的管理层报告；如果管理层没有制定合适的标准，审计人员应基于组织利益最大化的原则选择适当的审计标准。

7. 编制程序

编制程序就是编制内部控制审计的具体流程（内部控制审计程序）。这对引导审计人员进行具体审计工作非常有用。内部控制审计程序一定要在内部控制审计标准要求的基础上，结合企业内部控制现状设计，以增强可操作性。

组织结构、经营流程及业务单元的规模和复杂程度影响许多控制目标的实现方式。审计机构应当根据企业的具体情况调整审计工作，以获取充分、适当的证据，支持发表的审计意见。

8. 准备资料

准备资料就是准备内部控制审计需要的相关资料，审计机构和被审计单位都需要准备资料。

审计机构需要准备的资料主要包括审计标准、调查问卷、抽样计划、工作底稿、缺陷认定及报告模板等。

在审计工作实施前，让参与审计的人员熟知内部控制审计的具体流程及其相应的工作模板，对提高内部控制审计工作效率和质量具有非常重要的意义。

被审计单位需要准备的资料主要包括内部控制体系文件及相关记录等。根据我们多年的审计工作实践经验，在实施内部控制审计前向被审计单位提供审计资料准备清单有助于被审计单位提前做好准备，从而提高内部控制审计工作效率。

9. 下发通知

下发通知就是在实施内部控制审计前下发审计通知书，明确内部控制审计的有关事宜。

一般来说，内部控制审计组于实施现场审计前向被审计单位下发内部控制审计通知书，通知书中应明确被审计单位需要准备的资料、参加审计的人员，同时要求被审计单位要有一名审计工作协调员，负责审计联络工作及有关事项。

下发通知的具体时间是没有明确规定的，可以根据实际需要确定，可以是审计人员进现场的当天，也可以提前几天或几周。若没有特殊情况，内部控制审计组应在进现场前一周下发审计通知书，便于被审计单位做好审前准备。

10. 组织进点

组织进点就是组织内部控制审计组入驻被审计单位开始进行内部控制审计现场工作。内部控制审计工作涉及面广、难度大，需要企业各个部门全力配合才能完成。

在内部控制审计实施前利用进点会或其他形式对被审计单位的高管人员及其员工进行动员或宣讲是十分必要的。审计组进点后应按照内部控制审计工作方案的要求，按照具体分组、分工及时投入实际审计工作。

在实际内部控制审计工作中，审计准备阶段的上述工作不可能人为割裂开来，在顺序上也不是固定的，在内容上也可多可少。

（二）内部控制审计实施

审计实施是内部控制审计的核心环节，是内部控制审计最具实质性的阶段，一般包括调查了解、初步评价、评估风险、选择控制、控制测试、应对舞弊、获取证据、评价缺陷和形成意见等步骤。

1. 调查了解

调查了解，专业上称"了解内部控制"程序，是内部控制审计实施阶段的首要环节，是在前期对内部控制现状初步了解基础上的深入调查和了解。内部控制审计组应了解被审计单位内部控制体系的基本情况，确认审计范围，确定被审计单位的内部控制体系的健全程度，然后决定实施测试时所采用的方法。

这一部分的工作是在审计准备阶段的基础上进行的，涉及的具体内容很多，也因企业的不同而不同，大致可分为以下两个方面。一是从整体层面了解内部控制，这包括对控制环境、风险评估、控制活动、信息与沟通、内部监督五要素的了解。二是从业务层面了解内部控制，通常包括如下步骤：确定重要业务流程和重要交易类别；了解重要交易流程，并记录；确定可能发生错报的环节；识别和了解相关控制。

对内部控制整体层面和业务层面的了解都很重要，不能仅限于对内部控制五要素的调查和了解。调查了解内部控制也不必面面俱到，要突出重点，主要调查被审计单位或部门是否遵循了不相容职务控制、业务程序标准化控制、复查核对控制等程序。

可通过审阅被审计单位的规章制度、组织机构设置表和前一年度的审计工作底稿，或通过现场询问有关人员，以及通过实地观察等方式，调查了解被审计单位内部控制系统的详细情况之后采用一定的方法将调查结果表述出来。内部控制审计应调查的内容应视具体的项目而定，并使用调查清单载明调查内容及要点，以免遗漏。

2. 初步评价

初步评价也称适当性测试。内部控制适当性测试是指采用抽样方法将现行内部控制与理想内部控制模式进行比较，以评价组织应有的内部控制环节是否齐全，是否符合组织的实际需要，以及有无欠妥之处。内部控制适当性测试步骤包括确定理想的内部控制模式、描述现行内部控制、比较现行内部控制与理想内部控制模式、进行初步评价等。

（1）确定理想的内部控制模式。理想的内部控制模式是完整无缺的内部控制制度具有的良好风险控制所需的所有环节和手段。它实际上是内部控制评价的依据，回答了被审计单位的内部控制系统究竟应该怎样建立、符合什么标准才达到健全完善的程度等问题。

审计人员要搞清楚内部控制控制什么、如何控制、为什么而控制、控制标准如何等。在确定理想的内部控制模式时，既要考虑国家对内部控制方面的要求，又要借鉴国内外先进的内部控制模式。在内部控制调查的基础上，进一步明确风险点与控制点，明确各项控制措施的目标与功能，明确为特定控制目标需要设计的特定措施与方法，明确如何将内部控制与主要经营环节及业务相互衔接与配套，构成有机的系统，以确定对现行内部控制进行适当性评价的标准。

（2）描述现行内部控制。当理想的内部控制模式确定后，审计人员应对现行的内部控制进行描述。这方面的工作主要包括：在充分搜集各种成文的制度资料的基础上，编制有关文字说明；采用调查表法、询问法及观察法了解主要业务处理的受控过程、受控成效及存在的薄弱环节，并编制文字说明或绘制业务流程图；审查与鉴别控制方法实施与控制职责实现，是否能有效防止错误与舞弊。内部控制描述的重点，应该是主要业务处理程序、主要控制程序、有重大影响的内部控制弱点、主要业务处理的类型和工作量等。

（3）比较现行内部控制与理想内部控制模式。将组织现行的内部控制与理想的内部控制模式进行比较时，应注意：现行控制程序与理想控制目标是否相联系；现行控制方法是否适合既定的控制目标，能否满足标准的要求；现行制度与应该有的控制有多大差距；关键的控制制度是否都有；关键的控制点是否得到应有的控制；控制的优点和弱点在哪里。

（4）进行初步评价。在内部控制审计中，进行内部控制初步评价（简称"初评"）的主要目的是确定控制测试的重点和范围。

初评主要考虑的问题包括：根据一般规律和被审计单位的具体情况，被审计单位可能会发生哪些方面的舞弊、浪费、低效率和失职等不良行为；按照内部控制的原理，被审计单位应该建立哪些方面的控制制度才能有效地防止和纠正各种失控现象；被审计单位是否具有应有的控制制度，如果没有，是否存在相应补救措施；等等。

3. 评估风险

评估风险是指风险评估程序，是整个内部控制审计的基础。按照风险导向审计理论，审计人员进行内部控制审计也应当以风险评估为基础，选择拟测试的控制，确定测试所需要收集的证据。

就内部控制审计而言，实施风险评估程序的作用在于确定存在重大缺陷的高风险领域，评估结果是确定重要的账户、列报及其相关认定，选择拟进行测试的控制，以及确定针对特定控制所需收集的证据。内部控制的特定领域存在重大缺陷的风险越高，给予该领域的审计关注就越多。

这与财务报表审计中的风险评估程序有所不同。财务报表审计中的风险评估程序的作用是识别和评估财务报表层次的重大错报风险，评估结果是确定重要性水平、识别需要特别考虑的领域、设计和实施进一步审计程序。

4. 选择控制

选择控制就是审计人员根据风险评估的结果识别和选择需要测试的控制。自上而下是审计人员识别风险、选择拟测试控制的基本思路。基于财务报告内部控制，识别和选择要测试的控制，主要包括识别整体层面的控制，识别重要账户、列报及其相关认定，了解错报的可能来源，选择拟测试的控制。

（1）识别整体层面的控制。整体层面的控制包括：与控制环境相关的控制；针对管理层凌驾于控制之上的风险而设计的控制；组织的风险评估过程；集中化的处理和控制，包括共享的服务环境；监控经营成果的控制；监督其他控制的控制，包括内部审计职能、审计委员会的活动及内部控制自我评价；对期末财务报告流程的控制；针对重大经营控制及风险管理实务而采取的政策。

审计人员应当测试对评价内部控制有效性有重要影响的整体层面控制。对整体层面控制的测试，可能增加或减少本应对其他控制进行的测试。

（2）识别重要账户、列报及其相关认定。审计人员应当识别重要账户、列报及其相关认定。相关认定是这样一些财务报表认定：它们包含的一个错报会以相当的可能性导致财务报表发生重大错报。财务报表认定包括存在或发生、完整性、计价或分摊、权利和义务、列报和披露。

为识别重要账户、列报及其相关认定，审计人员应当从以下方面评价财务报表项目及附注的错报风险因素：账户的规模和构成；易于发生错报的程度；账户或列报中反映的交易的业务量、复杂性及同质性；账户或列报的性质；与账户或列报相关的会计处理及报告的复杂程度；账户发生损失的风险；账户或列报中反映的活动引起重大或有负债的可能性；账户记录中是否涉及关联方交易；账户或列报的特征与前期相比发生的变化。

在识别重要账户、列报及其相关认定时，审计人员还应当确定对财务报表产生重大影响的潜在错报的可能来源。审计人员可通过考虑在特定的重要账户或列报中错报可能发生的领域和原因，确定潜在错报的可能来源。

在内部控制审计中，审计人员在识别重要账户、列报及其相关认定时应当评价的风险因素，与财务报表审计中考虑的因素相同。在财务报表审计中，审计人员可能针对非重要账户、列报及其相关认定实施实质性程序。如果某潜在重要账户或列报的各组成部分存在的风险差异较大，组织可能采用不同的控制以应对这些风险，审计人员应当分别处理。

（3）了解错报的可能来源。为了进一步了解潜在错报的可能来源，以及作为选择要测试控制的一部分工作，审计人员应当了解与相关认定有关的交易的处理流程，包括这些交易如何生成、批准、处理及记录；验证审计人员已识别出的业务流程中可能发生重大错报（尤其是由舞弊导致的错报）的环节；识别管理层用于应对这些潜在错报的控制；识别管理层用于及时防止或发现未经授权的、导致财务报表重大错报的资产取得、使用或处置的控制。

审计人员应当了解信息技术如何影响企业的业务流程。穿行测试通常是审计人员完成上述工作最有效的方式之一。穿行测试是指追踪某笔交易从发生到最终被反映在财务报表中的整个处理过程。在执行穿行测试时，审计人员使用的文件和信息技术应当与企业员工使用的相同。在执行穿行测试时，通常需要综合运用询问适当人员、观察经营活动、检查相关文件及重新执行控制等程序。

在执行穿行测试时，针对特定交易的重要处理环节，审计人员可以询问企业员工对规定程序及控制的了解程度。这些试探性提问连同穿行测试中的其他程序，可以帮助审计人员充分了解业务流程，识别必要控制设计无效或出现缺失的重要环节。

（4）选择拟测试的控制。审计人员应当评价控制是否足以应对评估的每个相关认定的错报风险，并选择其中对形成评价结论具有重要影响的控制进行测试。

就特定的相关认定而言，可能有多项控制用于应对评估的错报风险；反之，一项控制可能用于应对评估的多个相关认定的错报风险。

审计人员没有必要测试与某个相关认定有关的所有控制。在确定是否测试某项控制时，不论该项控制的分类和名称如何，审计人员应当考虑其单独或连同其他控制是否足以应对评估的某项相关认定的错报风险。

就内部控制审计而言，识别和选择要测试的控制主要包括识别和选择整体层面的控制、识别和选择业务层面的控制两个方面。

5. 控制测试

控制测试就是审计人员在了解内部控制的基础上现场测试内部控制设计和运行的有效性，获取充分、适当的证据以评价内部控制有效性的行为，是内部控制审计的核心程序。

内部控制审计中的控制测试是必需的程序，而财务报表审计中的控制测试不是必需的程序，两者还有诸多不同之处，不能等同。审计人员应当选择适当类型的审计程序以获取有关控制设计和运行有效性的保证。

内部控制测试应分为整体层面控制测试和业务层面控制测试两个方面。审计人员在实施测试工作时，可以结合进行整体层面控制测试和业务层面控制测试。不论是整体层面控制测试还是业务层面控制测试，测试内容包括测试控制设计和运行的有效性两个方面。在内部控制审计实践中，关于内部控制设计有效性和运行有效性的审计是分别进行的。

审计人员在测试内部控制设计的有效性时，应当综合运用询问适当人员、观察经营活动和检查相关文件等程序。内部控制设计有效性的审计程序如下。

一是描述组织的经营管理流程和业务流程，查找风险点。

二是通过风险评估确定应进行控制的风险点（控制点）。对业务流程和经营管理流程中的各风险点进行风险评估，对影响经营合法性、财务报表真实性、资产安全性和经营效率性的风险点进行确认、记录，并对其可能产生的风险和风险程度进行评估。

三是确定组织应当建立的内部控制措施。根据风险评估的结果，并结合对以往审计结果的分析，确定组织应当建立的内部控制措施。

四是分析、评价组织已建立的内部控制的有效性。将组织应当建立的内部控制和组织已建立的内部控制进行比较、分析，评价组织已建立的内部控制的覆盖程度和适应情况，具体包括：是否在每一个需要控制的地方都设置了控制措施；设置的控制措施是否能够控制相对应的风险；是否安排了过多或不必要的控制点或控制措施；控制职能是否划分清楚；内部控制是否有重点，对风险程度高的控制点是否设置了强有力的控制措施；以往审计发现的内部控制设计缺陷是否得到改善；等等。

审计人员在测试内部控制运行的有效性时，应当综合运用询问适当人员、观察经营活动、检查相关文件及重新执行控制等程序。内部控制运行有效性的审计程序如下。

一是初步调查被审计单位内部控制的执行情况。

二是对内部控制执行情况进行测试。对内部控制执行情况进行测试的过程，也就是对初步调查结果进行查证核实的过程，要查明被审计单位的各项控制措施是否真实地存在于经营管理活动之中、是否得到贯彻执行、执行程度如何、薄弱环节是哪些等。

事实上，实际工作中内部控制设计有效性和运行有效性应一并进行测试，很难人为割裂开来。尽管很多有关内部控制的文献特别区分了内部控制设计和运行的有效性，但实际上，最终管理层对内部控制的运行而不是设计的有效性做出认定。

6. 应对舞弊

舞弊风险危害极大，内部控制是防范舞弊风险的一种有效手段。在内部控制审计准备阶段，审计机构应当考虑舞弊风险的评估结果。在测试整体层面控制和业务层面控制时，审计人员应当评价内部控制是否足以应对舞弊风险。就财务报告内部控制而言，可以应对舞弊风险的控制包括：①对重大的异常交易的控制，特别是那些导致延迟或异常日记账记录的交易；②对日记账记录及在期末财务报告流程内做出调整的控制；③对关联方交易的控制；④与重要的管理层估计相关的控制；⑤会减轻管理层虚构或不当管理财务结果的动机或压力的控制。

7. 获取证据

获取证据是内部控制审计的核心工作，贯穿内部控制审计实施阶段的始终。获取充分、适当的证据是实施审计工作的主要内容，也是确保审计工作质量的关键。

（1）风险与获取证据的关系。在风险导向审计方式下，审计人员应当根据与内部控制相关的风险，确定拟实施内部控制审计程序的性质、时间和范围，获取充分、适当的证据。审计人员应当根据与内部控制相关的风险，确定所需获取的证据。与内部控制相关的风险包括控制可能无效的风险和因控制无效而导致重大缺陷的风险，具体包括：该项控制拟防止或发现的错报的性质和重要程度；相关账户、列报及其认定的固有风险；相关账户或列报是否曾经出现错报；交易的数量和性质是否发生变化，进而可能对该项控制设计或运行的有效性产生不利影响；整体层面控制（特别是监督其他控制的控制）的有效性；该项控制的性质及其执行频率；该项控制对其他控制（如内部环境或信息技术一般控制）有效性的依赖程度；该项控制的执行或监督人员的专业胜任能力，以及其中的关键人员是否发生变化；该项控制是人工控制还是自动化控制；该项控制的复杂程度，以及在运行过程中依赖判断的程度。与内部控制相关的风险越高，审计风险也越大，审计人员需要获取的证据也越多。当然，这也要考虑获取的证据的证明力，也就是说要考虑获取的审计证据的质量，而不能仅考虑证据的数量，要考量成本与效率的平衡。

（2）获取证据的方法。获取证据的方法，也就是审计方法。审计人员在测试控制设计与运行的有效性时，应当综合运用询问适当人员、观察经营活动、检查相关文件、穿行测试和重新执行控制等方法。获取证据的方法不同，获取的证据的效力也就不同。一般来说，获取证据的方法按证据效力由弱到强的排序为：询问、观察、检查和重新执行（即重新执行控制）。询问本身并不足以提供充分、适当的证据。审计人员在测试控制设计与运行的有效性时，根据所测试控制的性质、范围等的不同可选用一种或几种方法来获取充分、适当的证据。

（3）获取证据的时间范围。对鉴证类内部控制审计，审计人员应当尽量在接近企业内部控制自我评价基准日的时间实施测试。审计人员要对企业内部控制自我评价报告做出鉴证性的审计意见，在越接近企业内部控制自我评价基准日的时间实施测试，就越能获取充分、适当的证据，测试提供的反映控制有效性的证据越有力。审计人员在确定测试的时间时，要确保实施的测试涵盖足够长的期间。从理论上讲，对控制有效性的测试涵盖的期间越长，提供的反映控制有效性的证据越多。这个足够长的期间到底是多长，没有明确的规范要求，这需要审计人员的专业判断。

（4）控制偏差对获取证据的影响。控制偏差是指内部控制运行偏离设计的情况。对于控制偏差，审计人员应当确定该偏差对相关风险评估的影响，应当确定该偏差对需要获取的证据的影响，应当确定该偏差对控制运行有效性结论的影响。

此外，审计人员为证实控制未发生变化而需获取证据的性质和范围，可能随情况的变化而变化。例如，企业程序变更控制的强弱将影响需获取证据的性质和范围。

8. 评价缺陷

评价缺陷即评价控制缺陷，就是审计人员以公认的方法和标准，对内部控制存在的设计和运行有效性方面的问题进行分析，进而评估内部控制缺陷导致财务报告错报的影响程度及发生可能性的过程，是内部控制审计实施阶段的重要环节。

内部控制缺陷评价不是一个简单的过程。在具体的评价过程中，审计人员应将已经调查了解到的内部控制系统的现状和事先确定的理想内部控制模式进行对照，以揭示哪些法规规定的控制程序未被采用。对对照中发现的控制缺陷，审计人员应当按照不同内容分类，并记录在内部控制系统缺陷登记表中。对已发现的内部控制重大缺陷，审计人员应当及时以书面形式和被审计单位沟通，核对测试结果和数据，确认内部控制缺陷事实并在缺陷认定底稿上签章。在判断某项内部控制缺陷单独或连同其他内部控制缺陷是否为重大缺陷时，审计人员应当考虑潜在的错误或舞弊可能导致错报的金额和性质。

9. 形成意见

形成意见即形成审计意见。审计意见就是对被审计单位内部控制有效性的审计结论。内部控制审计意见应该为被审计单位内部控制有效或无效，不需要过多修辞。

内部控制审计工作就是为了形成对内部控制有效性的审计意见。如果内部控制审计工作未能形成对内部控制有效性的审计意见，内部控制审计工作目标就没有实现，甚至成了无效审计。

审计意见的形成是个复杂的过程，需要做很多工作，以下几个方面是非常重要的。

一是对获取的证据进行分析评价。内部控制审计的实施过程就是获取证据以形成对内部控制有效性的意见的过程。审计证据是形成对内部控制有效性的意见的直接依据，审计人员应当评价从各种来源获取的证据。我们认为审计评价是审计工作的一个重要环节，要让审计评价贯穿审计工作始终，并要进行独立的评价程序，编制专门的审计评价工作底稿。

二是就审计事实进行现场沟通。一般来说，审计人员在审计外勤工作结束前就审计事实与被审计单位进行充分的沟通是十分重要的。这不仅有利于被审计单位理解和支持审计意见，而且有利于提高审计质量和效率。审计人员与被审计单位需要沟通的事项很多，审计人员应当与被审计单位沟通审计过程中识别的所有控制缺陷。沟通的形式是多种多样的，对于重大缺陷和重要缺陷，审计人员应当以书面形式与董事会和经理层沟通。若审计人员认为审计委员会和内部审计机构对内部控制的监督是无效的，应当就此以书面形式直接与董事会和经理层沟通。不论是何种沟通，审计人员都应做好沟通记录，形成审计工作底稿。审计过程中的各种沟通最好在审计人员审计外勤工作结束前进行，最晚应当在审计机构出具内部控制审计报告前进行。

三是获取企业签署的书面声明。获取管理层书面声明是注册会计师执业准则的基本要求，注册会计师应当按照《中国注册会计师审计准则第 1341 号——书面声明》的规定，确定声明书的签署者、声明书涵盖的期间及何时获取更新的声明书等。《企业内部控制审计指引》明确要求："注册会计师完成审计工作后，应当取得经企业签署的书面声明。"审计机构进行内部控制审计都应当取得经企业签署的书面声明。书面声明获取的时间最好是在审计准备阶段。书面声明的内容因审计机构、审计类型要求的不同而不同，也因被审计单位实际情况的不同而不同。就会计师事务所承接的鉴证类内部控制审计而言，书面声明应当包括以下内容：企业董事会认可其对建立健全和有效实施内部控制负责；企业已对内部控制的有效性做出自我评价，并说明评价时采用的标准及得出的结论；企业没有利用注册会计师执行的审计程序及其结果作为自我评价的基础；企业已向注册会计师披露识别出的所有内部控制缺陷，并单独披露其中的重大缺陷和重要缺陷；企业对于注册会计师在以前年度审计中识别的重大缺陷和重要缺陷，是否已经采取措施予以解决；企业在内部控制自我评价基准日后，内部控制是否发生重大变化，或者存在对内部控制具有重要影响的其他因素。企业如果拒绝提供或以其他不当理由回避书面声明，注册会计师应当将其视为审计范围受到限制，解除业务约定或出具无法表示意见的内部控制审计报告。

（三）内部控制审计报告

审计机构在完成内部控制审计现场工作后应当出具内部控制审计报告，而不能在实施内部控制审计前或审计工作未完成或未经审计时就出具内部控制审计报告。

审计机关、内审机构、会计师事务所出具的内部控制审计报告在格式、体例、要素和内容等方面不完全一样，应注意其区别。

审计机构在出具内部控制审计报告的基础上，根据需要或委托要求可出具一份致管理部门的意见书或改进建议书。审计报告及意见书既可以作为管理者改进内部控制、加强经营管理的依据，也可以作为审计人员履行职责的依据，还可以作为下次审计选择重点或线索的依据。

内部控制审计报告是审计人员根据内部控制审计计划对内部控制实施必要的审计程序后出具的，全面、客观、准确地反映内部控制审计结果的书面文件，是将审计人员在内部控制审计过程中的发现、查明的事实、获得的结论与建议，以书面文字形式通知组织有关的管理层的重要环节。简单地说，出具内部控制审计报告是内部控制审计工作的重要环节，内部控制审计报告是内部控制审计成果的集中体现。

内部控制审计报告是将审计结果转达成建议改善或通知纠正的手段，是提供给有关方面做行动决定的根据。因此，内部控制审计报告的基本作用是促请有关管理层及时采取增进效能与提高效率的行动。鉴证类内部控制审计报告还具有重要的鉴证作用。

内部控制审计报告的出具应该遵循一定的程序。出具内部控制审计报告是一项复杂的工作，具体报告流程或程序尚没有统一的规定，审计机构之间的做法也不一致。根据我们的工作经验，内部控制审计报告的基本流程包括复核底稿、分析缺陷、核定意见、起草报告、复核报告、征求意见、审定签发、结果利用和总结归档等工作步骤。

1. 复核底稿

复核底稿就是复核内部控制审计工作底稿。这是出具内部控制审计报告前必须完成的重要工作。复核工作底稿的具体步骤如图 1-1 所示。

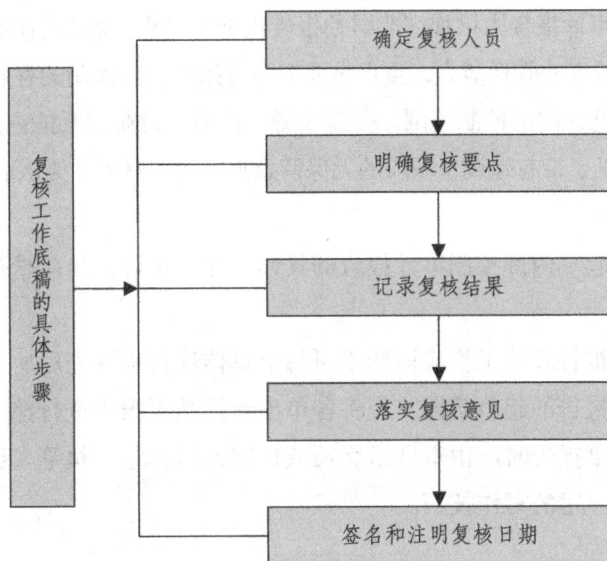

图 1-1　复核工作底稿的具体步骤

2. 分析缺陷

分析缺陷就是汇总分析审计实施过程中形成的各类缺陷。分析性复核程序的具体步骤如图 1-2 所示。

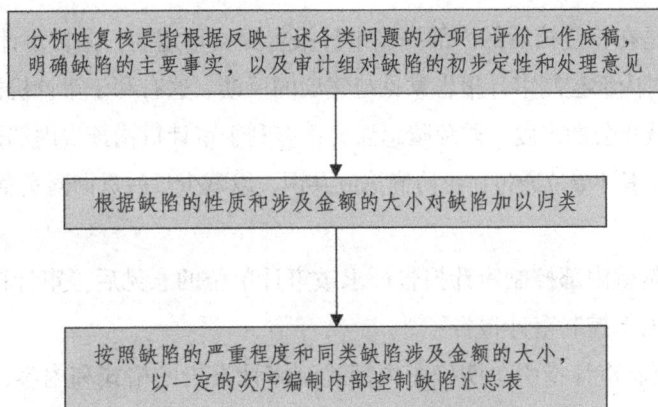

图 1-2　分析性复核程序的具体步骤

3. 核定意见

核定意见就是在复核审计工作底稿，汇总分析控制缺陷的基础上，审计组对内部控制审计人员形成的审计意见进行审核和确定的过程。

根据《企业内部控制审计指引》的要求，注册会计师应当对财务报告内部控制的有效性发表审计意见，并对内部控制审计过程中注意到的非财务报告内部控制的重大缺陷，在内部控制审计报告中增加"非财务报告内部控制重大缺陷描述段"予以披露。这考虑了注册会计师的专业胜任能力，重点是要对财务报告内部控制的有效性发表审计意见，限制了发表审计意见的内部控制范围。一般来说，注册会计师出具的内部控制审计报告意见类型有无保留意见、带有强调事项段的无保留意见、否定意见、无法表示意见等。

4. 起草报告

起草报告就是起草内部控制审计报告的具体工作。审计人员应根据审计结果起草内部控制审计报告。

内部控制审计报告起草工作应该始于对每个具体项目审计完后所提出的单项审计结果报告；进入最终报告的起草阶段，应将各单项审计结果报告进行整理、汇总，撰写最终报告的草稿。起草报告时应由审计组组长或指定人员执笔，执笔人员必须具有一定的经验、学识，掌握一定的写作技巧。

5. 复核报告

复核报告就是对起草的内部控制审计报告进行多层次的复核工作。一般审计人员起草的内部控制审计报告由审计组组长或审计机构负责人复核，审计组组长起草的内部控制审计报告由审计机构负责人复核。复核时，应充分考虑报告主题和整体着眼点的需要，检验并消除可能的矛盾，如工作底稿与报告内容的矛盾、报告中不同章节内容的矛盾；并复核表达的正确性、合理性及文辞修饰的恰当性。

6. 征求意见

征求意见就是在将复核后的内部控制审计报告提交审定前，向被审计单位征求意见，听取被审计单位对内部控制审计报告意见与建议的反馈。这有利于审计机构表达对被审计单位的尊重和开诚布公的态度，避免猜忌误会；有利于审计机构预告内部控制审计报告内容及意见，并与被审计单位通过讨论协商达成共识，以减少日后贯彻落实意见的阻力。

7. 审定签发

审定签发就是就内部控制审计报告征求被审计单位的意见后，审计机构按照内部管理程序审定签发内部控制审计报告。

《企业内部控制审计指引》明确了内部控制审计报告的格式和内容，但并未对如何公布、披露内部控制审计报告做出详细规定。

从国际的情况看，管理层的财务报告内部控制自评报告和公共会计公司的财务报告内部控制审计报告，一般同年度报告一并公布。从我国部分上市公司近年来先行先试内部控制审计的做法看，既有在年度报告中单独作为一部分予以披露的，也有自成体系形成一个专门报告予以披露的。这两种做法各有利弊，审计机构应尊重企业的自主选择权。同时，考虑到内部控制自评报告和内部控制审计报告与管理层讨论和分析、年度财务报告、财务报表审计报告等具有直接、内在的关联，我们倾向于建议企业在年度报告中一并披露内部控制审计报告，以利于投资者、债权人、社会公众和其他利益相关者在通盘了解企业经营状况、财务状况、内部控制状况的基础上做出正确决策。但是应当强调，在年度报告中一并披露的内部控制审计报告是一个独立的报告，不同于财务报表审计报告，否则与传统做法没有区别，也容易弱化内部控制审计。

8. 结果利用

结果利用就是内部控制审计报告的利用。这是内部控制审计发挥作用的主要表现。

对企业而言，其通过反思内部控制审计结果，尤其是内部控制重大缺陷，将内部控制有效性情况纳入绩效考评体系，可以促进健全内部控制机制，培育内部控制文化，推动内部控制理念和制度落地生根。

对政府有关部门而言，其通过分析、利用企业内部控制审计结果，可以增强政府监督的针对性和实效性；同时，通过汇总、分析各类企业尤其是上市公司内部控制审计结果，发布上市公司内部控制年度综合分析报告，可以为改进宏观调控、完善资本市场制度提供直接有力的决策参考。

对审计机构而言，其通过测试、评价企业内部控制有效性，由点及面、积少成多，可以丰富、充实企业内部控制经验教训案例库，为今后的内部控制审计提供强有力的支持。对社会有关方面，包括理论界而言，内部控制审计报告为深度研究公司治理、风险管理和内部控制问题提供了丰富素材，在此基础上归纳、拓展、提升，可以为深化企业内部控制建设提供科学理论指导。

9. 总结归档

内部控制审计工作完成后，审计机构应对审计过程、审计方法等方面进行总结，以及时积累经验、改进问题，不断提高内部控制审计质量。企业应当建立内部控制审计工作档案管理制度。内部控制审计的有关文件资料、工作底稿和证明材料等应当被妥善保管。

二、内部控制审计方法

内部控制审计方法就是审计人员在内部控制审计中经常使用或专门使用的一些审计技术。内部控制审计到底包括哪些方法，在理论界和实务界认识是不同的，做法也是不一样的。

我国的《企业内部控制审计指引》指出，注册会计师在测试控制设计与运行的有效性时，应当综合运用询问适当人员、观察经营活动、检查相关文件、穿行测试和重新执行等方法。

按照中国内部审计协会发布的《第 2201 号内部审计具体准则——内部控制审计》的要求，内部审计人员应当综合运用访谈、问卷调查、专题讨论、穿行测试、实地查验、抽样和比较分析等方法，充分收集组织内部控制设计和运行是否有效的证据。

我们认为内部控制审计是一项非常复杂的工作，在具体审计时，应采用定性与定量分析相结合的方式。内部控制审计工作离不开定性与定量的分析，要使评价结果更精确、符合实际，必须有强大、健全的信息系统提供强有力的支持。为此，应加快内部控制信息系统的建立。

内部控制审计方法是多种多样的，审计人员需要综合运用审阅法、询问法、调查法、观察法、讨论法、穿行测试法、抽样法、比较分析法、文字说明法、控制矩阵法、流程图法等。在内部控制审计中，数据分析将越来越重要。

1. 审阅法

审阅法，主要是通过查阅有关文件或书面资料，获得有关审计对象概括性的整体印象。审阅法是被人们长期使用的基础审计方法，在审计实务中被广泛使用。

就内部控制审计而言，审阅的内容主要包括：以前的各种检查资料；被审计单位的职责说明或程序手册；有关业务的业务流程图；单位组织机构系统图；有关管理决策与经营计划资料；有关会计资料、统计资料或其他核算资料；其他内部规章或管理制度；等等。

2. 询问法

询问法，就是向被审计单位的管理人员及其他相关人员进行询问，以了解内部控制的内容与实施情况、职务分工情况和人员胜任情况等。在具体运用这一方法时应特别注意以下几点。

一是问谁。选择的询问对象应包括管理人员与非管理人员，尤其在那些管理者想极力掩盖问题的单位，更应重视对非管理人员的询问。选择适当的询问对象非常重要。

二是问什么。应主要询问那些能够评价控制有效性的问题，询问的内容应该明确、具体，能让询问对象理解，便于询问对象回答。

三是如何问。为了使询问顺利进行，应事先拟定询问提纲；向不止一个人询问，当不同的人讲述同样的内容时，收集的证据很可能是可靠的；询问时应注意一定技巧，包括询问人员的行为举止得当、先询问经验性问题、不要表明自己的观点等；应对询问内容认真做好记录，但交谈中不要做冗长的笔记，而应简明扼要地记录，在询问结束后，迅速补充笔记。

审计人员在询问被审计单位有关人员或查阅被审计单位有关资料时，针对所了解到的有关内部控制方面的情况，通常需要以文字记录的形式加以描述。

3. 调查法

调查法即调查表法或调查问卷法，就是审计人员按照内部控制的一般要求考虑理想的内部控制模式，将需要调查的全部内容以提问的方式列出并制成固定式样的表格，然后交由被审计单位有关部门和人员回答，以此来了解、测试内部控制的一种方法。

调查法是一种有效收集信息的方法，这些信息直接来自员工，而不是文件。

该方法的优点是调查范围明确，问题突出，容易发现被审计单位内部控制系统中存在的缺陷和薄弱环节；设计合理的标准调查表，可广泛适用于同类型单位，从而减少审计工作量；调查表可由若干人分别同时填写，有助于保证调查效果。

该方法的缺点是反映问题不全面，仅限于被调查事项的范围；调查表仅要求做出"是"或"否"的回答，难以反映被审计事项的具体情况和问题的严重程度；标准格式的调查表缺乏弹性，难以适用于各类型企业，尤其是小型企业或特殊行业的企业，往往会因"不适用"的回答太多而影响调查效果。

总之，用表格描述内部控制制度情况，条理清楚，问题突出，比较直观，便于理解、阅读和评价。审计人员可直接通过询问、观察和审阅、使用调查表后获取的有关制度情况，经过分析归纳，编制内部控制制度优点记录表和弱点记录表。在具体应用时应特别注意以下几点。

一是调查谁及调查多少人。显然，调查结果的可靠性与被调查者和收到多少反馈呈正相关。因此，在调查设计中采用统计抽样方法的主要思想是必要的，这包括以下几点。①回答者越多，结果越可靠。在项目资源可行和必要的情况下，应调查尽可能多的员工。②将样本分层，结果会更可靠。调查对象应包括组织内不同层级的员工（从高层管理者到基层员工），这也很重要。③为使结果有效，样本必须能代表总体。简单的随机抽样使每个员工都有同样的概率被选中，这可以得到一个代表总体的样本；相反，整群抽样法不会得到有代表性的样本。④当需要从总体中排除一部分样本时，应仔细考虑，需要对是否能收到足以得出有效结论的反馈做出判断。

二是时间和频率。内部控制审计测试要考虑时间问题。如果执行测试的时间远远早于报告日，可能需要更新测试或在稍晚的时间重新执行测试；如果测试时间过于接近报告日，即使测试结果识别到了弱点，也仅有较少或甚至没有时间采取纠正措施。测试可能花费大量时间。员工需要时间回答问题，如果他们不作答，那么有必要采取进一步行动获取更多反馈。同样，分析调查结果，特别是结果中包含开放式、非数字表示的回答时，也会花费很多时间。除此之外，频率问题也是内部控制审计测试需要关注的重要方面。

三是考虑调查的模拟测试。先进行模拟测试，再对问卷进行必要的修改，将会提高回答率并得到更可靠、有效的结果。

四是数据分析和报告结果。设计调查时，应考虑如何分析和解释数据，并向管理层报告结论。当审计组发现很难或甚至不可能说明如何分析数据并报告结论时，应考虑重新进行调查设计。

在实际调查中存在着问卷太长；语言晦涩难懂；回答者不具备回答问题所需的信息；在一个多项选择题中选项不完整；问卷各个部分的填写说明难以执行等突出问题。根据我们的内部控制审计实践，调查问题设计得是否得当是调查法运用得是否得当的关键，也直接关系到内部控制审计工作质量。

4. 观察法

观察法就是对被审计单位有关部门进行实地考察，以验证通过审阅与询问了解的制度是否真实可信。例如，到办公室、车间仓库等地观察主要业务的操作与流程，了解经营活动的特征及实际运用的内部控制措施，了解业务文件资料的种类、作用、编制单位及人员、传递方式与保管使用状况等。

根据我们的内部控制审计实践，该方法适合测试某些不留线索的控制，以及测试控制执行的到位程度。前者如实物控制等，审计人员通过实地察看存货仓库，判断仓储物资是否按要求的储存条件储存，除存货管理部门及仓储人员以外的其他部门和人员是否可以接触存货等；后者如材料验收等，审计人员通过实地观察材料的验收程序，判断验收是否按内部控制规定的程序执行。

审计人员在实施该方法时，应采用突击的形式执行实地考察程序，这样才能取得比较理想的效果。

5. 讨论法

讨论法即专题讨论法，是指通过召集与业务流程相关的管理人员，就业务流程的特定项目或具体问题进行讨论及评估的一种方法。

6. 穿行测试法

穿行测试即全程测试或了解性测试，是指审计人员进行内部控制审计时，通过抽取一份全过程的文件，来了解整个业务流程执行情况的一种方法。

例如，为了评价采购内部控制，审计人员可以选取一笔或若干笔材料采购业务，依据"请购→订货→验收入库→库存保管→核准发票→付款→记账"的业务流程，对整个采购程序进行详细检查，以确定材料采购各个环节的实际执行情况是否与审计人员所了解的内部控制流程一致。

7. 抽样法

抽样法是指针对具体的内部控制业务流程，根据业务发生频率及固有风险，从确定的抽样总体中抽取一定比例的业务样本，对业务样本的符合性进行判断，进而评价业务流程控制运行的有效性。对于如何确定内部控制测试的抽样规模，目前尚未形成具有统一性、公认性的标准。

8. 比较分析法

比较分析法是指通过分析、比较数据间的关系、趋势或比率来取得评价证据的一种方法。

审计人员要会使用数据分析工具和技术，对组织的数据进行统计和分析。这可以帮助他们发现异常和异常模式，以识别潜在的内部控制问题和风险。

9. 文字说明法

文字说明法是指将对被审计单位内部控制的调查结果，以简洁的文字加以描述的一种方法。

该方法的优点是可以对调查对象做出比较深入和具体的描述，使用范围广泛，不受企业类型的限制；缺点是难以用简明的语言描述内部控制系统的细节。对于规模较大、内部控制系统复杂的组织，用文字说明势必显得冗长，不便从总体上对内部控制系统做出全面评价。

实务中，文字说明法不适用于记录控制环境、一般控制和实物控制方面的情况。使用该方法时，一般按照不同的业务经营环节及主要业务（或岗位），分别说明其具体内容及特征、经办的部门及人员、具体控制措施及方法，并提出有效控制的方面与可能存在的问题。

10. 控制矩阵法

控制矩阵法是指通过控制矩阵来进行预测和决策的一种方法。

控制矩阵描述了由被审计单位设计的用于达成内部控制目标的主要控制程序。

通过控制矩阵，审计人员可以取得有关基本控制及这些控制的明显缺陷的信息。这些信息一方面有助于审计人员就是否对交易处理系统方面的控制进行更为详细的评价做出决定，另一方面有助于保证审计人员在设计实质性测试时充分了解控制缺陷可能产生的内在影响。

控制矩阵可以作为审计内部控制系统的辅助方法，甚至可以替代内部控制问卷。

11. 流程图法

流程图法是指用特定的符号和图形来描述某项业务的整个处理过程，将凭证和记录的产生、传递、检查、保存及其相互关系直观地表示出来的一种方法。

用以特定符号编制的流程图表示的业务处理标准化程序，可以直观地反映某项业务处理的全过程，它是实现管理现代化的一项基础工作。

该方法的优点是可以将各项业务活动的职责分工、授权批准和复核验证等控制措施与功能完整地展示出来，并且形象直观，能够突出现有的控制点；有助于审计人员全面了解内部控制系统的运行情况，及时识别系统中的不足之处，便于随时根据业务控制程序的变化对流程图做出修改。

该方法的不足之处是由于缺少文字说明，较复杂的业务不易理解；绘制流程图需要一定的技术，尤其是较复杂的业务，绘制难度更大。

一般来说，绘制流程图可以采用以下方式：一是按照业务处理的先后顺序绘制纵式的流程图，二是以业务处理过程中所涉及的部门为基础绘制横式的流程图。

审计人员在充分了解主要经济业务经营环节的基础上，应采用以下方法编制所需的业务流程图：选用特定的流程图符号和线条；按照业务处理应经过的处理部门划分流程图绘制的区间，每一个区间只能从上到下绘制某一个部门的不同岗位处理业务的情况；从左到右、从上至下列明业务处理及业务处理流向；标明业务处理的职责分工及相关控制措施；

注明每张文件凭单的出处与去向；对流程图符号和线条应具体说明其代表的含义。

上述基本方法并不相互排斥，而是相互依赖和相互补充的，在内部控制审计工作中经常结合使用。

第4节　实务案例

一、某央企内部控制审计程序和方法案例

按照国资委、财政部等监管单位的要求，我们对某央企的内部控制审计的程序和方法如下。

（一）内部控制审计程序

1. 审计准备阶段（进场前一周内）

（1）编制完善的内部控制审计实施方案和各类审计模板。

（2）前期调研，研究被审计单位内外部环境、经营规模、生产运营特点，分析被审计单位近些年存在的缺陷及整改情况，确定审计重点业务领域和风险。

（3）组织内部控制审计培训，统一审计标准和审计方法，让参与审计的人员充分理解国家监管单位对内部控制审计的要求。

2. 审计实施阶段（进场后45天内）

（1）根据委托方安排的进点时间，按照方案要求和计划安排开展现场内部控制审计工作，对被审计单位本部及其所属单位进行内部控制审计现场测试；取得并审阅被审计单位各项业务程序文件、各项控制证据等相关资料，了解被审计单位内部控制管理情况。

（2）选择重要岗位人员进行访谈，了解各类重点业务执行情况，针对存在管理风险或缺陷的业务收集相关资料，作为确认部分内部控制缺陷的辅助证据。

（3）对内部控制执行有效性进行抽样测试、复核性测试、穿行测试等。选取样本量，根据业务流程描述的控制点对控制点进行测试。

（4）对存在的缺陷或风险编制工作底稿，确保定性准确、事实描述客观、引用法规制度条款准确，证据充分。对发现的异常情况进行分析判断，提出缺陷整改意见和建议。

（5）针对存在的风险和缺陷与相关部门及领导进行充分沟通，达成一致意见并签章确认。

3. 报告编制阶段（进场后30天内）

（1）对各单位内部控制体系建设及运行情况存在的问题进行汇总和分析，编制审计

报告，包括单体报告和汇总报告；征求意见后，修改并出具正式报告。

（2）汇总、分析各专项风险审计发现的问题，编制专题调查报告，提出整改意见和建议；征求意见后，修改并出具正式报告。

（二）内部控制审计方法

1. 访谈法

访谈法主要用于了解单位内部控制的现状。与主要负责人或者当事人谈话，了解单位内部控制的现状，调查了解单位整体层面内部控制情况或有针对性的问题。

2. 穿行测试法

在内部控制流程中任意选取交易样本，追踪该交易从最初起源直到最终在财务报表或其他经营管理报告中反映出来的过程，即该流程从起点到终点的全过程，以此了解控制措施设计的有效性，并识别出关键控制点。

3. 实地查验法

针对业务层面控制，通过使用统一的测试工作表，将之与实际的业务、财务单证进行核对的方法进行控制测试，如实地盘点某种存货。

4. 比较分析法

通过数据分析，识别审计关注点。数据分析中可以将要分析的数据与历史数据、行业标准数据等进行比较。

5. 实质性测试

对报表、账簿、凭证等资料的查阅审计：原始凭证的真实、合法性；金额的正确性；业务处理的规范性、准确性；账簿记录的正确性；资产、负债的真实性，计价的准确性；等等。会计报表项目的分析性复核：钩稽关系的正确性，金额、比例等的合理性，等等。

6. 查阅工作报告

听取和阅读工作报告，了解被审计单位的基本情况、财务状况与经营成果、主要经济指标的完成情况、内部控制风险管理及重大经济决策等，从而初步了解被审计单位存在的问题或风险，以利于明确审计思路与重点。

7. 查阅会议记录、纪要

坚持财务审计与业务审计相结合的原则，通过查阅会议记录、纪要等资料，审核确认被审计单位投融资、重大资产损失、重组、担保抵押、诉讼事项等方面的重大决策的程序与效果。

8. 与管理层沟通、交流

通过与管理层沟通、交流以了解被审计单位开展的主要工作、取得的业绩、存在的不足和工作建议等；核实了解审计反映出来的需要进一步了解核实的有关情况。通过灵活运用或综合使用审计方法，尽快找出问题，以便尽快达到审计目的，确保审计质量。

二、某上市公司内部控制审计工作方案案例

根据相关规定的要求，为做好某上市公司的内部控制执行情况的检查和评价工作，我们特编制如下实施方案。

（一）审计目标

依据某上市公司《内部控制》手册，检查和评价分公司各部门和单位执行内部控制制度的情况，及时发现内部控制制度执行过程中存在的各类问题，分析问题产生的原因，提出整改及完善的建议。通过测评，促使分公司全体员工进一步提高规范管理、防范经营风险的内部控制意识，力求全面反映分公司内部控制的整体情况。

（二）审计范围

某上市公司《内部控制》手册描述的 29 个业务流程所涉及的部门和单位执行内部控制制度的情况。

（三）审计重点

本次审计的重点为分公司各责任部门按照《内部控制》手册的要求实际执行内部控制制度的情况，同时还要关注由于内部控制制度本身存在的缺陷及其他问题所造成的内部控制制度执行不力。

（四）审计内容

一是检查各业务流程所涉及的部门和单位是否按照内部控制要求，做到内部机构、岗位及其职责权限的合理设置、合理分工，不相容职务是否在实质上做到相互分离、是否在授权批准的权限范围内履行职责，执行是否一贯有效，确保不同机构和岗位之间权责分明、相互制约、相互监督。

二是通过询问业务流程的有关人员以了解其对内部控制制度的熟悉程度，查阅相关的内部控制制度及文件，检查业务流程生成的文件和记录是否齐全，实地观察有关业务活动和内部控制的运行情况；对照《内部控制》手册规定的业务流程步骤、控制点和监督检查方法，抽取部分经济业务对被审计单位或部门的内部控制情况进行测试，检查内部控制制度是否得到执行及执行的程度。

三是关注内部控制制度的内容与某上市公司经营运作需要是否存在不相符部分。

（五）审计要求

一是前期工作必须准备充分。审计人员要熟悉所负责的业务流程的各个控制点，了解流程责任部门目前内部控制的执行状况，以及自我评价情况，并收集相应的资料。

二是编制测评调查表。根据各业务流程特点设计调查表内容，并下发到各流程责任部门，并要求在审计组实地测评前将回答完毕的调查表返回审计部。

三是审计人员根据收集的资料、对业务流程的了解，结合返回的调查表确定各业务流程的测评重点。

四是在实地测评过程中，将抽取的样本按照业务流程步骤，依据控制点的先后顺序进行逐一核对。对发现的问题，特别是性质严重的问题应多做小组集体讨论，收集充分的审计证据。

五是根据测评过程中获得的审计证据，编制审计工作底稿。

六是现场测评结束后，按照每一个业务流程编制内部控制检查与测评报告，检查、测评报告应包括以下内容：检查基本情况、存在问题、评价结论和改进建议等。

七是编制工作底稿及测评报告（含分报告及总报告）必须遵循三级复核制度，力求做到事实清楚、客观公正地反映问题。

（六）审计步骤

（1）7 月 22 日—8 月 6 日，前期准备工作。收集有关资料，确定测评重点，制定具体的实施方案，下达审计通知。

（2）8 月 9 日—8 月 13 日，进驻现场调查取证，查看相关制度、管理台账、报表、会计账册及凭证等，编制工作底稿。

（3）8 月 15 日—8 月 19 日，编写测评报告，与被审计单位交换审计意见。

（4）8 月 22 日—8 月 26 日，审定测评报告，报分公司内部控制领导小组。

（5）9 月 1 日—9 月 30 日，按照分公司内部控制领导小组要求，下达审计意见及审计决定；将有关的文件、资料进行整理并归档。

（七）组织与分工

成立内部控制测评审计组，下设 4 个工作小组，全面负责 29 个业务流程的实际测评工作。具体分工如下。

（1）审计组组长：李××。审计组组长负责全面控制和协调审计组工作及审计质量把关。

（2）审计组副组长：钟××。审计组副组长负责编制内部控制测评方案及出具整体测评报告。

（3）第一工作小组：吕××（小组长）、于××、李××。第一工作小组主要负责一般产品销售业务流程、生产调度运行业务流程、成品油调运业务流程、修理费用管理业务流程、持续性关联交易业务流程、科技开发费管理业务流程、无形资产管理业务流程 7 个业务流程的检查与测评工作。

（4）第二工作小组：庄××（小组长）、潘××、钟××。第二工作小组主要负责原油采购业务流程、进口原油代理业务流程、原油配置运输业务流程、一般物资采购供应业务流程、一般设备物资进口业务流程、存货管理业务流程、内部控制制度检查与评价业务流程7个业务流程的检查与测评工作。

（5）第三工作小组：吴××（小组长）、杨××。第三工作小组主要负责信息系统管理业务流程、信息资源管理业务流程、信息披露业务流程、人工成本管理业务流程、生产经营统计业务流程、资本支出业务流程、固定资产管理业务流程7个业务流程的检查与测评工作。

（6）第四工作小组：财务部。第四工作小组主要负责炼化生产成本管理业务流程、管理费用营业费用营业外支出管理业务流程、筹资业务流程、货币资金管理业务流程、资金收拨款管理业务流程、应收款项管理业务流程、稽核业务流程、合并会计报表业务流程8个业务流程的检查与测评工作。

各小组长针对本小组负责的业务流程再进行分工，按流程落实到每一位审计人员，并作为该流程的测评主审编制分报告。小组长对本小组编制的业务流程测评分报告质量负责，测评结束后按业务流程整理本组的测评资料。

潘××负责所有业务流程测评资料的最终汇总、整理和归档。

三、某集团内部控制审计报告案例

我们接受委托，组成审计组对某集团有限公司本部及所属企业（以下简称"某集团"）内部控制（简称"内控"）设计和运行情况进行了审计。我们的审计是依据财政部、证监会等五部委联合发布的《企业内部控制基本规范》《企业内部控制应用指引》《企业内部控制审计指引》，以及国资委的相关规定和要求进行的。提供内部控制资料和其他审计基础资料，并保证其真实性、完整性是某集团管理当局的责任，我们的责任是对某集团内部控制的健全性、合理性和有效性进行审计，并对审计结论负责。内部控制具有固有局限性，存在不能防止和发现错报的可能性。此外，由于情况的变化可能导致内部控制变得不恰当，或对控制政策和程序遵循的程度降低，根据内部控制审计结果推测未来内部控制的有效性具有一定风险。

（一）内部控制审计依据

本审计报告旨在根据财政部、证监会等五部委联合发布的《企业内部控制基本规范》（以下简称"基本规范"）及《企业内部控制审计指引》（以下简称"审计指引"）的要求，结合企业内部控制制度和审计办法，在内部控制日常监督和专项监督的基础上，对某集团内部控制设计与运行的有效性进行审计。

（二）内部控制审计范围

本年度内部控制审计的范围涵盖了某集团内部控制五要素，即内部控制环境、风险评估、控制活动、信息与沟通、内部监督。业务和事项的内部控制涵盖了某集团经营管理的主要方面，并且审计组根据实际测试审计情况及发现的问题，灵活延伸审计范围，因此本次内控审计不存在重大遗漏。

（三）内部控制审计程序和方法

本年度内部控制审计工作严格遵循基本规范、审计指引及某集团内部控制审计办法规定的程序执行。内部控制审计程序主要包括制定审计工作方案、成立内控审计组、实施现场测试、认定控制缺陷、汇总审计结果、编制审计报告等环节。

在审计过程中，我们采用了个别访谈、调查问卷、专题讨论、检阅文件及业务资料、穿行测试、实地查验、抽样和比较分析等方法，广泛收集了内部控制设计和运行是否有效的证据，如实填写了审计工作底稿，分析、识别内部控制缺陷，充分与企业沟通、交换意见。

（四）内部控制缺陷及不足

1. 战略规划管理方面

（1）个别企业战略规划不适应企业发展。

某集团科学技术研究院有限公司成立五年来组织机构设置尚不健全，人员配备不足，未能达到实现集团定位四大平台任务条件。

（2）个别企业组织机构不健全。

截至审计日，研究院只有临时党委书记一人，无其他委员，无纪委书记和纪委委员，党委会决策机构不健全。其他如某资本控股有限公司等也存在班子人员配备不足的问题。

（3）制度体系不完善。

某集团建立了较完善的制度管理体系，但部分所属企业制度体系不健全，存在制度缺失、制度内容缺失、无制度归口管理部门、制度过时未及时更新、制度内容不具可操作性、制度内容与"八项规定"内容冲突等情况，使企业经营管理无制度支撑、职责不清晰、操作流程不明确，甚至存在违规开支等。

2. 资金管理及财务核算方面

（1）巨额资金长期挂账。

某集团科学技术研究院有限公司应收账款 202 218.00 万元、其他应收款 12 416.10 万元、预付账款 9 362.92 万元等长期挂账，存在资金风险。

（2）存货积压严重占用资金。

某集团非正常存货期末余额合计 108 017.52 万元，主要为采购过剩、产品积压、技术转型淘汰等所致。

（3）个人借款长期挂账。

某集团个人借款合计 562.02 万元，长期挂账。

（4）违反"八项规定"开支现象。

某集团购买携程任我行卡 1.00 万元、预付卡 10.90 万元、酒水 37.05 万元，购买礼品及景点门票涉及金额 1.27 万元等。

（5）个别企业超标准报销费用。

个别所属企业存在超标乘坐交通工具、住宿、招待等情况。

（6）现金管理不规范。

部分企业存在坐支现金、超范围使用现金、现金盘点表无会计主管签字、未核定现金库存限额、以现金发放专家费用、保险柜外存放现金等情况。

3. 招投标管理方面

（1）存在应招标未招标情况。

某工业建设集团有限公司对采购金额达到 200.00 万元以上的采购项目，未进行招标采购。

（2）拆分合同规避招标。

某工业建设集团轴研所存在拆分合同规避招标的情况。

（3）招标、开标、评标、定标管理不规范。

所属企业存在招标管理不规范的情况。例如，招标文件发布之日与开标日期间隔不足 20 日、招标公告时间晚于评标时间、招标文件对合格投标人要求不明确、邀请招标报价单位不足三家、投标文件编制晚于投标截止日、投标文件不符合招标文件规定、开标时间与招标文件约定的提交投标文件截止时间不一致、开标过程记录不完整、投标单位未编制施工方案、无评标资料、招标结果有失真实性、招标采购中未签订廉洁承诺书、中标金额有失公允、无中标通知书、未按中标通知规定时间签订合同等。

4. 合同管理方面

（1）合同管理较乱。

所属企业存在技术开发（委托）合同收益方式约定不明确、境外 EPC（设计—采购—施工总承包模式）项目未经商务评审签订合同、中标金额与合同金额不符、合同无签订日期、合同执行日期早于合同签订日期、合同文本不规范、合同未加盖双方骑缝章、合同无法定代表人签字、合同签约人与合同审批表分包方不一致、未按中标通知规定时间签订合同、合同有效期早于合同签订日期、合同台账不完整、合同签订未经评审、法定代表人授权委托书未加盖专用章或公章、大额采购合同签订未经"三重一大"集体决策、签订采购合同未执行、未签订采购合同终止协议、用工未及时签订劳动合同、合同条款存在瑕疵、未按合同约定收取质保金、未按合同约定支付工程款、合同签字人未经授权、合同审批滞后于签订时间、通过手写方式更改合同内容、合同评审会议纪要无参会人员签字、未按合同约定收取货款、未按合同规定收取履约保证金、合同条款不符合规定、法律事务部门未定期检查合同履行情况、合同归档管理不规范、未按照合同约定时间交货等。

5. 供应商管理方面

所属企业存在未定期组织对部分供应商进行评估。

6. 资产管理方面

（1）账外资产。

所属企业存在购买原材料计入科研费用形成账外资产情况，涉及金额 50.42 万元。

（2）账实不符。

所属企业存在固定资产账、实物台账、固定资产卡片登记信息与实际不符情况。

四、某研究院内部控制审计发现缺陷及管理建议案例

（一）控制环境

1. 组织架构

经审计，组织架构方面存在以下缺陷。

（1）未建立风险评估机制（设计缺陷）。

缺陷描述：审计期间，某研究院尚未建立风险评估方面的制度，未制定明确的风险评估方案，未启动风险定期评估机制，风险评估工作开展不到位。

内控依据：《行政事业单位内部控制规范（试行）》第八条规定，单位应当建立经济活动风险定期评估机制，对经济活动存在的风险进行全面、系统和客观评估。

管理建议：进一步完善单位层面的制度体系的建设，完善风险评估机制。

（2）部分制度无发布时间和开始实施时间（设计缺陷）。

缺陷描述：审计期间，某研究院部分已制定的制度或办法，无发布时间和开始实施时间，如《项目管理办法》《科研成果管理办法》《固定资产管理办法》等。

管理建议：建议制定《制度管理办法》以规范制度的起草、修订、审核及颁布工作。

2. 人力资源管理

某研究院人力资源由人力资源部归口管理。人力资源部主要负责人员的日常管理，包括招聘选拔、岗位聘任、人员调配、薪酬福利管理、考勤、考评、奖惩等。

在制度方面，某研究院制定了《人员考核管理办法》《考勤制度》《编制外聘用人员管理暂行办法》《聘用合同制办法》《正科级、副科级干部选拔任用工作实施办法》《正科级、副科级干部竞聘上岗实施方案》《一般岗位双向选择实施方案》相关制度，通过岗位职责形式明确了岗位职责权限，但未制定关键岗位人员管理制度，以对关键岗位任职资格要求、关键岗位人员考评工作、关键岗位定期轮换等内容予以明确。

在执行方面，某研究院根据内部控制业务流程，设置了经办人、课题/部门负责人、归口审核、财务审核、分管领导、单位领导为关键岗位，并明确了关键岗位职责，但未涵盖全部的业务模块。该部分除以上设计缺陷外，未发现其他重要缺陷。

（二）预决算管理

经审计，预决算管理方面存在以下缺陷。

（1）预算编报的科学性欠缺（执行缺陷）。

缺陷描述：年度批复预算事业收入 1 430.89 万元，决算数为 2 232.36 万元，决算收入比预算增加 801.47 万元，增加约 56%。

内控依据：《预算管理办法》第三章第七条预算编制要求，要据实合理测算单位的收入规模。

管理建议：进一步加强预算编报的科学性、合理性。

（2）预算执行分析机制欠缺（设计缺陷）。

缺陷描述：《预算管理办法》中未对预算执行分析的内容等做出详尽的规定；预算分析方式以年度分析为主，具有较大的时滞性，未见半年度、季度或月度预算执行情况分析资料。

内控依据：《行政事业单位内部控制规范（试行）》第二十二条规定，单位应当建立预算执行分析机制，定期通报各部门预算执行情况，召开预算执行分析会议，研究解决预算执行中存在的问题，提出改进措施，提高预算执行的有效性。

管理建议：完善预算执行分析机制，补充预算分析流程、分析范围、预算分析频次、解决方案落实情况反馈等内容，根据项目重要程度和影响进行定期分析。

（三）固定资产管理

经审计，固定资产管理方面存在以下缺陷。

（1）制度体系建设不够完善（设计缺陷）。

缺陷描述：第一，管理办法、资产流程图及流程手册内容衔接不够完善。①流程手册中包含"固定资产使用流程"部分，而管理办法中不包含资产使用的内容；②管理办法中有"关于年度构建计划"的内容，而流程手册中没有这部分内容；③《固定资产管理办法》第二十四条规定"资产使用人员的变更由资产管理员申请变动"，而固定资产内部调拨流程中提出申请的责任岗位却为调出人员，二者存在矛盾。经了解，在实际执行中，资产使用人的变更由调出人员提出申请。

第二，固定资产设备采购审批表未能体现财务部门审核记录，与流程图要求不符。例如，资产流程图中采购由业务部门提出申请，归口管理部门负责审核采购依据，财务部审核经费科目，分管领导、中心主任及主任办公会根据授权进行审批。查阅固定资产设备采购审批表，该表中缺少财务部审核记录，与流程图描述不一致。

第三，未建立固定资产维修保养制度，未对维修事项进行事前预算控制。

内控依据：《固定资产管理办法》《制度流程手册（2017 版）》及资产管理与风险控制流程图。

　　管理建议：进一步建立健全固定资产管理制度，对相关制度及流程进行全面系统的梳理，做到流程与制度协调统一。

　　（2）资产维修申请表签批手续不全（执行缺陷）。

　　缺陷描述：经抽查，发现 10 月 31 日计量部门关于 USB 接口不能使用的维修申请表中无办公室主任、分管办公室领导签字。

　　内控依据：《行政事业单位内部控制规范（试行）》第四十一条规定，按照规定应当由有关负责人签字或盖章的，应当严格履行签字或盖章手续。

　　管理建议：建议严格履行签字手续，完善审批流程。

　　（3）公务用车无派车单（执行缺陷）。

　　缺陷描述：经了解，在公务用车管理方面，未执行公务用车凭派车单出车的规定。

　　内控依据：《公车的使用及管理办法》第一章第五条规定，车辆使用人凭派车单出车，完成任务后必须将车辆停放在单位，未按规定停放造成车辆受损或丢失等情况，由本人承担一切后果。

　　管理建议：严格执行派车制度，凭派车单出车。

（四）支出管理

　　经审计，支出管理方面存在缺陷，即支出事项事前申请控制不严，审批手续不完善（执行缺陷）。

　　缺陷描述：第一，部分费用报销单、经费申请审批单、借款审批单未经分管领导或中心主任审批；第二，存在审批流程倒置，支出事项在前、经费申请在后的情况。

　　内控依据：《费用管理及报销办法》第三章第十条、第四章第十三条及《会议费管理办法》第二章第十条等。

　　管理建议：建议进一步加强支出业务审批流程管理，完善签批手续。

（五）合同管理

　　经审计，合同管理方面存在以下缺陷。

　　（1）合同签订不规范，存在滞后现象（执行缺陷）。

　　缺陷描述：第一，项目涉及的合同由项目负责人签订，缺少法人授权委托书；第二，缺少合同签订日期，无法确定合同生效的准确时间，如与北京 BKBJ 招标代理有限公司签订的《委托代理协议》；第三，签订合同未加盖骑缝章；第四，个别合同签订日期晚于合同开始执行日期，合同签订滞后。

　　内控依据：《合同管理办法（试行）》第十一条、第十二条等。

　　管理建议：建议进一步规范合同签订程序，确保对外签订的合同规范合法。

　　（2）合同管理台账记录不完整（执行缺陷）。

　　缺陷描述：合同台账中登记的合同编号不连续，部分合同未进行登记，部分合同无合同编号；科研项目台账登记内容不完整，无立项时间、结题时间、执行进度或目前状态等信息。

内控依据：《合同管理办法（试行）》第十七条规定，合同管理员应当将合同的有关情况在合同管理台账中记录。

管理建议：进一步健全合同管理台账，以提高合同的规范化管理水平。

（六）采购管理

经审计，采购管理方面存在以下缺陷。

（1）投标人递交的投标文件，部分叙述异常一致，服务方案雷同（执行缺陷）。

缺陷描述：针对创新网络系统开发及数据加工项目，3个投标单位提供的服务方案均只是对技术需求稍加修改，其他内容完全一样。

内控依据：《招标投标法实施条例》第四十条规定，不同投标人的投标文件异常一致或者投标报价呈规律性差异的视为投标人相互串通投标。

管理建议：建议严控招标流程以防范招标风险。

（2）验收、出入库手续不完善（执行缺陷）。

缺陷描述：第一，个别采购项目未经验收就支付全款；第二，验收单数量与出入库登记表数量不一致，出入库登记表未列明品名。

内控依据：《政府采购管理办法》第十三条规定，中心应当组织对供应商履约的验收，验收方成员应当在验收书上签字，并承担相应的法律责任。

管理建议：建议进一步完善验收出入库手续，规范采购管理工作。

（七）科研项目管理和财政专项项目管理

经审计，科研项目管理和财政专项项目管理存在以下缺陷。

（1）项目实施过程和监理资料欠缺、项目绩效审计工作落实不到位（执行缺陷）。

缺陷描述：经了解，科研项目绩效跟踪管理及绩效考评工作落实不到位，部分项目未执行绩效跟踪报告、中期检查记录、自主选题撰写分析报告的规定。

内控依据：《行业定额年度报告与绩效考评制度（试行）》第六条、第七条、第八条。

管理建议：建议进一步加强科研项目实施过程及绩效管理。

（2）信息公开时间滞后、公开形式不规范、公开内容不完整（执行缺陷）。

缺陷描述：第一，信息公开时间滞后，并未全部在自信息正式形成之日起20个工作日内公开；第二，自立课题的结题信息在OA（办公自动化）系统中进行公示，未同时在公告栏中公示；第三，科研项目信息公开缺少绩效考评结果和决算信息的内容。

内控依据：《信息公开管理办法》第四条、第五条。

管理建议：建议进一步加强项目信息公开公示工作，完善公开内容并按规定形式在规定时限内公开。

第 2 章

整体层面内部控制审计
实务及案例

第 1 节　基本概念

人们习惯上把内部控制分为整体层面控制和业务层面控制两个方面。

整体层面控制又称整体层级控制、企业层面控制等，是组织在整体层面采取的控制的总称。一般认为，与内部控制诸要素中的基本制度安排直接相关，对组织整体内部控制目标的实现具有重大影响的控制属于整体层面控制，包括控制环境、风险评估、控制活动、信息与沟通、内部监督构成的控制整体结构方面的内容。

业务层面控制又称作业层级控制，是组织在业务层面采取的控制的总称。一般认为，与控制活动（控制政策和程序）在具体业务和事项中的运用直接相关，对组织某一方面或某些方面的内部控制目标具有重要影响的控制属于业务层面控制，包括具体各类业务活动的控制。

关于整体层面控制和业务层面控制的关系，简单来说，整体层面控制决定业务层面控制，业务层面控制反作用于整体层面控制。就财务报告控制而言，业务层面控制对财务报表有直接的影响，因为这些控制的弱点能够直接导致财务报表错报。业务层面控制目标相当直接，即合理保证及时地防止或发现重大错报，如关于费用确认的控制测试，其目的是确定在会计系统内是否存在未被发现的经营费用的重大错报且已列示在财务报表中。相反，整体层面控制对财务报表仅有间接的影响，整体层面控制的弱点并不必然导致财务报表错报，它可使业务层面控制有效执行。

在这一前提下，整体层面的控制目标将为业务层面控制的有效执行提供一个总体环境。换言之，如果业务层面控制设计适当但执行较差，那潜在原因很可能是整体层面控制存在弱点。控制程序设计适当，控制的失败与执行相关。执行不好的原因均与无效的整体层面控制相关，控制执行所处的环境不利于控制的有效执行。

整体层面内部控制审计，就是对组织整体层面内部控制设计与运行的有效性的审查和评价工作，对促使组织加强内部控制建设、防范风险具有重要意义。

第2节　内容和要点

一般认为，内部控制审计的内容主要包括以下方面。

一是内部控制环境评估，评估组织的内部控制环境，包括管理层的承诺和重视程度、道德价值观和企业文化等方面的评估。

二是内部控制目标评估，评估组织的内部控制目标，包括财务报告的可靠性、资产保护、合规性和运营效率等方面的评估。

三是内部控制流程评估，评估组织的内部控制流程，包括业务流程、财务流程和信息系统流程等方面的评估。

四是内部控制风险评估，评估组织的内部控制风险，包括可能存在的风险点、风险的潜在影响和风险的控制措施等方面的评估。

五是内部控制测试。对组织的内部控制进行测试，包括对控制活动的有效性、控制措施的设计和执行情况等方面的测试。

六是内部控制缺陷和风险的发现和分析，发现和分析组织可能存在的内部控制缺陷和风险，并对其进行评估和建议。

七是内部控制改进意见和建议，提供改进意见和建议，帮助组织改进内部控制体系，提高其有效性和效率。

我们认为整体层面内部控制审计审查和评价的是整体层面内部控制设计和运行的有效性，包括对内部环境、风险评估、控制活动、信息与沟通、内部监督五个要素所进行的全面审计。

一、内部环境审计的内容和要点

内部环境审计就是对内部环境要素的检查和评价，主要包括组织架构、发展战略、人力资源、企业文化和社会责任等应用指引内容。

【观点分享】

　　内部审计人员开展内部环境要素审计时，应当以《企业内部控制基本规范》和各项应用指引中有关内部环境要素的规定为依据，关注组织架构、发展战略、人力资源、组织文化、社会责任等，结合本组织的内部控制，对内部环境进行审查和评价。

　　　　　　　——《第 2201 号内部审计具体准则——内部控制审计》第十条

（一）组织架构内部控制审计的内容和要点

组织架构内部控制审计就是对被审计单位组织架构内部控制设计与运行的有效性的审查和评价工作，对促使被审计单位加强组织架构内部控制建设、防范组织架构风险具有重要意义。

一般认为，组织架构内部控制审计内容和要点主要包括以下几点。

一是组织内部机构的设置是否能够适应组织经营管理的实际需要和外部环境的变化，是否符合减少管理层级和提高效能的原则，有无机构重叠和效率低下的情况。

二是组织是否根据经营目标、职能划分和管理要求，明确高管人员、职能部门和分支机构及基层作业单位的职责权限，权利与责任是否分解到具体岗位。

三是组织有无通过有效途径和方式使所有员工了解和掌握内部机构设置及权责分配情况，各层级员工是否明确自己的职责和如何履行自己的职责，以及如何正确接受对权责履行的监督。

四是组织有无内部管理制度汇编、员工手册、组织结构图、业务流程图、职务说明书和权限指引等。

《企业内部控制应用指引第 1 号——组织架构》重点对组织架构的设计、组织架构的运行进行了规范，涉及的控制要点主要是治理结构的确定、三重一大审批、内部机构设置、职能分解、制度制定、全面梳理、子公司管控和组织架构改进等。这些控制是企业组织架构的重要控制，是企业构建和实施组织架构内部控制时必须关注的控制要点，因此，这些重要控制必然是组织架构内部控制审计的重要内容。

从我们长期从事组织架构内部控制审计的实践看，组织架构内部控制审计的内容和要点主要包括治理结构内部控制审计、组织机构设置内部控制审计和权责分配内部控制审计等。

（二）发展战略内部控制审计的内容和要点

发展战略内部控制审计就是对被审计单位发展战略内部控制设计与运行的有效性的审查和评价活动，对促使被审计单位加强发展战略内部控制建设、防范发展战略风险具有重要意义。

《企业内部控制应用指引第 2 号——发展战略》重点对发展战略制定、发展战略实施进行了规范，涉及的控制要点主要是发展目标制定、战略规划制定、战略委员会设立、战略审议批准、年度计划制定、发展战略宣传、战略实施监控和发展战略调整等。

这些控制是发展战略的重要控制，是企业构建和实施发展战略内部控制时必须关注的控制要点，因此，这些重要控制必然是发展战略内部控制审计的重要内容。

发展战略内部控制审计内容，因审计组织、审计要求及审计方式的不同而不同。采用传统的全面审计方式，发展战略内部控制审计审查和评价发展战略内部控制设计和运行的有效性，范围包括发展战略的制定、发展战略的实施等。采用现代以风险为导向的审计方式，审计人员应以发展战略风险为导向，审计已经设计完成的发展战略内部控制及其相关的管理制度是否有效执行，是否有效控制了发展战略风险；已经设计的发展战略各控制点的控制措施是否有效实施，是否有效防止了各控制环节的风险；组织是否根据业务、环境等的变化持续改进发展战略内部控制等。

【案例分享】

基于中国企业发展战略内部控制实践，发展战略内部控制审计要点包括：

- 董事会是否组织研究公司的长远发展战略，是否根据需要成立战略委员会；
- 战略委员会是否有议事规则明确其主要职能、权限及运作程序及成员的任职资格；
- 战略委员会是否由 3 ~ 7 名董事组成；
- 战略委员会委员是否由董事会选举产生，任期由董事会决定。

（三）人力资源内部控制审计的内容和要点

人力资源内部控制审计就是对被审计单位人力资源内部控制设计与运行的有效性的审查和评价活动，对促使被审计单位加强人力资源内部控制建设、防范人力资源风险具有重要意义。

《企业内部控制应用指引第 3 号——人力资源》重点对人力资源的引进与开发、人力资源的使用与退出等环节进行规范。

人力资源内部控制审计内容，因审计组织、审计要求及审计方式的不同而不同。采用传统的全面审计方式，人力资源内部控制审计审查和评价人力资源内部控制设计和运行的有效性，范围包括人力资源的引进与开发、人力资源的使用与退出等。采用现代以风险为导向的审计方式，审计人员应以人力资源风险为导向，审计已经设计完成的人力资源内部控制及其相关的管理制度是否有效执行，是否有效控制了人力资源风险；已经设计的人力资源各控制点的控制措施是否有效实施，是否有效防止了各控制环节的风险；组织是否根据业务、环境等的变化持续改进人力资源内部控制等。

（四）企业文化内部控制审计的内容和要点

企业文化内部控制审计就是对被审计单位企业文化内部控制设计与运行的有效性的

审查和评价活动，对促使被审计单位加强企业文化内部控制建设、防范企业文化风险具有重要意义。

企业应当建立对企业文化内部控制的审计制度，明确审计机构或人员的职责权限，定期或不定期地进行检查。内部审计部门或人员应检查企业文化建设、企业文化评估等方面的内部控制制度是否健全，各项规定是否得到有效执行。

企业文化内部控制审计依据除了国家关于企业文化管理方面的法律法规，企业制定的企业文化管理制度及其《企业内部控制手册》有关企业文化部分的内容外，还应包括国家、行业协会、被审计单位有关审计方面的规范及标准等。

企业文化内部控制审计内容，因审计组织、审计要求及审计方式的不同而不同。采用传统的全面审计方式，企业文化内部控制审计审查和评价企业文化内部控制设计和运行的有效性，范围包括企业文化建设、企业文化评估等。采用现代以风险为导向的审计方式，审计人员应以企业文化风险为导向，审计已经设计完成的企业文化内部控制及其相关的管理制度是否有效执行，是否有效控制了企业文化风险；已经设计的企业文化各控制点的控制措施是否有效实施，是否有效防止了各控制环节的风险；组织是否根据业务、环境等的变化持续改进企业文化内部控制等。

二、风险评估审计的内容和要点

风险评估审计就是对风险评估内部控制有效性的检查和评价。根据风险评估过程，风险评估审计的主要内容包括目标设定审计、风险识别审计、风险分析审计和风险应对策略审计。

（一）目标设定审计的内容和要点

一是组织是否按照战略目标，分别设定相关的经营目标、财务报告目标、合规性目标（遵循目标）与资产安全完整目标。

二是目标设定是否注意到层级性及相互重叠、相互补充与相互衔接问题。

三是组织是否根据设定的目标合理确定组织整体风险承受能力和具体业务层次上可接受的风险水平。

（二）风险识别审计的内容和要点

一是组织是否在充分调研和科学分析的基础上，准确识别内部风险因素和外部风险因素。组织是否关注人员素质、管理、基础实力、技术和安全环保等内部风险因素；是否关注经济、法律、社会、科技和自然环境等外部风险因素。

二是组织是否采取了有效方法识别风险，如召开座谈会、问卷调查、案例分析、咨询专业机构意见等；是否特别注意总结、吸取组织过去的经验教训和同行业的经验教训，以加强对高危性和多发性风险因素的关注。

（三）风险分析审计的内容和要点

一是组织是否从因果两个方面去分析风险发生的可能性和影响程度。因为找不出风险发生的原因，就无法判定风险发生的可能性（或然率）及难以找出预防风险的方法；如果不知道其结果，就无法判定风险的影响程度（重大性），也就难以确定用多少资源来控制风险。

二是组织所采用的定性、定量分析标准和方法是否科学合理。审计人员应重点考虑已识别的风险特征、相关历史数据的充分性和可靠性、管理层进行风险评估的技术能力，以及成本效益的考核与衡量。

三是组织是否根据风险分析的结果，运用专业判断，按照风险发生的可能性大小及其对组织影响的严重程度进行风险排序，其风险排序是否准确，所拟定的风险管理决策是否恰当，有无确定重点关注的重要风险。

（四）风险应对策略审计的内容和要点

一是组织是否区别不同情况采取风险回避、风险承担、风险降低和风险分担等风险应对策略；采取风险应对策略时，是否充分考虑到风险分析情况、风险成因、整体风险承受能力、具体业务层次上可接受风险水平等。

二是实行风险回避策略时，其风险重大性是否超出了整体风险承受能力或具体业务层次上可接受的风险水平。

三是实行风险承担策略时，其风险重大性是否在组织风险承受能力和可接受风险水平的范围之内，在权衡成本效益后是否无须采取进一步控制措施。

四是实行风险降低策略时，其风险重大性是否在组织风险承受能力和可接受风险水平的范围之内，但又必须采取进一步的控制措施以降低风险，减轻损失或提高收益。

【观点分享】

内部审计人员开展风险评估要素审计时，应当以《企业内部控制基本规范》有关风险评估的要求，以及各项应用指引中所列主要风险为依据，结合本组织的内部控制，对日常经营管理过程中的风险识别、风险分析、应对策略等进行审查和评价。

——《第2201号内部审计具体准则——内部控制审计》第十一条

风险评估内部控制构建与实施因组织的不同而不同。因此，风险评估内部控制审计内容因被审计单位的不同而不同，不能固定化、模式化。事实上，风险评估内部控制审计内容因其审计方式的不同也略有不同。

从我们长期从事风险评估审计的实践看，风险评估审计的内容和要点主要包括风险分析内部控制审计、风险评价内部控制审计和管理改进内部控制审计等。在具体操作中，风险评估审计一定要和具体业务审计相结合。

三、控制活动审计的内容和要点

一般认为控制活动审计是评估和审计组织内部控制活动的有效性和合规性的过程，其内容和要点包括以下几点。

一是内部控制目标评估，评估组织内部控制活动是否符合内部控制目标，包括风险管理、信息和通信、监督、控制环境等。

二是控制活动评估，评估组织内部控制活动的设计和实施是否有效，包括控制活动的完整性、准确性、及时性和可靠性等。

三是合规性审查，审查组织内部控制活动是否符合适用的法律法规、政策和规范要求，包括合规性相关制度的制定、执行和监督等。

四是异常情况审计，审计组织内部控制活动对异常情况的应对能力，如突发事件、诈骗行为、数据泄露等异常情况的应对能力。

【观点分享】

内部审计人员开展控制活动要素审计时，应当以《企业内部控制基本规范》和各项应用指引中关于控制活动的规定为依据，结合本组织的内部控制，对相关控制活动的设计和运行情况进行审查和评价。

——《第 2201 号内部审计具体准则——内部控制审计》第十二条

我们认为控制活动审计就是对控制活动有效性的检查和评价。控制活动审计要查明组织制定的内部控制各项措施是否恰当、是否有针对性、是否经济有效、是否方便易行；要查明组织对具体业务与事项所采用的政策与程序是否适当有效。

控制活动审计，总体上包括对职责分工、授权控制、预算控制、财产保护、会计系统控制、内部报告控制和信息系统控制等的审计。在对控制活动总体审计的基础上，进一步审查控制措施在主要经济业务和事项中的贯彻执行情况十分必要。

（一）职责分工审计的内容和要点

一是查明组织是否根据单位目标和职能任务，按照科学、精简、高效的原则，合理设置职能部门和工作岗位，明确各部门、各岗位的职责权限。

二是查明组织在职责分工确定过程中，是否充分考虑到对授权、批准、执行、记录、保管和稽核检查等不相容职务相互分离的制衡要求。

三是查明组织是否结合岗位特点和重要程度，建立规范的岗位轮换制度、强制休假制度，以强化职责分工。

（二）授权控制审计的内容和要点

一是组织是否根据职责分工，明确各部门、各岗位办理经济业务与事项的授权范围、审批程序和相应责任等。

二是对于金额重大、重要性高、技术性强、风险程度高及影响范围广的经济业务与事项的处理，组织是否采用集体决策审批或者联签制度。

三是组织有无未经授权或超越授权处理经济业务与事项的现象。

（三）预算控制审计的内容和要点

一是组织有无建立科学、适用的预算控制制度。

二是预算项目是否明确，预算标准是否合理，预算的编制、审定、下达和执行程序是否科学可行；组织是否及时分析和控制预算差异，有无积极采取改进措施，确保预算顺利执行。

（四）财产保护审计的内容和要点

一是组织有无采取财产记录、实物保管、安全防护、定期盘点、账实核对、财产保险、岗位轮换及限制接近等确保财产安全完整的措施。

二是措施是否得到贯彻执行；组织有无发生重大财产损失事故。

（五）会计系统控制审计的内容和要点

一是组织是否根据会计法及国家统一的会计制度，制定适合本组织需要的会计制度。

二是会计制度中是否明确会计凭证、会计账簿和财务报告及相关信息披露的处理程序。

三是会计制度中是否规范了会计政策的选用标准和审批程序。

四是会计制度中是否规定了会计档案保管和会计工作交接办法。

五是会计制度中是否规范了会计岗位责任制、会计监督职责，以确保会计信息及财务报告的真实、可靠和完整。

（六）内部报告控制审计的内容和要点

一是组织有无建立和完善内部报告制度，以明确相关信息的收集、分析、报告和处理程序。

二是组织能否及时提供业务活动中所需的主要信息；相关信息能否全面反映经济活动情况，以增强内部管理的时效性和针对性。

三是组织有无采用多种报告形式，如例行报告、实时报告、专题报告、综合报告等。

（七）信息系统控制审计的内容和要点

一是组织是否结合实际需要和计算机信息技术应用程度建立本组织的信息化控制流程，以提高业务处理效率，减少或消除人为操纵因素。

二是组织是否加强了对计算机信息系统的开发与维护、访问与变更、数据输入与输出、文件储存与保管、网络安全等方面的控制，以保证信息系统安全及有效运用。

从我们长期从事控制活动审计的实践看，控制活动审计包括整体层面控制活动审计和业务层面控制活动审计，关键是业务层面控制活动审计，整体层面控制活动审计应该是在业务层面控制活动审计基础上进行的，具有汇总性质。

四、信息与沟通审计的内容和要点

一般认为信息与沟通审计是评估和审计组织的信息和沟通活动的有效性和合规性的过程，其内容和要点包括以下几点。

一是信息管理评估，评估组织的信息管理策略和流程，包括信息的收集、处理、存储和传递等，确保信息的完整性、准确性和及时性。

二是信息安全审查，审查组织的信息安全控制措施，包括信息的保密性、完整性和可用性等，以防止信息被泄露、篡改和信息丢失的风险。

三是内外部沟通评估，评估组织内外部沟通的效果和合规性，包括沟通渠道的建立和管理、沟通内容的准确性和及时性等。

四是信息技术审查，审查组织的信息技术系统和应用，包括系统的安全性、可靠性和合规性，以支持信息的管理和沟通活动。

【观点分享】

　　内部审计人员开展信息与沟通要素审计时，应当以《企业内部控制基本规范》和各项应用指引中有关内部信息传递、财务报告、信息系统等规定为依据，结合本组织的内部控制，对信息收集处理和传递的及时性、反舞弊机制的健全性、财务报告的真实性、信息系统的安全性，以及利用信息系统实施内部控制的有效性进行审查和评价。

　　　　　　　　——《第 2201 号内部审计具体准则——内部控制审计》第十三条

我们认为信息与沟通审计就是对信息与沟通有效性的检查和评价，主要包括信息收集审计和信息沟通审计。

（一）信息收集审计的内容和要点

信息收集审计的内容和要点包括以下几点。

一是组织能否准确识别、全面收集来自组织外部及内部的财务及非财务信息，为内部控制的有效运行提供信息支持。

二是组织是否通过会计资料、经营管理资料、调查研究报告、会议记录和纪要、专项信息反馈、内部报刊网络等渠道和方式获取所需的内部会计信息、生产经营信息、资本运作信息、人员变动信息、技术创新信息、综合管理信息等。

三是组织是否通过立法监管部门、社会中介机构、行业协会组织、业务往来单位、市场调查研究、外部来信来访、新闻传播媒体等渠道和方式获取所需的外部政策法规信息、经济形势信息、监管要求信息、市场竞争信息、行业动态信息、客户信用信息、社会文化信息、科技进步信息等。

四是管理层是否能及时、完整地知悉自己为履行职责所必须知道的信息；组织是否把详细的信息及时提供给适当的员工，使他们有效地执行任务。

（二）信息沟通审计的内容和要点

信息沟通审计的内容和要点包括以下几点。

一是组织是否采取互联网、电子邮件、电话传真、手机短信、信息快报、例行会议、专题报告、调查研究、员工手册、教育培训、内部刊物等多种方式，让信息在组织内部准确、及时传递与共享。

二是所沟通的信息是否通过筛选和核对，以保证其真实、可靠和适当，不至于产生负面影响。

三是员工是否知道自己的工作目标、工作任务和控制责任，是否了解控制责任。

四是组织是否允许员工对不当行为的反映采取特别沟通方式，如匿名沟通、绕过直属上司向上级呈报；对反映疑似不当行为的人，是否提供反馈，是否真的不打击报复。

五是组织是否关注与投资者和债权人的沟通；与客户的沟通；与供应商的沟通；与监管机关的沟通；与外部审计人员的沟通和与律师的沟通；与新闻媒体的沟通；等等。

从我们长期从事信息与沟通审计的实践看，信息与沟通审计包括整体层面信息与沟通审计和业务层面信息与沟通审计，关键是业务层面信息与沟通审计，整体层面信息与沟通审计应该是在业务层面信息与沟通审计基础上进行的，具有汇总性质。从整体层面上讲，信息与沟通审计主要查明组织所建立的信息收集系统和信息沟通渠道，能否确保与影响内部控制其他要素有关的信息有效传递，促进决策层、管理层和其他员工正确履行相应的职能，主要内容包括信息收集审计和信息沟通审计。

五、内部监督审计的内容和要点

一般认为内部监督审计是对组织内部控制和运营情况进行评估和审计的过程，其内容和要点包括以下几点。

一是内部控制评估，评估组织的内部控制体系，包括控制环境、风险评估、控制活动、信息与沟通和内部监督等，确保内部控制的有效性和合规性。

二是运营效率评估，评估组织的运营流程和活动，包括资源利用、工作效率和成本控制等，以提高运营效率和降低运营风险。

三是合规性评估，评估组织的合规性情况，包括法律法规、政策和规程的遵守情况，以确保组织的合规性。

四是资产保护评估，评估组织的资产保护措施，包括资产的保管、使用和处置，以防止资产的丢失、损坏和滥用。

【观点分享】

内部审计人员开展内部监督要素审计时，应当以《企业内部控制基本规范》有关内部监督的要求，以及各项应用指引中有关日常管控的规定为依据，结合本组织的内部控制，对内部监督机制的有效性进行审查和评价，重点关注监事会、审计委员会、内部审计机构等是否在内部控制设计和运行中有效发挥监督作用。

——《第 2201 号内部审计具体准则——内部控制审计》第十四条

我们认为内部监督审计就是对内部监督有效性的检查和评价，包括持续性监督检查审计和专项监督检查审计。

（一）持续性监督检查审计的内容和要点

一是审计委员会、内部审计机构或者实际履行内部控制监督检查职责的其他有关机构是否根据国家法律法规要求和组织授权，采取适当的程序和方法，对内部控制的建立与实施情况进行监督检查，形成检查结论并出具书面检查报告。

二是履行监督检查职责的机构，是否加强了队伍职业道德建设和业务能力建设，其成员能力及经验水平是否适合其履行职责所需，监督检查的范围、责任和计划是否适当；监督检查机构在单位中的地位是否适当，能否直接向最高决策层或管理层报告工作，有无权威性。

三是对日常经营过程中的管理、监督、比较、调节和其他例行的行动，是否监督检查以下问题：负责营运的管理层，在履行日常管理职责时，有无取得内部控制持续发挥功能的原始记录（证据）；管理层是否利用外部信息来验证内部产生的信息的正确性；管理层是否利用健全的组织结构和职责分工来监督控制的有效性，并辨别其缺陷；管理层有无将记录与实体资产进行定期或不定期的核对，以揭示其差异，并追究原因；管理层有无利用内审、外审的信息、建议来强化内部控制；管理层有无通过各种会议形式获得反映内部控制是否有效的信息，并进行反馈和采取对策；管理层有无定期要求员工汇报他们是否了解单位的员工守则、是否贯彻执行员工守则，是否对所取得的汇报信息进行验证；管理层是否通过培训、会议等形式获知内部控制是否有效；员工建议是否由下向上传递；管理层对合理的建议能否及时采取行动。

（二）专项监督检查审计的内容和要点

一是专项监督检查审计的内容是否属于应该检查的内容，其广度、深度及检查次数是否适当。

二是专项监督检查审计的程序是否适当，检查人员是否认真了解被检查活动，是否深入了解该项活动应该如何运作，是否将实际运作方法与正确的运作方法进行比较，并分析其差异。

三是专项监督检查审计所使用的检查表、问卷或其他评估工具是否适当，检查小组是否充分发挥其集体智慧，负责检查的人是否具有权威性。

第3节　程序和方法

一般认为，整体层面内部控制审计的程序和方法如下。

第一，确定审计目标和范围。明确审计的目标和范围，确定需要审计的内部控制领域和重点。

第二，收集相关信息。收集组织的相关文件、记录和资料，包括内部控制制度、流程图、政策文件、风险评估报告等，了解组织的内部控制制度和运作情况。

第三，进行风险评估。评估组织的内部控制风险，识别可能存在的风险点和潜在风险，确定审计的重点和关注点。

第四，进行内部控制环境评估。评估组织的内部控制环境，包括管理层的承诺和重视程度、道德价值观和企业文化等方面的评估。

第五，进行内部控制目标评估。评估组织的内部控制目标，包括财务报告的可靠性、资产保护、合规性和运营效率等方面的评估。

第六，进行内部控制流程评估。评估组织的内部控制流程，包括业务流程、财务流程和信息系统流程等方面的评估。

第七，进行内部控制测试。对组织的内部控制进行测试，包括对控制活动的有效性、控制措施的设计和执行情况等方面的测试。

第八，发现和分析内部控制缺陷和风险。发现和分析组织可能存在的内部控制缺陷和风险，并对其进行评估和建议。

第九，提供改进意见和建议。提供改进意见和建议，帮助组织改进内部控制体系，提高其有效性和效率。

第十，编制审计报告。根据审计结果和发现，编制审计报告，总结审计工作的结果和结论，并提出审计意见和建议。

我们认为整体层面内部控制审计程序包括对整体层面内部控制有效性的调查了解、风险评估、控制测试、评价缺陷、审计评价、形成意见等步骤。在实施过程中，审计人员应遵循审计准则和规范，确保审计工作的准确性和可靠性；同时，应与组织的管理层和相关人员进行沟通和协调，确保审计工作的顺利进行。

第 4 节　实务案例

一、乌亥公司内部环境审计实务案例

审计组对乌亥公司进行内部环境审计的内容和要点、程序和方法如表2-1、表2-2和表2-3所示。

表 2-1　乌亥公司治理结构审计的内容和要点、程序和方法

控制要素	关键控制点	审计的内容和要点	审计的程序和方法
治理结构	治理方针	组织是否制定了一套单独的治理方针，并符合有关公司治理准则的要求； 组织内部的网页是否有治理方针的内容； 组织的股东是否可根据需要便利地打印治理方针的内容	了解是否制定了独立的治理方针，编制公司治理方针调查问卷工作底稿； 调阅对公司治理方针进行规定的文件，并对照公司治理准则等有关规范，审查是否符合要求； 与公司内部法律部门及外部法律顾问座谈探讨公司治理方针对相关法规的遵循性
	董事会	董事会的组成和董事选聘过程是否符合相关法规规定； 董事会成员兼职情况是否符合相关法规规定； 董事会成员是否具备必要的技能和经验；是否制定符合法律法规要求的董事会章程及下设的委员会章程； 董事会是否有明确的董事职责和义务，并符合有关法律法规的要求； 董事会的薪酬委员会是否批准所有管理层关于业绩的激励计划； 有关独立董事的独立性、权力、职责等的规定是否符合相关法规的规定； 董事会是否根据有关规定履行职责	了解董事会的相关情况及规定，编制董事会相关情况调查问卷； 调阅对董事会进行规定的文件，并对照公司治理准则等有关规范，审查是否符合要求； 与公司内部法律部门及外部法律顾问座谈探讨董事会对相关法规的遵循性； 调阅董事会会议记录，判断董事会是否有效地履行了相应职责
	监事会	是否有明确的制度阐述监事会的职责权限、具体工作规则和议事程序及人员任职条件等事项，且符合法律法规的要求； 监事会中外部监事和独立监事的数量是否符合法律法规的要求； 外部监事是否向股东大会独立报告公司高级管理人员的诚信及勤勉尽责表现； 监事会与审计委员会相互重合的职能是否得到协调，以避免资源浪费或监管真空	了解监事会的相关情况及规定，编制监事会相关情况调查问卷； 调阅对监事会进行规定的文件，并对照《关于进一步促进境外上市公司规范运作和深化改革的意见》，查看是否符合监管要求； 与公司内部法律部门及外部法律顾问座谈探讨监事会对相关法规的遵循性； 调阅监事会工作记录，判断监事会是否有效地履行了相应职责

（续表）

控制要素	关键控制点	审计的内容和要点	审计的程序和方法
治理结构	审计委员会	审计委员会是否有明确的书面章程，并符合有关法律法规的要求； 审计委员会是否明确其宗旨； 审计委员会的职责是否全面明确； 对审计委员会成员兼职的规定和披露是否符合有关法规的规定	了解审计委员会的相关情况及规定； 调阅对审计委员会进行规定的文件，查看是否符合监管要求； 与公司内部法律部门及外部法律顾问座谈探讨审计委员会对相关法规的遵循性； 调阅审计委员会工作记录，判断审计委员会是否有效地履行了相应职责
	内部审计独立性	内部审计是否保持相对独立性和权威性； 内部审计部门进行审计时，是否在取得材料范围和获取途径方面没有受到限制	了解内部审计的相关情况及规定； 询问内部审计人员在进行内部审计的过程中遇到的困难； 与公司管理层座谈，了解其对内部审计作用及职能的了解； 调阅审计办公室的审计档案，检查项目计划是否经过总公司审计部的批准、报告是否上报； 向总公司审计部询问是否存在分公司重要信息未及时上报的情况

表 2-2　乌亥公司组织机构设置审计的内容和要点、程序和方法

控制要素	关键控制点	审计的内容和要点	审计的程序和方法
组织机构设置	职责认知	高级管理人员是否对其职责有明确的认识； 负责公司经营管理具体工作的员工是否清楚了解该项工作的职责、目标及应该遵循的规章制度	了解公司关于加强职责认知方面的工作； 询问公司管理层与一般员工对其工作职责、目标及遵循的规章制度的理解，并做好记录； 查看岗位说明书是否明确了相关岗位的工作职责、目标及遵循的规章制度； 查看人力资源部的培训记录，确定是否将有关员工岗位职责及控制责任传达至相关岗位
	胜任能力	公司是否根据高级管理人员和其他的主要管理人员的任职要求，对其进行充分的培训，以使其顺利地履行职责	了解公司关于加强胜任能力方面的工作； 询问公司高级管理人员和其他的主要管理人员对其应具备的知识、经验的理解，及所需的培训，并做好记录； 询问公司一般员工对于高级管理人员和其他的主要管理人员应具备的知识、经验的理解
	组织机构调整	管理层是否在经营状况、自身发展和市场环境发生重大变化的情况下，对公司的组织架构的运行状况进行效率评价，必要时进行调整； 公司是否建立一套完整的组织机构调整政策或程序，设置相应的审批权限，以保证组织机构调整的合规性和有效性	了解公司关于组织机构调整方面的工作； 调阅公司的组织架构评估文档，评价其有效性； 询问公司近期是否开展了组织机构调整方面的工作，并对上述工作进行审查

表 2-3　乌亥公司人力资源政策审计的内容和要点、程序和方法

控制要素	关键控制点	审计的内容和要点	审计的程序和方法
人力资源政策	聘用	是否根据发展战略和管理要求，制定长期和短期人力资源需求计划； 招聘的准备工作是否充分，招聘岗位、要求、信息发布等是否符合规定； 是否明确应聘人员的测试程序、标准； 是否建立适当的批准录用权限，并对录取程序进行规定； 对应聘人员的资料是否制定相应处理、保存、利用程序； 新员工试用期内是否得到良好的督导	了解关于人员聘用方面的规定和情况； 查看公司最近一期的长期和短期人力资源需求计划，将其与实际执行情况进行比较，进行差异分析，判断计划的可操作性； 抽取最迟入司的员工，询问其在试用期是否得到适当的指导与培训
	培训	是否根据岗位实际需要和员工的业务素质情况，制定培训计划； 是否对培训费用进行有效控制； 是否对培训资料进行归档保存，建立培训资料库以方便未来的培训工作； 是否针对不同培训，制定／执行相应的培训实施方案，明确培训内容、参加人员、地点、预算等； 是否对培训效果进行评估	了解关于人员培训方面的规定和情况； 抽选部分最近一次参加培训的一般员工和管理人员，询问其对培训的满意度； 抽选部分管理人员及一般员工，询问其最近一次培训的时间； 审阅最近一次举办培训的相关文件，查看是否按照规定进行
	考核	是否使用适当的工作评价指标，并保持运用的一致性； 岗位责任发生变化时，是否重新设立评价标准； 业务部门考核和人力资源部考核是否相结合； 是否建立／执行对现行考核办法的评价程序	了解关于人员考核方面的规定和情况； 抽选部分管理人员及一般员工，询问其对现行的业绩评估是否满意； 调阅对现行评估体系的反馈意见，查看是否得到落实
	激励	公司是否为员工提供明确的晋升渠道，并为员工所了解； 是否通过定期业绩评估推动人员的轮换和提升，实现公司将需要人员及时提升到更高级别的承诺； 公司激励政策的执行是否公平； 公司激励方案的制定是否充分考虑成本效益原则； 是否对激励方案执行情况进行定期评估	了解关于人员激励方面的规定和情况； 抽选部分管理人员及一般员工，询问其对晋升渠道是否有明确的认识； 与人力资源部的相关人员就同一问题进行沟通，并进行差异分析
	问责	公司是否针对员工的工作成果、执行岗位职责的具体情况建立／执行先进有效的问责机制； 公司问责机制在正式发布实行前是否充分征求公司工会的意见； 公司是否对全体员工进行问责机制的培训	了解关于人员问责方面的规定和情况； 调阅根据问责机制处理相关问题的文档，查看是否遵照规定的程序进行

从表 2-1 至表 2-3 看，审计组对乌亥公司进行的内部环境审计的内容和要点、程序和方法等比较具体，突出了对治理结构、组织机构设置、人力资源政策三个内部环境要素的审计，但控制要素没有满足《企业内部控制基本规范》和各项应用指引的全面要求。

内部环境审计应当以《企业内部控制基本规范》和各项应用指引中有关内部环境要素的规定为依据，关注组织架构、发展战略、人力资源、组织文化、社会责任等，结合本组织的内部控制，对内部环境进行审查和评价。

二、乌亥公司风险评估审计实务案例

审计组对乌亥公司进行风险评估审计的内容和要点、程序和方法如表 2-4 所示。

表 2-4 乌亥公司风险评估审计的内容和要点、程序和方法

控制要素	关键控制点	审计的内容和要点	审计的程序和方法
公司目标	战略目标确定审计	董事会是否下设战略规划委员会，是否明确其主要职能； 战略规划委员会是否对公司整体发展战略目标进行规划； 是否根据经营环境变化对公司整体发展战略目标及时予以调整； 公司整体发展战略目标是否经过可行性研究和论证； 公司整体发展战略目标是否报经董事会批准	使用调查问卷了解审计要点主要内容； 查阅公司章程及战略规划委员会议事规则，证实公司已建立战略规划委员会，明确了其人员组成； 询问战略规划委员会相关人员，了解其主要职责； 查阅战略规划委员会设定的各阶段战略目标及设定战略目标的相关文件记录，证实其已设定了战略目标并定期进行了调整，同时已报经董事会批准； 查阅制定战略目标相关文件记录，询问战略规划委员会相关人员，证实其对战略目标已进行了充分的可行性研究和论证
人力资源政策	经营管理目标确定审计	在设定当年经营管理目标时，是否建立科学的目标决策机制； 在设定各项业务发展目标、预算考核目标时，是否充分考虑现有资源对目标实现可能的制约； 经营管理目标是否经过管理层的审核与批准； 是否每半年对上半年目标的执行情况进行评估，对执行情况与预期偏离较大的目标是否及时进行修正	使用调查问卷了解审计要点主要内容； 查阅经营管理目标制定的相关文件记录，证实是否建立了科学的目标决策机制来设定经营管理目标； 询问管理层相关人员，确认经营管理目标已经通过公司管理层的审核及批准； 查阅各级公司制定的各项经营管理目标相关文件记录，了解其所设定的各项经营管理目标是否与公司战略目标和上级公司经营管理目标保持一致； 询问管理层及相关人员，查阅相关记录，了解其是否每半年对上半年目标的执行情况进行评估，是否对与预期偏离较大的目标及时进行修正
风险识别	风险识别范围审计	是否确定了管理层和各职能部门相应的风险识别责任； 在确定风险识别范围时，是否全面考虑在公司内部存在风险的各个重点区域，如财务报表信息、资产保护、信息系统、日常业务活动等	使用调查问卷了解审计要点主要内容； 查阅已发生的风险损失事件有关文件记录，分析评价现有控制措施对风险识别范围的有效性； 询问相关人员，了解管理层和各职能部门相关人员是否掌握其相应的风险识别责任； 询问相关人员，了解其在确定风险识别范围时是否全面考虑了风险的各个重点区域

控制要素	关键控制点	审计的内容和要点	审计的程序和方法
风险识别	风险识别方法审计	是否了建立科学的风险识别方法体系； 是否将风险识别方法及时传递至各级公司和部门； 是否利用历史事件、关注未来事件定期对风险进行趋势分析和关注； 是否建立了损失事件数据库，通过事件列表、事件分类、内部分析、推动讨论和会谈、流程分析等方法确定风险因素发展趋势和根源； 是否定期评估风险识别方法的科学性和系统性，对不适用的方法及时进行修正和完善	使用调查问卷了解审计要点主要内容； 询问相关风险信息管理人员是否了解并使用风险识别方法，证实风险识别方法得到了有效传递； 查阅已发生风险损失事件的文件记录，分析并评价风险识别方法的有效性和科学性； 询问相关风险信息管理人员，查阅风险识别方法的相关文件记录，证实其对风险识别方法进行了定期分析和反馈； 询问相关风险信息管理人员，查阅风险识别方法的相关文件记录，证实其对不适用的方法进行了及时修正和完善
风险评估	风险评估审计	是否建立了科学合理的风险评估方法体系； 是否建立了科学合理的风险评估模型	使用调查问卷了解审计要点主要内容； 询问各级公司和相关部门的风险信息管理人员，了解其是否掌握科学合理的风险评估方法体系和评估模型； 查阅各级公司和相关部门的风险评估文档记录，证实其运用了风险评估方法体系和模型对本公司或本部门风险进行了分析与评估； 询问部分员工，证实其是否了解本部门风险情况，对所了解风险是否进行了及时处理； 查阅相关部门的风险评估与分析文档记录，证实遇到重大的外部环境变化时相关部门已及时向上级公司报送了风险信息
风险应对	风险应对审计	是否确定了合理的风险应对措施的实施程序和方法； 是否对风险应对措施的成本与效益进行了充分评估； 是否在选定风险应对措施后，重新校定剩余风险； 是否确定了各级公司和各职能部门的风险处理权限，要求其对超出权限的风险处理及时上报	使用调查问卷对风险应对措施的实施程序和方法建立情况进行调查； 查阅已执行风险应对措施的相关文件记录，证实公司是否按成本效益原则决策风险应对措施； 查阅风险应对措施的相关文件，了解是否建立了广泛适用的风险决策判断标准； 查阅风险应对措施的相关文件，了解在选定风险应对措施后，是否对剩余风险进行重新校定； 询问各项风险应对措施决策部门相关人员，了解其是否该按标准进行风险决策判断； 询问相关风险管理人员，查阅各级公司和各职能部门的风险处理记录，证实有无超出其权限的风险处理，其是否已将超出其权限的风险处理及时报送上级公司

从表 2-4 看，审计组对乌亥公司进行的风险评估审计的内容和要点、程序和方法等

比较具体，涵盖了公司目标、风险识别、风险评估和风险应对策略控制要素，在控制要素上能满足《企业内部控制基本规范》和各项应用指引的基本要求。

风险评估审计应当以《企业内部控制基本规范》有关风险评估的要求，以及各项应用指引中所列主要风险为依据，结合本组织的内部控制，对日常经营管理过程中的风险识别、风险分析、应对策略等进行审查和评价。

在我国内部控制审计实践中，有些企业把风险评估审计的要点简单归纳为是否运用了科学合理的风险评估方法体系和模型对风险进行定期分析与评估，其审计程序和方法包括：使用调查问卷对审计要点主要内容进行了解；询问各级公司和相关部门的风险信息管理人员，了解其是否掌握科学合理的风险评估方法体系和评估模型；查阅各级公司和相关部门的风险评估文档记录，证实其运用了风险评估方法体系和模型对本部门风险进行了分析与评估；询问部分员工，证实其是否了解本部门风险情况，对所了解风险是否进行了及时处理；查阅相关部门的风险评估与分析文档记录，证实遇到重大的外部环境变化时相关部门已及时向上级公司报送了风险信息。

三、乌亥公司控制活动审计实务案例

审计组对乌亥公司进行控制活动审计的内容和要点如表 2-5 所示。

表 2-5　乌亥公司控制活动的审计内容和要点

控制要素	审计的内容	审计的要点
职责分工	职责分工审计	是否根据单位目标和职能任务，按照科学、精简、高效的原则，合理设置职能部门和工作岗位，明确各部门、各岗位的职责权限。 职责分工确定过程中，是否充分考虑到对授权、批准、执行、记录、保管、稽核检查等不相容职务相互分离的制衡要求。 是否根据各项经济业务与事项的流程和特征，分析与梳理执行该项业务与事项涉及的不相容职务，并结合岗位职责分工采取分离措施。 是否结合岗位特点和重要程度，建立规范的岗位轮换制度、强制休假制度，以强化职责分工
授权控制	授权控制审计	是否根据职责分工，明确各部门、各岗位办理经济业务与事项的授权范围、审批程序和相应责任等。 是否根据业务经营需要规定常规性授权和临时性授权两种方式。常规性授权内容是否编制权限指引予以发布，以提高权限透明度；是否对每一次临时性授权都有严格的规定并要求应有详细的记录以反映执行过程和结果。 对于金额重大、重要性高、技术性强、风险程度高及影响范围广的经济业务与事项的处理，是否采用集体决策审批或者联签制度。 有无未经授权或超越授权处理经济业务与事项的现象
审核批准	审核批准审计	各部门、各岗位是否遵循授权程序和岗位责任，对相关经济业务与事项的真实性、客观性、合理性及资料的完整性进行复核与审查，并通过签字、盖章或签署意见以示负责

（续表）

控制要素	审计的内容	审计的要点
预算控制	预算控制审计	有无建立科学、适用的预算控制制度，预算项目是否明确，预算标准是否合理，预算的编制、审定、下达和执行程序是否科学可行；是否及时分析和控制预算差异，有无积极采取改进措施，确保预算顺利执行
财产保护	财产保护审计	有无采取财产记录、实物保管、安全防护、定期盘点、账实核对、财产保险、岗位轮换及限制接近等确保财产安全完整的措施，措施是否得到贯彻执行，组织有无发生重大财产损失事故
会计系统控制	会计系统控制审计	是否根据会计法及国家统一的会计制度，制定适合本公司需要的会计制度。会计制度中是否明确会计凭证、会计账簿和财务报告，以及相关信息披露的处理程序。会计制度中是否规范了会计政策的选用标准和审批程序。会计制度中是否规定了会计档案保管和会计工作交接办法。会计制度中是否规范了会计岗位责任制、会计监督职责，以确保会计信息及财务报告的真实、可靠和完整
内部报告控制	内部报告控制审计	有无建立和完善内部报告制度，以明确相关信息的收集、分析、报告和处理程序。能否及时提供业务活动中所需的主要信息，能否全面反映经济活动情况，以增强内部管理时效性和针对性。有无采用多种报告形式，如例行报告、实时报告、专题报告、综合报告等
绩效考评控制	绩效考评控制审计	是否根据需要科学设置业绩考核指标体系，并对照预算指标，以及盈利水平、投资回报率、安全生产目标等方面的业绩指标，对各部门和员工当期业绩进行考核和评价。是否根据考核结果及时兑现奖惩，以强化对各部门和员工的激励与约束
信息系统控制	信息系统控制审计	是否结合实际需要和计算机信息技术应用程度建立本公司的信息化控制流程，以提高业务处理效率，减少或消除人为操纵因素。是否加强了对计算机信息系统的开发与维护、访问与变更、数据输入与输出、文件储存与保管、网络安全等方面的控制，以保证信息系统安全及有效运用

从表 2-5 看，审计组对乌亥公司进行的控制活动审计的内容和要点比较具体，涵盖了职责分工、授权控制、审核批准、预算控制、财产保护、会计系统控制、内部报告控制、绩效考评控制、信息系统控制等控制要素，基本上能满足《企业内部控制基本规范》和各项应用指引的基本要求。

控制活动审计应当以《企业内部控制基本规范》和各项应用指引中关于控制活动的规定为依据，结合本组织的内部控制，对相关控制活动的设计和运行情况进行审查和评价。

四、乌亥公司信息与沟通审计实务案例

审计组对乌亥公司进行信息与沟通审计的内容和要点、程序和方法如表 2-6 所示。

表 2-6　乌亥公司信息与沟通审计的内容和要点、程序和方法

控制要素	关键控制点	审计的内容和要点	审计的程序和方法
信息	信息收集	各部门是否按照实际情况，通过制度或规定的形式，明确界定员工收集内部、外部信息的内容、频率等	使用调查问卷了解审计要点的各项内容，了解如何收集公司内部、外部的有关信息； 召开座谈会，请有关部门员工参加，了解其开展信息收集工作的有关情况； 抽查部分岗位的工作记录、报告，检查是否有效履行了信息收集的职责
	信息处理和报告	各部门是否按照实际情况，确定信息处理和报告的时间、频率； 各部门是否按照实际情况，确定信息处理和报告的渠道； 各部门是否按照实际情况，确定信息处理和报告所采用的方式； 报送信息的人员是否确保报告内容真实、准确、及时； 相关部门是否根据隶属和报告关系，及时、准确就有关信息分析和处理结果向上级进行汇报	使用调查问卷了解审计要点的各项内容，了解公司内部、外部信息报告的有关情况； 召开座谈会，请有关部门员工参加，谈谈其如何对获取的信息进行分析，并快速传递给各级领导； 抽查部分岗位向上级公司报送的报告，检查是否及时、准确地执行了信息报告的规定
沟通	内部沟通	是否通过部门会、工作计划和总结、内部网络等形式，将信息及时传达给员工； 是否通过部门之间文件会签、文件抄送等形式进行沟通，对具体的事项采取一事一议的形式，保证工作相关联的部门间能够保持有效沟通； 各职能部门收集的相关信息，是否按一定的管理职级，通过公司内部网站、部门之间交流及时传递给相关部门，以实现管理信息共享，从而更好地实现部门协作	使用调查问卷了解审计要点的各项内容，了解是否实现了管理信息的充分沟通与共享，使员工对公司有足够的了解，能较好地完成部门间协作； 登录公司的内部网站，查看能获取哪些信息； 询问部门负责人哪些信息与其他部门实现共享，是否从其他部门获取了所需共享的信息
	外部沟通	是否建立信息披露责任制度，明确相关各方的责任； 是否明确信息披露的程序，设立专门的部门或岗位对披露的信息进行审核； 是否统一对外披露信息的要求和口径； 是否及时与外部顾问就信息披露机制进行沟通，及时补充完善管理规定	询问相关人员，了解公司对外披露信息的原则和统一要求、程序； 调阅信息披露报告，了解其对披露程序的符合性和遵循性； 询问公司律师与外部顾问（如外部审计师）信息披露工作的方法； 询问管理层是否及时与外部顾问进行沟通，是否及时对信息披露机制进行完善

　　从表 2-6 看，审计组对乌亥公司进行的信息与沟通审计的内容和要点、程序和方法比较具体，涵盖了信息、沟通两个控制要素，基本上能满足《企业内部控制基本规范》

和各项应用指引的基本要求。

信息与沟通审计应当以《企业内部控制基本规范》和各项应用指引中有关内部信息传递、财务报告、信息系统等的规定为依据，结合本组织的内部控制，对信息收集处理和传递的及时性、反舞弊机制的健全性、财务报告的真实性、信息系统的安全性，以及利用信息系统实施内部控制的有效性进行审查和评价。

五、乌亥公司内部监督审计实务案例

审计组对乌亥公司进行内部监督审计的内容和要点、程序和方法如表 2-7 所示。

表 2-7　乌亥公司内部监督审计的内容和要点、程序和方法

控制要素	审计的内容	审计的要点	审计的程序和方法
日常监督	日常监督审计	是否科学设置岗位，明确岗位职责，在重要岗位设置复核岗。 是否明确工作流程，使下一环节能够对上一环节进行复核、控制。 是否对关键环节设立定期检查制度	通过调查问卷了解是否在重要环节设立复核监督岗位。 是否对关键环节进行定期检查。 对关键控制环节进行穿行测试，查看是否执行了控制职能，控制是否有效。 对公司的集中采购、资产购置、重大开支等事项，抽取一定数量相关内部控制记录凭证进行检查，获得各项控制措施在实际中是否被运用的证据。 查阅岗位说明，了解是否规定了监督职责
自我评估	自我评估审计	是否高度重视控制自我评估，并根据结果及时改进存在的问题。 是否组织培训宣传控制自我评估的概念、方法与好处。 是否提供了必要的软硬件支持，如电子匿名投票系统。 在控制自我评估开始时段或过渡时期，公司是否聘请了外来的顾问以提供援助	通过调查问卷了解公司控制自我评估的开展情况。 查阅有关制度规定。 询问部分员工是否了解控制自我评估的含义和方法。 询问审计人员是否参加过培训，能否胜任协调人的工作
持续改进	缺陷报告机制审计	是否通过预报警、内控评审等方式，及时发现、报告内控缺陷。 是否鼓励员工通过来信、来电、来访等方式反映公司内控设计、运行中的问题，实行公司员工的全员监督。 各管理部门是否对员工反映的控制缺陷及时进行分析、核实，提出解决方案	通过调查问卷了解相关内容。 询问相关人员，了解其是否知道内控缺陷报告的渠道；所反映的缺陷是否得到及时处理。 查阅内控评审的文档记录

（续表）

控制要素	审计的内容	审计的要点	审计的程序和方法
持续改进	后续监督审计	是否对问题的整改进行督促、检查、后续审计。 是否要求被监督单位在一定期限内对整改情况进行反馈	通过调查问卷了解后续监督控制要点的各项内容。 向管理层了解其是否清楚地知道后续审计的规定。 询问各部门相关人员其是否对被监督单位的整改情况进行后续监督，对管理层拒绝改进的行为是否报告董事会。 查阅后续监督的文档记录

从表 2-7 看，审计组对乌亥公司进行的内部监督审计的内容和要点、程序和方法比较具体，涵盖了日常监督、自我评估、持续改进等控制要素，基本上能满足《企业内部控制基本规范》和各项应用指引的基本要求。

内部监督审计应当以《企业内部控制基本规范》有关内部监督的要求，以及各项应用指引中有关日常管控的规定为依据，结合本组织的内部控制，对内部监督机制的有效性进行审查和评价，重点关注监事会、审计委员会、内部审计机构等是否在内部控制设计和运行中有效发挥监督作用。

第 3 章

资金活动内部控制审计
实务及案例

第 1 节　基本概念

什么是资金？会计上的资金即货币资金，是指企业所拥有的现金、银行存款和其他货币资金。广义的资金也包括有价证券。实质上，资金是财产及物资价值的货币表现，资金的运动是物的运动。资金活动是复杂多样的，从资金活动范围角度可把资金活动简单定义为筹资、投资和营运等活动的总称。

资金是组织生存和发展的重要基础，被视为组织生产经营的血液。资金是流动性最强的资产，具有被盗窃、贪污和挪用的高风险性，而且收付频繁、业务量大，与资金活动循环相联系的项目多。因此，必须加强对资金活动的管理和控制，建立健全资金活动内部控制，确保经营管理活动合法而有效。

资金活动内部控制审计，就是对被审计单位资金活动内部控制设计与运行的有效性的审查和评价工作，对促使组织加强资金活动内部控制建设、防范资金活动风险具有重要意义。

第 2 节　内容和要点

一般认为资金活动内部控制审计的内容和要点包括以下几点。

一是资金策略和政策的审计，评估企业资金策略和政策的制定和实施情况，包括资金管理目标和指标的设定、资金调度和运营管理，以确保资金活动的合规性和有效性。

二是资金管理体系的审计，评估企业的资金管理体系和控制措施，包括资金流转的规范和监控、资金使用和运作的规章制度和流程，以确保资金活动的合规性和有效性。

三是资金风险管理的审计，评估企业的资金风险管理体系和控制措施，包括资金风险的识别、评估和应对，以确保资金活动的合规性和有效性。

我们认为资金活动内部控制审计内容，因审计组织、审计要求及审计方式的不同而不同。采用传统的全面审计方式，资金活动内部控制审计审查和评价资金活动内部控制设计和运行的有效性，范围包括筹资、投资、营运等。采用现代以风险为导向的审计方式，审计人员应以资金活动风险为导向，审计已经设计完成的资金活动内部控制及其相关的管理制度是否有效执行，是否有效控制了资金活动风险；已经设计的资金活动各控制点的控制措施是否有效实施，是否有效防止了各控制环节的风险；组织是否根据业务、环境等的变化持续改进资金活动内部控制等。

不管采取哪种审计方式，资金活动内部控制审计重点是审查和评价主要资金活动业务末级流程的关键控制设计和执行的有效性。一般来说，资金活动内部控制审计的关键控制包括以下内容。

- 职责分工控制。出纳、会计的职务应分离，票证和印鉴应分开保管，单位、单位负责人和出纳员印鉴也应有分管措施，并明确相应岗位职责。
- 授权审批控制。应制定资金活动收支业务的审批程序和分层次的付款批准权限。
- 审核控制。筹资和投资的核算必须经过严格的审核。
- 程序控制。应按资金活动收付业务流程建立各环节的管理制度，实行程序控制。
- 计划（预算）控制。应定期（每月至少一次）编制资金活动收支计划或预算。
- 定期对账与稽核控制。应建立日记账与总账、银行对账单的对账制度，并定期或不定期地进行盘点稽核。

第 3 节　程序和方法

一般认为资金活动内部控制审计的程序和方法包括以下几点。

一是资金策略和政策分析和评估。对企业资金策略和政策进行分析和评估，了解其制定和实施情况，以确保资金活动的合规性和有效性。

二是资金管理体系的审计追踪。对企业资金管理体系和控制措施的实施情况进行审计追踪，了解资金流转的规范和监控情况、资金使用和运作的规章制度和流程，以确保资金活动的合规性和有效性。

三是资金风险管理的审计追踪。对企业资金风险管理体系和控制措施的实施情况进行审计追踪，了解资金风险的识别、评估和应对情况，以确保资金活动的合规性和有效性。

在传统审计业务中，资金活动符合性测试常规程序包括：调查了解资金活动业务内部控制；抽查收款凭证；抽验付款凭证；抽取一定期间的筹资、投资日记账，检查筹资日记账和投资日记账记录、加总的正确性，并与相应的总账核对，检查其每月金额一致性，了解对账账不一致的情况有无调整与说明；抽查投资调节表与库存物资盘点表；查阅相关制度；检查资金活动收付凭证的管理情况等。

我们新编制的资金活动内部控制审计一般程序包括资金活动内部控制有效性调查了解、风险评估、控制测试、评价缺陷、审计评价、形成意见等。下文主要对前三个程序进行介绍。

一、调查了解

调查了解，就是调查了解资金活动内部控制设计和运行的基本情况，是资金活动内部控制审计实施阶段的首要环节。

资金活动调查了解这项工作是在内部控制审计总体工作的准备阶段的基础上进行的，涉及具体内容很多，也因单位的不同而不同。

对资金活动内部控制调查了解的方法有文字叙述法、调查表法、流程图法、控制矩阵法等。这些方法各有其特点，经常综合运用。

在实际审计工作中，为提高资金活动内部控制审计效率，调查了解工作应同资金活动现场测试工作一并进行，不宜为满足调查需求而走形式。

二、风险评估

按照风险导向审计理论，审计人员进行资金活动内部控制审计应当以风险评估为基础，选择拟测试的控制，确定测试所需要收集的证据。

【案例分享】

从我们从事内部控制审计的实践看，审计时应识别和描述以下资金活动风险。

- 筹资风险。筹资风险可简单描述为筹资决策不当，引发资本结构不合理或无效融资，可能导致企业筹资成本过高或债务危机。
- 投资风险。投资风险可简单描述为投资决策失误，引发盲目扩张或丧失发展机遇，可能导致资金链断裂或资金使用效益低下。
- 营运风险。营运风险可简单描述为资金调度不合理、营运不畅，可能导致企业陷入财务困境或资金冗余；资金活动管控不严，可能导致资金被挪用、侵占、抽逃或遭受欺诈。

（一）资金活动风险识别

1.筹资活动风险识别

筹资风险是指组织在筹资活动中由于资金供需市场、宏观经济环境的变化或筹资来源结构、币种结构、期限结构等因素而给企业财务成果带来的不确定性。在整个筹资过程中，组织还面临着筹资时效、筹资数量、各种具体的筹资工具选择的风险等。《企业内部控制应用指引第6号——资金活动》认为筹资活动的风险是：筹资决策不当，引发资本结构不合理或无效融资，可能导致企业筹资成本过高或债务危机。

【案例分享】

从我们长期的内部控制审计实践看，我国企业筹资活动中至少存在着筹资决策失误，可能造成企业资金不足、冗余或债务结构不合理；筹资活动违反国家法律法规，可能遭受外部处罚、经济损失和信誉损失；筹资活动未经适当审批或超越授权审批，可能因重大差错、舞弊、欺诈而产生损失；债务过高和资金调度不当，可能导致企业不能按期偿付债务；筹资记录错误或会计处理不正确，可能造成债务和筹资成本信息不真实等方面的风险。

筹资风险，因组织的不同而不同，也因筹资环境、筹资渠道、筹资方式等的不同而不同。筹资风险可按不同标准进行分类。

从筹资方式看，筹资风险可分为以下类型。

- 股票筹资风险，包括股票发行量过大或过小、筹资成本过高、时机选择欠佳及股利分配政策不当等，都会给企业带来筹资风险。
- 债券筹资风险，包括发行条件、债券利率、筹资时机等选择不当给企业带来风险；债券发行总额过高、债券发行价格过高，给企业筹资带来困难；债券期限过长，失去对投资者的吸引力；债券利率过高，加重企业负担；债券利率过低影响债券的吸引力，给发行带来风险。
- 银行借款筹资风险，包括利率变动风险、汇率变动风险、信用风险等。
- 融资租赁筹资风险，包括设备陈旧过时风险、经营风险、信用风险、政治风险、自然灾害风险、金融风险等。

从筹资活动业务流程看，筹资风险可分为以下类型。

- 筹资决策风险。筹资前对组织资金现状了解不全面，筹资方案与筹资计划与战略规划、年度生产经营计划和预算不相衔接，缺乏严格论证、审批程序，可能导致筹资决策失误。

- 筹资执行风险。筹资过程中未按批准的筹资方案筹集资金，可能导致资本结构不合理或无效融资或筹资项目严重违规；筹资过程中筹资合同、协议审核不严，可能导致经济纠纷或诉讼；未严格按照筹资方案确定的用途使用资金或确需改变资金用途的未履行审批程序，可能导致筹资资金使用不合理；经营不善现金流断裂，偿还本息或支付股利等安排不当，可能影响经营，严重时可能导致债务危机；等等。

- 筹资监控风险。对筹资活动缺乏严密的跟踪监控，可能会导致组织资金管理失控、资金被挪用、没有及时支付利息而被银行罚息等。

2. 投资活动风险识别

一般认为，投资风险是指组织在投资活动中，受到各种难以预计或控制因素的影响给财务成果带来的不确定性，致使投资收益率达不成预期目标而产生的风险。《企业内部控制应用指引第 6 号——资金活动》认为投资活动的风险是：投资决策失误，引发盲目扩张或丧失发展机遇，可能导致资金链断裂或资金使用效益低下。

【案例分享】

　　从我们长期的内部控制审计实践看，我国企业投资活动中至少存在着投资行为违反国家法律法规，可能遭受外部处罚、经济损失和信誉损失；投资业务未经适当审批或超越授权审批，可能因重大差错、舞弊、欺诈而产生损失；投资项目未经科学、严密的评估和论证，可能因决策失误产生重大损失；投资项目执行缺乏有效的管理，可能因不能保障投资安全和投资收益而产生损失；投资项目处置的决策与执行不当，可能导致权益受损等方面的风险。

投资风险，因组织的不同而不同，也因投资环境、投资类型等的不同而不同。投资风险可按不同标准进行分类。不管对投资风险如何分类，关键是要将投资风险识别出来并进行描述。识别并描述投资活动整体层面的风险是必要的，但更重要的是识别和描述具体投资活动业务流程，尤其是末级流程上的风险。

从投资活动业务流程看，投资风险可分为以下类型。

- 投资决策风险。投资活动前期准备不充分，投资方案和投资计划与企业发展战略不符，缺乏严格论证、审批程序，可能导致投资决策失误。

- 投资实施风险。投资过程中未按批准的投资方案进行投资活动，可能引发盲目扩张或丧失发展机遇；投资活动过程中对投资合同、协议审核不严或未签订相关投资合同、协议，可能导致经济纠纷或诉讼；未对投资项目进行有效跟踪管理，可能导致投资资金使用不合理；缺乏严密的投资资产保管与会计记录，可能导致投资资产损坏、遗失、被盗和舞弊行为。

- 投资收回或处置风险。投资收回或处置风险可简单描述为：对已到期投资项目的收回或处置不及时、不力，对投资收回、转让、核销等决策和审批程序不明确，可能导致投资资产流失或损失和侵吞公司资产等舞弊行为。

- 投资监控风险。投资监控风险可简单描述为：对投资活动缺乏严密的跟踪监控，可能会导致企业投资项目管理失控，形成投资损失等。

完成风险识别后要把结果整理出来，写成书面的材料，为风险的评价、估计和风险管理做好准备。风险识别的结果应包括以下内容。一是风险来源表。表中应列出所有的风险，不管风险发生的频率和可能性、收益或损失等如何。对于每一种风险因素都应该有文字说明。说明一般应包括风险事件的可能后果、对预期发生风险事件的时间的估计、对风险事件预期发生的次数的估计。二是风险的分类或分组。完成风险识别后，应将风险按照类别进行整理，分类或分组的结果应便于组织进行风险评估和风险管理，而且每一类风险还需要进一步细分。三是风险症状。风险事件的外在表现就是风险症状。

3. 营运活动风险识别

营运风险是指组织在营运活动中面临的不确定性。营运风险，因企业的不同而不同。《企业内部控制应用指引第6号——资金活动》认为营运活动的风险是：资金调度不合理、营运不畅，可能导致企业陷入财务困境或资金冗余；资金活动管控不严，可能导致资金被挪用、侵占、抽逃或遭受欺诈。企业面临的风险很多，最实质性的风险是现金支付危机。

【案例分享】

从我们长期从事内部控制审计的实践看，组织在资金及资金管理方面至少存在着资金管理违反国家法律法规，可能遭受外部处罚、经济损失和信誉损失；资金管理活动未经适当审批或超越授权审批，可能因重大差错、舞弊、欺诈而产生损失；银行账户的开立、审批、使用、核对和清理不符合国家有关法律法规要求，可能导致受到处罚造成资金损失；资金记录不准确、不完整，可能造成账实不符或导致财务报表信息失真；有关票据的遗失、变造、伪造、被盗用及非法使用印章，可能导致资产损失、法律诉讼或信用损失等方面的风险。

（二）资金活动风险分析

1. 筹资活动风险分析

主要从内部因素、外部因素两个方面分析筹资活动风险产生的原因。影响筹资活动风险的内部因素包括负债规模、利率、期限结构、债种结构、利率结构、币种结构。外部环境的不确定性对债务筹资活动有重大影响。例如，国家根据国民经济运行态势不断调整宏观经济政策，在经济不景气、通货膨胀率上升时期，采取紧缩政策，银根紧缩可能会使依赖负债经营的组织陷入困境，因此，要分析评价外部因素。物价上涨会导致组织资金需求量增加，组织自身资金紧缺而又难以筹集到新的资金。原有的债务到期要还，而债权人对原有债务只收不放或者多收少放，导致组织资金储备不足，原材料储备减少，生产削减，利润下降甚至亏损。对于使用长期负债进行投资的项目，随着信贷规模缩减，投资规模受到影响，从而延长建设周期，使投资的预期收益难以实现。利率、汇率的变动对企业债务筹资风险将产生直接影响。还要分析未来现金支付能力。组织的支付能力主要取决于获取现金的能力，支付股利的直接手段也是现金。因此不仅要判断组织目前的现金状况，而且需要分析组织产生未来现金流量的能力。通过观察连续数期的会计报表，比较各期的相关项目，分析其增减变动情况，做出发展趋势的预测，可判断出组织在未来现金流量上可能产生的债务筹资风险。

2. 投资活动风险分析

投资作为一项长期的经济行为，要求投资组织在投资之前应该对可能出现的投资风险进行科学预测，分析可能出现的投资风险产生的原因及其后果如何，并针对可能出现的投资风险及引起风险的原因，制定各种防范措施，尽可能地避免投资风险，减少损失，防患于未然。投资风险分析方法除了常规方法外，还有以下几种方法：盈亏平衡分析法，组织结构图分析法，流程图分析法，核对表法，经验、调查与判断法，决策树分析法，敏感性分析法，等等。

3. 营运活动风险分析

营运活动风险分析主要是对风险成因和结果进行分析。引发营运活动风险的原因是多方面的，也因营运活动业务的不同而不同，可从总体和具体两个方面进行分析。

（三）资金活动风险评价

评价资金活动风险就是评价资金活动风险发生的可能性及影响程度，并根据评价结果进行风险排序或等级划分，编制资金活动风险评价表或绘制资金活动风险图谱。这项工作技术性强、难度大，一般从整体层面进行。在实际的风险评价工作中，一般把风险发生的可能性划分为很低、低、中等、高、很高五个等级，把影响程度划分为轻微的、较小的、中等的、重大的、灾难性的五个等级。资金活动风险评价结果必须有具体单位才能进行。

（四）资金活动风险应对

资金活动风险应对就是选择资金活动风险应对策略的过程。组织应根据风险分析和评价结果，围绕发展战略，确定风险偏好、风险承受度、风险管理有效性标准，选择风险承受、风险规避、风险降低、风险分担等风险应对策略，并确定风险管理所需人力和财力资源的配置原则。组织应结合不同发展阶段和业务拓展情况，持续收集与风险变化相关的信息，进行风险识别和风险分析、风险评价，及时调整风险应对策略。

（五）构建资金活动风险数据库或绘制风险图谱

根据资金活动风险评价的结果构建资金活动业务层面的风险数据库或绘制风险图谱。资金活动业务层面数据基本要素包括业务流程、风险描述、风险分析、风险排序、应对策略、剩余风险等，也可以加上内部控制设计完成后的控制措施、控制部门或岗位等。风险图谱一般适用于整体层面的风险描述。

三、控制测试

资金活动内部控制测试就是审计人员现场测试资金活动内部控制设计和运行的有效性。在对资金活动内部控制设计有效性进行测试时，审计人员应当综合运用询问适当人员、观察经营活动和检查相关文件等程序。在对资金活动内部控制运行有效性进行测试时，审计人员应当综合运用询问适当人员、观察经营活动、检查相关文件及重新执行控制等程序。事实上，在审计实践中，审计人员对资金活动内部控制设计有效性和运行有效性是一并进行测试的，测试重点是资金活动关键控制。

（一）资金活动关键控制

资金活动控制要点涉及资金活动业务的全过程，实际工作中应重点对关键控制点进行控制。资金活动的关键控制，应根据资金活动风险评价的结果，结合具体单位实际情况确定。在实际操作中，资金活动关键控制要分别从筹资活动、投资活动、营运活动等具体业务流程和管理环节确定。

1. 确定筹资活动关键控制

确定筹资活动的关键控制，首先要界定筹资内部控制的内容。筹资内部控制的内容就是筹资内部控制控制什么。筹资内部控制的内容包括筹资活动的全过程，内部控制的关键是对末级流程的控制，并将控制嵌入业务流程之中。一般来说，组织在建立与实施筹资内部控制的过程中，至少应当强化筹资决策控制、筹资执行控制、筹资监督控制。筹资内部控制要点包括拟订筹资方案、论证筹资方案、审批筹资方案、编制筹资计划、审批筹资计划、签订筹资协议、取得相关资产、使用筹集资金、支付利息或股利、到期还本、会计系统控制、筹资活动监控等。根据我们的专业判断，拟订筹资方案、论证筹资方案、审批筹资方案、签订筹资协议、使用筹集资金、支付利息或股利为关键控制点。当然，筹资内部控制内容及其关键控制因组织的不同而不同，一定要结合具体单位的筹资业务实际确定。

2. 确定投资活动关键控制

一般把投资内部控制要点归结为以下几点。一是明确投资决策与实施过程中各相关部门和岗位的职责权限，确保投资项目的提出、论证、决策、实施等方面的不相容岗位相互分离、制约和监督。二是建立对外投资财务分析制度和预算管理制度，做好投资的可行性研究及事前控制。三是建立严格规范的对外投资决策机制和程序，加强对投资申请、论证、审批、实施等环节的控制，对重大投资决策实行集体审议、联签等责任制度。四是加强对投资取得和保管的控制，对债券投资、股票投资等业务设置专门的机构进行监管，并建立严格的联合控制制度，并定期进行盘点，确保其安全与完整。五是加强对投资处置的控制。六是正确进行投资的计价，正确计算各类投资的损益并保证其相关会计处理合法、正确。根据全面内部控制的思想，投资内部控制的内容包括投资活动的全过程，内部控制的关键是对末级流程的控制，并将控制嵌入业务流程之中。投资活动与企业的其他业务相比具有交易数量少、每笔交易金额大、风险大等特点。针对这些特点，投资内部控制一般由投资立项、投资评估、投资决策、投资实施、投资记录、投资处置等环节组成。一般来说，组织在建立与实施投资内部控制的过程中，至少应当强化投资决策控制、投资实施控制、投资收回或处置控制、投资监控等。投资内部控制要点包括拟订投资方案、论证投资方案、审批投资方案、编制投资计划、审批投资计划、签订投资协议、投资项目跟踪管理、投资项目会计系统控制、投资收回或处置控制、投资活动监控等。根据我们的专业判断，拟订投资方案、论证投资方案、审批投资方案、签订投资协议、投资项目跟踪管理、投资项目会计系统控制、投资收回或处置控制为关键控制点。当然，投资内部控制内容及其关键控制因组织的不同而不同，一定要结合具体单位的投资业务实际确定。

3. 确定营运活动关键控制

从整体层面来说，营运内部控制包括审批控制、复核控制、收付控制、记账控制、对账控制、银行账户管理控制、印章保管控制等。从业务层面来说，营运内部控制包括协调资金需求、综合平衡资金、编制资金预算、协调资金调度、组织资金预算执行、会计系统控制、监督资金营运过程、评价资金营运结果、追究资金营运责任等。根据我们的专业判断，协调资金需求、综合平衡资金、协调资金调度、会计系统控制为关键控制点。当然，营运内部控制内容及其关键控制因组织的不同而不同，一定要结合具体单位营运业务实际确定。

（二）资金活动控制措施

1. 筹资活动控制措施

筹资活动控制措施可从不同角度进行分类。从实物控制角度看，主要控制措施有制定合理的职责分工、健全的实物保管制度、完善的盘点制度等；从价值控制角度看，主要控制措施包括制定资金成本控制计划或控制目标，不相容职责分离，设置总账和明细账进行会计核算，制定严格的原始凭证审核制度、内部检查制度等；从筹资的可行性角度看，主要控制措施有合法性控制、效益性控制等。根据中天恒管理咨询公司内部控制设计工作的实践经验，筹资活动控制措施的设计可分为整体层面（管理层面）和业务层面两个方面。筹资活动在整体层面上的控制措施涉及方方面面，关键的是制度控制（内部牵制）、岗位控制（不相容职务分离）、授权批准控制、决策控制、执行控制、偿付控制、会计系统控制、筹资监控等。筹资活动在业务层面上的控制措施，要针对筹资活动中识别出来的风险、确定的风险策略等来设计。

从整体层面看，筹资活动控制措施包括以下内容。

- 制度控制。筹资活动管理需要建立的制度，没有数量的限制，不能固定化，关键是筹资业务要有规范可依。一般来说，在筹资活动方面应建立健全的制度包括部门（岗位）设置与不相容职务分离制度、筹资业务的授权批准制度、筹资决策程序制度、证券签发制度、证券保管制度、利息与股利发放制度、筹资会计记录制度、筹资监管制度等。

- 岗位控制。筹资活动的岗位设置和职责分工应体现不相容职务分离。不相容职务分离是让不相容岗位分别由不同的人负责，以达到相互牵制、相互监督的作用的一种控制方法。组织应对筹资活动实行业务分管，任何部门或个人不得包办筹资活动业务事项。筹资业务的不相容岗位至少包括：筹资方案的拟订与决策；筹资合同或协议的审批与订立；与筹资有关的各种款项偿付的审批与执行；筹资业务的执行与相关会计记录。

- 授权批准控制。组织的授权可以分为一般授权与特殊授权两种。经常反复发生的业务属于一般授权范围，很少发生的业务属于特殊授权范围。筹资业务也不例外。银行短期借款，尤其是流动资金借款因为时间间隔短、筹资次数较多，筹资数额不大，手续也相对简单，应当属于一般授权范围；发行股票、发行债券和银行长期借款，因为时间间隔长、筹资数额大、涉及面广且不经常发生，应当属于特殊授权范围。筹集资金属于组织的重大决策，组织的筹资活动必须经过不同层次水平的审批，包括股东大会的审批、董事会的审批、相关管理部门的审批等。有效的内部控制要求筹资活动的各项业务均应由主管领导授权或审查批准后才可办理。

- 决策控制。具体控制措施包括：应当建立筹资业务决策环节的控制制度，对筹资方案的拟订设计、筹资决策程序等做出明确规定，确保筹资方式符合成本效益原则，筹资决策科学、合理；拟订的筹资方案应当符合国家有关法律法规、政策和企业筹资预算要求，明确筹资规模、筹资用途、筹资结构、筹资方式和筹资对象，并对筹资时机选择、预计筹资成本、潜在筹资风险和具体应对措施及偿债计划等做出安排和说明；拟订筹资方案，应当考虑企业经营范围、投资项目的未来效益、目标债务结构、可接受的资金成本水平和偿付能力。在境外筹集资金的，还应当考虑筹资所在地的政治、法律、汇率、利率、环保、信息安全等风险及财务风险等因素；对重大筹资方案应当进行风险评估，形成评估报告，报董事会或股东大会审批；对于重大筹资方案，应当实行集体决策审批或者联签制度；应当建立筹资决策责任追究制度，明确相关部门及人员的责任，定期或不定期地进行检查。

- 执行控制。具体控制措施包括：应当建立筹资决策执行环节的控制制度，对筹资合同或协议的订立与审核、资产的收取等做出明确规定；应当根据经批准的筹资方案，按照规定程序与筹资对象，与中介机构订立筹资合同或协议；应当按照筹资合同或协议的约定及时足额取得相关资产；取得货币性资产，应当按实有数额及时入账；应当加强对筹资费用的计算、核对工作，确保筹资费用符合筹资合同或协议的规定；应当按照筹资方案所规定的用途使用筹集的资金。

- 偿付控制。具体控制措施包括：应当建立筹资业务偿付环节的控制制度，对支付偿还本金、利息、租金、股利（利润）等步骤，以及偿付形式等做出计划和预算安排，并正确计算、核对，确保各项款项偿付符合筹资合同或协议的规定；应当指定财会部门严格按照筹资合同或协议规定的本金、利率、期限及币种计算利息和租金，经有关人员审核确认后，与债权人进行核对；支付筹资利息、股息、租金等，应当履行审批手续，经授权人员批准后方可支付；委托代理机构对外支付债券利息，应清点、核对代理机构的利息支付清单，并及时取得有关凭据；应当按照股利（利润）分配方案发放股利（利润），股利（利润）分配方案应当按照企业章程或有关规定，按权限审批；以非货币资产偿付本金、利息、租金或支付股利（利润）时，应当由相关机构或人员合理确定其价值，并报授权批准部门批准，必要时可委托具有相应资质的中介机构进行评估；财会部门在办理筹资业务款项偿付过程中，发现已审批拟偿付的各种款项的支付方式、金额或币种等与有关合同或协议不符的，应当拒绝支付并及时向有关部门报告，有关部门应当及时查明原因，并做出处理；以抵押、质押方式筹资，应当对抵押物资进行登记；筹资业务的会计处理，应当符合国家统一的会计准则制度的规定。

- 会计系统控制。具体控制措施包括：对筹资业务进行准确的账务处理；对筹资合同、收款凭证、入库凭证等，应妥善保管；会计部门应做好具体资金管理工作，随时掌握资金情况；会计部门应协调好企业筹资的利率结构、期限结构等，力争最大限度地降低企业的资金成本。

- 筹资监控。应当建立筹资业务的监督检查制度，明确监督检查的部门或人员，规定其职责和权限，检查的时间与内容。筹资业务的监督检查，与其他内部控制的监督检查一样，应该由内部审计部门或人员承担，也可以由内部稽核部门或人员承担。监督检查可以是日常局部抽查和对内部控制的整体评价。筹资业务内部控制监督检查的内容包括检查筹资业务的相关岗位及人员的设置情况、检查筹资业务的授权批准制度的执行情况、检查筹资决策制度的执行情况、检查决策执行及资产收取情况、检查各项款项的支付情况、检查会计处理和信息披露情况等。

2. 投资活动控制措施

从整体层面看，投资活动控制措施包括以下内容。

- 制度控制。投资活动管理需要建立的制度，没有数量的限制，不能固定化，关键是投资业务要有规范可依。一般来说，在投资活动方面应建立健全的制度包括部门（岗位）设置与不相容职务分离制度、投资业务的授权批准制度、投资立项分析制度、投资评估制度、投资决策程序制度、投资执行制度、投资资产保管制度、投资处置控制制度、投资登记制度、投资定期盘点制度、投资会计记录制度、投资监管制度等。

- 岗位控制。岗位控制主要是职责分工控制（不相容职务分离）。按照不相容职务分离的原则，建立相应岗位责任制，是投资内部控制的基本措施，为投资内部控制的贯彻和落实提供基础制度保证。

- 授权控制。授权控制即授权批准控制。授权批准控制是保证投资活动合法性和有效性的重要手段。投资活动属于组织的重大决策，一般来讲也会在较长的时期内影响企业的运转。因此，在进行投资前，应当编制详细的可行性分析报告和投资计划，并报有关部门审批。这方面的控制措施主要包括：投资业务应当由高层管理机构进行审批；投资决策的做出、投资合同的签订、投资资产的处置等必须履行严格的审批手续；任何人无权单独做出投资重大决策，未经主管部门授权或批准不得办理投资业务，一切投资行为的立项、决策、合同签订、预算、执行、报告等，都必须经过授权批准；应当建立投资的责任追究制度，对在投资中出现的重大决策失误、未履行集体审批程序和不按规定办理对外投资业务的人员，应当追究相应的责任；投资的权益证书必须由专人保管。

- 预算控制。这方面的控制措施主要包括：投资预算由各相关部门根据投资环境、发展规划、上级主管部门的批准许可进行编制；投资预算的编制应符合预算编制的有关规定，编制内容、编制程序应符合要求；投资预算编制完成后，应交领导班子集体进行严格审核，根据审核意见进行修改后编制正式预算。

- 审核控制。这方面的控制措施主要包括：投资项目必须经过分析论证后才能立项；必须编制投资计划，详细说明投资对象、投资目的、影响投资效益的因素等；投资计划在执行前必须进行严格审核，审查投资估计是否合理、投资收益的估算是否正确、投资的理由是否恰当等；投资计划及其审批应当用书面文件进行记录，并进行编号控制。

- 安全控制。这方面的控制措施主要包括：应建立投资凭证保管和变动管理制度，制定管理流程和授权制度；建立严格的联合控制制度，至少由两名以上人员共同控制，不得由一人单独办理投资凭证，防范投资凭证保管与变动过程中的舞弊和错漏；对于任何投资凭证的存入或取出，都应严格执行手续制度，详细记录，并由所有在场相关人员签名；由两人以上参与每月定期盘点，加强投资资产盘点结果与投资登记簿核对，保证二者相符。

- 决策控制即投资决策控制。这方面的控制措施包括：对投资决策层组成的控制；投资决策结果控制；投资决策记录控制。

- 实施控制即投资实施或执行控制。组织根据不同的投资业务制定相应的业务执行流程，明确各环节的控制要求，设置相应的记录或凭证，如实记载各环节业务的开展情况，对确保投资全过程得到有效控制具有重要意义。投资实施控制的内容包括出资时间、金额、出资方式、责任人员、实施方案、方案变更等，其关键控制包括计划预算控制、合同签订控制、投出环节控制、追踪管理控制、会计核算控制、权益证书管理控制、清查核对控制等。具体控制措施设计应与投资实施的业务控制相结合。

- 处置控制。这方面的控制措施主要包括：投资处置决策和授权批准控制；处置审批控制；审核控制。

- 会计控制即会计系统控制。这方面的控制措施包括：必须按照会计准则的要求，对投资项目进行准确的会计核算、记录与报告，确定合理的会计政策，准确反映企业投资的真实状况；根据对被投资方的影响程度，合理确定投资会计政策，建立投资管理台账，详细记录投资对象、金额、持股比例、期限、收益等事项；财会部门对于被投资方出现财务状况恶化、市价当期大幅下跌等情形，应当根据国家统一的会计准则制度规定，合理计提减值准备、确认减值损失；应当妥善保管投资合同、协议、备忘录、出资证明等重要的法律文书。

- 投资监控。这方面的控制措施包括：应当建立投资内部控制的监督检查制度，明确监督检查机构或人员的职责权限，定期或不定期地进行检查；投资内部控制的监督检查内容主要包括投资业务相关岗位的设置及人员配备情况、投资业务授权审批制度的执行情况、投资业务的决策情况、投资的执行情况、投资处置的情况、投资的会计处理情况等；对于监督检查过程中发现的投资业务内部控制中的薄弱环节，负责监督检查的部门应及时报告，有关部门应当查明原因，采取措施加以纠正和完善。

3. 营运活动控制措施

从整体层面看，营运活动控制措施包括以下内容。

- 制度控制。一般来说，在营运活动方面应建立健全的制度包括部门（岗位）设置与不相容职务分离制度、营运业务的授权批准制度、营运业务执行制度、营运资金调度制度、营运资金预算分析制度、营运资金盘点制度、营运资金会计记录制度、营运活动监管制度等。

- 岗位控制。岗位控制主要是职责分工控制（不相容职务分离）。按照不相容职务分离的原则，建立相应岗位责任制，是营运内部控制的基本措施，为营运内部控制的贯彻和落实提供基础制度保证。这方面的控制措施主要包括建立岗位责任制、不相容职务相互分离控制、人员素质控制、岗位轮换控制。

- 审批控制。审批控制是确保资金营运活动业务顺利开展的前提条件。这方面的控制措施主要包括：制定资金的限制接近措施，经办人员进行业务活动时应该得到授权审批，未经授权的人员不得办理资金收支业务；使用资金的部门应提出用款申请，记载用途、金额、时间等事项；经办人员在原始凭证上签章；经办部门负责人、主管总经理和财务部门负责人审批并签章。

- 收付控制。收付控制的目的是控制资金的流入和流出。这方面的控制措施主要包括：出纳人员按照审核后的原始凭证收付款，并对已完成收付的凭证加盖戳记，并登记日记账；主管会计人员及时准确地将其记录在相关账簿中，定期与出纳人员的日记账核对。

- 复核控制。复核控制是减少错误和舞弊的重要控制。这方面的控制措施主要包括：会计主管审查原始凭证反映的收支业务是否真实合法，经审核通过并签字盖章后才能填制原始凭证；凭证上的主管、审核、出纳和制单等印章是否齐全。

- 记账控制。资金的凭证和账簿是反映企业资金流入流出的信息源，如果记账环节出现管理漏洞，很容易导致整个会计信息处理结果失真。这方面的控制措施主要包括：出纳人员根据资金收付凭证登记日记账，会计人员根据相关凭证登记有关明细分类账；主管会计登记总分类账。

- 对账控制。对账是账簿记录系统的最后一个环节，也是报表生成的前一个环节，对保证会计信息的真实性起到重要作用。这方面的控制措施主要包括账证核对、账账核对、账表核对、账实核对等。

- 营运监控。这方面的控制措施主要包括：应当建立营运内部控制的监督检查制度，明确监督检查机构或人员的职责权限，定期或不定期地进行检查；有子公司的企业或企业集团，要强化对成员企业资金业务的监控；企业（集团）组建资金管理中心或者财务公司后，应统一管理成员企业的银行账户，实施收支两条线的资金集中管理，将收入与支出两个资金流分开，防范成员企业坐收坐支行为，填补预算外资金管理漏洞，从而加强对企业的资金安全管理。

（三）资金活动控制证据

1. 筹资活动控制证据

筹资活动控制证据就是筹资内部控制中使用的文件、表单等，主要包括资金预算、长期融资计划、月度资金预算、月度融资计划、月度和年度筹资分析、月度筹资检查、年度筹资考核、授信额度协议、财务部借款（融资租赁）内部分割协议、银行借款（融资租赁）合同/协议、银行承兑汇票协议、短期借款明细账与总账、长期借款明细账与总账、应付债券明细账与总账、债券折价溢价摊销表、长期应付款明细账与总账、财务费用明细账与总账等。

2. 投资活动控制证据

投资活动控制证据就是投资内部控制中使用的文件、表单等，主要包括投资项目可行性分析报告、投资项目审批单或决议、投资协议、投资项目明细账表、投资管理台账、投资项目清查表、长期不良投资处置审批单、股权评估报告、有关记账凭证、短期投资明细账与总账、长期投资明细账与总账。

3. 营运活动控制证据

营运活动控制证据就是营运内部控制中使用的文件、表单等，主要包括资金需求计划、资金预算、资金预算执行情况分析表、资金支付申请、月度资金分析表、年度资金分析表、资金检查报告、资金考核结果等。

（四）资金活动控制制度

资金活动控制制度是否健全、完善，是否有效执行，是衡量单位内部控制是否有效的一个重要方面。

资金活动内部控制设计的重要环节就是优化资金活动管理制度，主要工作是根据资金活动内部控制的要求，提出完善或补充制定资金活动管理制度的建议，并督促相关部门修订完善或补充制定资金活动管理制度。这里需要特别说明的是，资金活动内部控制应嵌入资金活动管理制度之中，不需要单独制定一套专门的资金活动内部控制制度。

（五）资金活动控制流程图

资金活动控制流程图要根据资金活动业务流程、风险点、控制点及其相关的控制措施，结合具体单位的实际情况来绘制。

（六）资金活动控制矩阵

资金活动控制矩阵是资金活动内部控制设计结果的集中体现，也是内部控制管理手册的重要组成部分。

第4节 实务案例

20××年4月15日至5月10日，乌亥集团内审部委托中天恒会计师事务所（以下简称"中天恒"），组成联合内部控制审计组（以下简称"审计组"），依据《企业内部控制基本规范》《企业内部控制应用指引第6号——资金活动》等有关规定，对乌亥公司资金活动内部控制进行了审计。其审计程序如表3-1所示。

表3-1 乌亥公司资金活动内部控制审计程序

被审计单位名称	乌亥公司	被审计单位编码	001	索引编号	O	页次	1
业务流程名称	资金活动	业务流程编号	06	审计人	王××	审计时间	20××/4/15
审计期间	上年度	截止日期	20××/12/31	复核人	冯××	复核时间	20××/5/10

序号	审计程序	细分程序	执行情况说明	工作底稿索引号
1	调查了解	资金活动内部控制有效性调查了解		A
2	初步评价	资金活动内部控制初步评价		B
3	风险评估	资金活动内部控制风险评估		C
4	控制测试	资金活动内部控制有效性测试		D
5	评价缺陷	资金活动内部控制缺陷评价		E
6	审计评价	资金活动内部控制审计评价		F
7	形成意见	资金活动内部控制审计结果汇总		H
说明	1. 每一个审计程序可细分为若干具体程序； 2. 上述审计程序可结合进行，以提高审计工作效率； 3. 在执行每一个步骤后，应填写"执行情况说明"一栏			

一、调查了解

审计组从乌亥公司筹资活动、投资活动、营运活动 3 个维度设计了资金活动内部控制调查问卷，具体如表 3-2、表 3-3 和表 3-4 所示。

表 3-2　乌亥公司筹资活动内部控制调查问卷

被审计单位名称	乌亥公司	被审计单位编码	001	索引编号	A-1	页次	1
业务流程名称	筹资活动	业务流程编号	06.01	审计人	薛 ××	审计时间	20××/4/16
审计期间	上年度	截止日期	20××/12/31	复核人	张 ××	复核时间	20××/4/23

层面	控制要点	调查内容	调查结果 是	否	不适应	证据名称	被调查部门	被调查人
整体层面	制度控制	是否建立健全部门（岗位）设置与不相容职务分离制度、筹资业务的授权批准制度、筹资决策程序制度、证券签发制度、证券保管制度、利息与股利发放制度、筹资会计记录制度、筹资监管制度等				部门设置制度等	资金部	吕 ××
		已经建立的筹资管理制度是否有效执行						
	岗位控制	职责分工、权限范围和授权审批程序是否明确规范				部门（岗位）设置情况图、不相容职务分离制度		
		机构设置和人员配备是否科学合理						
		是否建立筹资业务的岗位责任制						
		是否明确有关部门和岗位的职责、权限，确保办理筹资业务的不相容岗位相互分离、制约和监督						
		同一部门或个人是否办理筹资业务的全过程						
		是否配备合格的人员办理筹资业务						
		是否结合企业的实际情况，让办理筹资业务的人员定期进行岗位轮换						
	授权批准控制	是否对筹资活动建立严格的授权批准制度				筹资业务的授权批准制度		
		是否明确审批人对筹资活动的授权批准方式、权限、程序、责任和相关控制措施						
		是否规定经办人办理筹资业务的职责范围和工作要求						
		重要的筹资活动是否实行集体决策和审批						
		是否建立责任追究制度，防范贪污、侵占、挪用筹集的资金等行为						
		是否严格禁止未经授权的机构或人员擅自办理筹资业务						

（续表）

层面	控制要点	调查内容	调查结果			证据名称	被调查部门	被调查人
			是	否	不适应			
整体层面	决策控制	是否建立筹资业务决策环节的控制制度				筹资业务决策环节的控制制度	资金部	吕××
		是否对筹资方案的拟订设计、筹资决策程序等做出明确规定，确保筹资方式符合成本效益原则，筹资决策科学、合理						
		是否建立筹资决策责任追究制度						
		是否定期或不定期地进行检查						
	执行控制	是否建立筹资决策执行环节的控制制度				筹资决策执行环节的控制制度		
		对筹资合同或协议的订立与审核、资产的收取等是否做出明确规定						
		是否按照筹资方案所规定的用途使用筹集的资金						
		市场环境变化等特殊情况导致确需改变资金用途的，是否履行审批手续，并对审批过程进行完整的书面记录						
	偿付控制	是否建立筹资业务偿付环节的控制制度				筹资业务偿付环节的控制制度		
		对偿还本金及支付利息、租金、股利（利润）等步骤，以及偿付形式等是否做出计划和预算安排						
		企业委托代理机构支付股利（利润）是否清点、核对代理机构的股利（利润）支付清单，并及时取得有关凭据						
		业务终结后，是否对抵押或质押资产进行清理、结算、收缴，及时注销有关担保内容						
	会计系统控制	是否对筹资业务进行准确的账务处理				筹资会计记录制度		
		对筹资合同、收款凭证、入库凭证等，是否妥善保管						
		会计部门是否做好具体资金管理工作，随时掌握资金情况						
		会计部门是否协调好企业筹资的利率结构、期限结构等，力争最大限度地降低企业的资金成本						

（续表）

层面	控制要点	调查内容	调查结果			证据名称	被调查部门	被调查人
			是	否	不适应			
整体层面	筹资监控	是否建立筹资业务的监督检查制度，明确监督检查的部门或人员，规定其职责和权限，检查的时间与内容				筹资监控制度等	资金部	吕×××
		筹资业务内部控制监督检查的内容是否包括检查筹资业务的相关岗位及人员的设置情况、检查筹资业务的授权批准制度的执行情况、检查筹资决策制度的执行情况、检查决策执行及资产收取情况、检查各项款项的支付情况、检查会计处理和信息披露情况等						
业务控制	拟订筹资方案	企业是否根据融资战略目标和规划，结合年度全面预算，拟订筹资方案				资金预算和长期融资计划		
		筹资方案是否明确筹资用途、规模、结构和方式等内容						
		筹资方案是否对筹资成本和潜在风险做出充分估计						
	论证筹资方案	是否建立筹资方案科学论证制度				筹资方案论证制度等		
		是否依据未经论证的方案开展筹资活动						
		对重大筹资方案是否形成可行性研究报告，全面反映风险评估情况						
		是否根据实际需要，聘请具有相应资质的专业机构进行可行性研究						
	审批筹资方案	是否对筹资方案进行严格审批，重点关注筹资用途的可行性和相应的偿债能力				重大筹资方案决策制度		
		对重大筹资方案是否按照规定的权限和程序，实行集体决策审批或者联签制度						
		筹资方案需经有关部门批准的，是否履行相应的报批程序						
		企业筹资方案发生重大变更的，是否重新进行可行性研究并履行相应审批程序						
		是否实行决策责任追究制度						

（续表）

层面	控制要点	调查内容	调查结果			证据名称	被调查部门	被调查人
			是	否	不适应			
业务控制	签订筹资协议	企业在签约前，是否充分进行金融市场调查，比较各银行和其他金融机构的贷款利率与融资条件，本着公开、公平、公正的原则选择贷款银行与资质佳、信誉好、费用低的承销商				借款（融资租赁）内部分割协议	资金部	吕××
		企业准备签订的筹资合同、协议文本，是否经法律顾问或律师审阅，提出修改意见后，呈报总会计师、总经理或董事长签批						
		企业通过银行借款方式筹资的，是否与有关金融机构进行洽谈，明确借款规模、利率、期限、担保、还款安排、相关的权利义务和违约责任等内容，双方达成一致意见后签署借款合同，据此办理相关借款业务						
		企业通过发行债券方式筹资的，是否合理选择债券种类，对还本付息方案做出系统安排，确保按期、足额偿还到期本金和利息						
		企业通过发行股票方式筹资的，是否依照《证券法》等有关法律法规和证券监管部门的规定，优化企业资金活动，进行业务整合，并选择具备相应资质的中介机构协助企业做好相关工作，确保符合股票发行条件和要求						
	使用筹集资金	是否严格按照筹资方案确定的用途使用资金				月度融资计划		
		筹资用于投资的，是否符合国家和企业的有关规定，是否及时防范和控制资金使用的风险						
		企业由于市场环境变化等确需改变资金用途的，是否履行相应的审批程序						
		是否擅自改变资金用途						
		是否定期或不定期进行筹资活动评价						
	债务偿还和股利支付	企业是否加强对债务偿还和股利支付环节的管理				债券折价溢价摊销表		
		企业是否对偿还本息和支付股利等做出适当安排						
		企业是否按照筹资方案或合同约定的本金、利率、期限、汇率及币种，准确计算应付利息						
		企业计算的应付利息是否与债权人核对无误后按期支付						

表 3-3　乌亥公司投资活动内部控制调查问卷

被审计单位名称	乌亥公司	被审计单位编码	001	索引编号	A-2	页次	1
业务流程名称	投资活动	业务流程编号	06.02	审计人	薛 × ×	审计时间	20 × × /4/16
审计期间	上年度	截止日期	20 × × /12/31	复核人	张 × ×	复核时间	20 × × /4/23

层面	控制要点	调查内容	调查结果			证据名称	被调查部门	被调查人
			是	否	不适应			
整体层面	制度控制	是否建立了部门（岗位）设置与不相容职务分离制度、投资业务的授权批准制度、投资立项分析制度、投资评估制度、投资决策程序制度、投资执行制度、投资资产保管制度、投资处置控制制度、投资登记制度、投资定期盘点制度、投资会计记录制度、投资监管制度等				部门（岗位）设置制度等		
		已经建立的投资管理制度是否有效执行						
	岗位控制	是否建立投资业务岗位责任制，明确相关部门和岗位的职责、权限；是否根据投资类型制定相应的业务流程，明确投资中主要业务环节的责任人员、风险点和控制措施等				岗位设置情况图、不相容职务分离制度、职责分工明细表	投资部	黄 × ×
		是否设置相应的记录或凭证，如实记载投资业务各环节的开展情况						
		是否明确各种与投资业务相关文件资料的取得、归档、保管、调阅等各个环节的管理规定及相关人员的职责权限						
		是否实行不相容职务相互分离控制						
		是否由同一人负责投资业务中的两项或两项以上的工作						
		是否由同一部门或个人包办投资业务的全过程						
		是否配备合格的人员办理对外投资业务						
		办理对外投资业务的人员是否具备良好的职业道德，掌握金融、投资、财会、法律等方面的专业知识						
		办理投资业务的人员是否根据具体情况定期进行岗位轮换						

（续表）

层面	控制要点	调查内容	调查结果			证据名称	被调查部门	被调查人
			是	否	不适应			
整体层面	授权控制	投资业务是否由企业的高层管理机构进行审批				投资业务的授权批准制度	投资部	黄××
		企业投资决策的做出、投资合同的签订、投资资产的处置等是否履行严格的审批手续						
		是否未经主管部门授权或批准不得办理投资业务						
		一切投资行为的立项、决策、合同签订、预算、执行、报告等，是否都必须经过授权批准						
		是否建立投资的责任追究制度						
		对在投资中出现的重大决策失误、未履行集体审批程序和不按规定办理对外投资业务的人员，是否追究相应的责任						
		投资的权益证书是否由专人保管						
	预算控制	投资预算是否由企业的各相关部门根据投资环境、发展规划、上级主管部门的批准许可进行编制				投资预算草案、投资预算审批过程记录		
		投资预算的编制是否符合企业预算编制的有关规定						
		投资预算编制内容、编制程序是否符合要求						
		投资预算编制完成后，是否提交企业领导班子集体进行严格审核						
		是否根据审核意见进行修改后编制正式投资预算						
	审核控制	是否对投资项目进行分析论证后立项				投资审核报告		
		是否编制投资计划，详细说明投资对象、投资目的、影响投资效益的因素等						
		投资计划在执行前是否经过严格审核						
		投资计划审核内容是否全面						
	安全控制	是否建立投资凭证保管和变动管理制度				投资凭证保管和变动管理制度		
		是否建立严格的联合控制制度，至少由两人以上共同控制						
		对于任何投资凭证的存入或取出是否都严格执行手续制度，详细记录，并由所有在场相关人员签名						
		是否由两人以上参与每月定期盘点，加强投资资产盘点结果与投资登记簿核对，保证二者相符						

（续表）

层面	控制要点	调查内容	调查结果			证据名称	被调查部门	被调查人
			是	否	不适应			
整体层面	决策控制	是否建立投资决策控制制度，加强投资项目立项、评估、决策环节的有效控制，防止投资损失				投资立项分析制度、投资评估制度、投资决策程序制度		
		组成决策咨询机构的人员中是否有来自企业相互牵制的不同部门和社会相关部门的投资专家						
		是否在广泛听取投资部门和有关评估专家的意见或建议，充分考虑预期现金流量、货币的时间价值、投资风险等关键指标，权衡各方面利弊的基础上，选择最优投资方案						
		是否由个人擅自决定对外投资或者改变集体决策意见						
		投资决策是否以书面文件的形式予以记录						
	实施控制	是否根据不同的投资业务制定相应的业务执行流程，明确各环节的控制要求，设置相应的记录或凭证，如实记载各环节业务的开展情况				投资执行制度、投资资产保管制度	投资部	黄××
		投资实施控制的内容是否包括出资时间、金额、出资方式、责任人员、实施方案、方案变更等						
		投资内部控制的关键控制是否包括计划预算控制、合同签订控制、投出环节控制、追踪管理控制、会计核算控制、权益证书管理控制、清查核对控制等						
	处置控制	是否加强投资处置环节的控制，对投资收回、转让、核销等的决策和授权批准程序做出明确规定				投资处置控制制度		
		投资的收回、转让与核销，是否实行集体决策，并按照规定的审批程序履行相关审批手续						
		财会部门是否认真审核与投资处置有关的审批文件、会议记录、资产回收清单等相关资料						
		财会部门是否按照规定及时进行投资处置的会计处理						

（续表）

层面	控制要点	调查内容	调查结果			证据名称	被调查部门	被调查人
			是	否	不适应			
整体层面	会计系统控制	是否按照会计准则的要求，对投资项目进行准确的会计核算、记录与报告				投资会计记录制度	投资部	黄××
		是否根据对被投资方的影响程度，合理确定投资会计政策，建立投资管理台账，详细记录投资对象、金额、持股比例、期限、收益等事项						
		财会部门对于被投资方出现财务状况恶化、市价当期大幅下跌等情形，是否根据国家统一的会计准则制度规定，合理计提减值准备、确认减值损失						
		是否妥善保管投资合同、协议、备忘录、出资证明等重要的法律文书						
	投资监控	是否建立投资内部控制的监督检查制度				投资监控制度		
		是否明确监督检查机构或人员的职责权限，定期或不定期地进行检查						
业务控制	拟订投资方案	是否根据投资战略目标和规划，合理安排资金投放结构，科学确定投资项目，拟订投资方案，重点关注投资项目的收益和风险				投资项目可行性分析报告		
		选择投资项目是否突出主业，谨慎从事股票或衍生金融产品等高风险投资						
		企业境外投资是否考虑政治、经济、法律、市场等因素的影响						
		企业采用并购方式进行投资的，是否严格控制并购风险						
	论证投资方案	是否加强对投资方案的可行性研究				投资方案可行性研究报告		
		根据实际需要，是否委托具备相应资质的专业机构进行可行性研究，提供独立的可行性研究报告，重点对投资项目的目标、投资规模、投资方式、投资的风险与收益等做出评价						
		企业是否根据经股东大会（或者企业章程规定的类似权力机构）批准的年度投资计划，按照职责分工和审批权限，对投资项目进行决策审批						

层面	控制要点	调查内容	调查结果			证据名称	被调查部门	被调查人
			是	否	不适应			
业务控制	审批投资方案	是否按照规定的权限和程序对投资项目进行决策审批				投资项目审批单或决议	投资部	黄××
		对投资项目进行决策审批，是否重点审查投资方案是否可行，投资项目是否符合国家产业政策及相关法律法规的规定、是否符合企业投资战略目标和规划、是否具有相应的资金能力，投入资金能否按时收回，预期收益能否实现，以及投资和并购风险是否可控等						
		对重大投资项目是否按照规定的权限和程序实行集体决策或者联签制度						
		投资方案需经有关管理部门批准的，是否履行相应的报批程序						
	签订投资合同或协议	是否根据批准的投资方案，与被投资方签订投资合同或协议				投资合同或协议、投资项目明细账表		
		与被投资方签订的投资合同或协议是否明确出资时间、金额、方式、双方权利义务和违约责任等内容						
		是否按规定的权限和程序审批后履行投资合同或协议						
	投资项目跟踪管理	是否指定专门机构或人员对投资项目进行跟踪管理				投资管理台账、投资项目清查表		
		是否根据投资计划进度，严格分期、按进度适时投放资金，严格控制资金流量						
		企业对投资项目是否及时收集被投资方经审计的财务报告等相关资料，定期组织投资效益分析，关注被投资方的财务状况、经营成果、现金流量及投资合同履行情况，发现异常情况，及时报告并妥善处理						
		企业是否针对派驻被投资企业的有关人员建立适时报告、业绩考评与轮岗制度						
		各环节和各责任人是否以投资计划为依据，按照职务分离制度和授权审批制度，正确履行审批监督责任，对项目实施过程进行监督和控制						

（续表）

层面	控制要点	调查内容	调查结果			证据名称	被调查部门	被调查人
			是	否	不适应			
业务控制	投资收回或处置控制	是否加强投资收回和处置环节的控制				长期不良投资处置审批单、股权评估报告	投资部	黄××
		是否对投资收回、转让、核销等决策和审批程序做出明确规定						
		是否重视投资到期本金的回收						
		转让投资是否由相关机构或人员合理确定转让价格，报授权批准部门批准，必要时委托具有相应资质的专门机构进行评估						
		核销投资是否取得不能收回投资的法律文书和相关证明文件						
		是否建立投资项目后续跟踪评价管理制度，对企业的重要投资项目和所属企业超过一定标准的投资项目，有重点地开展后续跟踪评价工作，并作为进行投资奖励和责任追究的基本依据						
		对于到期无法收回的投资是否建立责任追究制度						

表 3-4　乌亥公司营运活动内部控制调查问卷

被审计单位名称	乌亥公司	被审计单位编码	001	索引编号	A-3	页次	1
业务流程名称	营运活动	业务流程编号	06.03	审计人	薛××	审计时间	20××/4/16
审计期间	上年度	截止日期	20××/12/31	复核人	张××	复核时间	20××/4/23

层面	控制要点	调查内容	调查结果			证据名称	被调查部门	被调查人
			是	否	不适应			
整体层面	制度控制	是否建立健全部门（岗位）设置与不相容职务分离制度、营运业务的授权批准制度、营运业务执行制度、营运资金调度制度、营运资金预算分析制度、营运资金盘点制度、营运资金会计记录制度、营运活动监管制度等				营运业务的授权批准制度	财务部	唐××
		已经建立的营运管理制度是否有效执行						
	岗位控制	是否建立岗位责任制				职责分工明细表		
		是否实行不相容职务相互分离控制						
		是否实行人员素质控制						
		是否实行岗位轮换控制						

（续表）

层面	控制要点	调查内容	调查结果			证据名称	被调查部门	被调查人
			是	否	不适应			
整体层面	审批控制	是否制定资金的限制接近措施				审批单证等	财务部	唐×××
		是否有未经授权的人员办理资金收支业务						
		使用资金的部门是否提出用款申请，记载用途、金额、时间等事项						
		经办人员是否在原始凭证上签章						
		经办部门负责人、主管总经理和财务部门负责人是否审批并签章						
	收付控制	出纳人员是否按照审核后的原始凭证收付款，并对已完成收付的凭证加盖戳记，并登记日记账				资金收付业务原始凭据		
		主管会计人员是否及时准确地将其记录在相关账簿中，定期与出纳人员的日记账核对						
	复核控制	会计主管是否审查原始凭证反映的收支业务是否真实合法，经审核通过并签字盖章后才填制原始凭证				复核制度、收付业务原始凭据		
		凭证上的主管、审核、出纳和制单等印章是否齐全						
	记账控制	出纳人员是否根据资金收付凭证登记日记账，会计人员根据相关凭证登记有关明细分类账				日记账、资金明细账		
		主管会计是否登记总分类账						
	对账控制	账证是否核对				收付业务原始凭据		
		账账是否核对						
		账表是否核对						
		账实是否核对						
	营运监控	企业是否建立营运活动内部控制的监督检查制度，明确监督检查机构或人员的职责权限，定期或不定期地进行检查				检查报告、考核结果		
		有子公司的企业或企业集团，是否强化对成员企业资金业务的监控						
		企业（集团）组建资金管理中心或者财务公司后，是否统一管理成员企业的银行账户，实施收支两条线的资金集中管理						

（续表）

层面	控制要点	调查内容	调查结果			证据名称	被调查部门	被调查人
			是	否	不适应			
业务控制	协调资金需求	是否加强资金营运全过程的管理				资金需求计划、资金预算		
		是否统筹协调内部各机构在生产经营过程中的资金需求						
		是否切实做好资金在采购、生产、销售等各环节的综合平衡，全面提升资金营运效率						
	综合平衡资金	是否充分发挥全面预算管理在资金综合平衡中的作用				资金预算执行情况分析表		
		是否严格按照预算要求组织协调资金调度，确保资金及时收付，实现资金的合理占用和营运良性循环						
		是否严禁资金的体外循环，切实防范资金营运中的风险						
	协调资金调度	是否定期组织召开资金调度会				资金调度会会议纪要	财务部	唐××
		企业组织召开资金调度会，是否对预算资金执行情况进行综合分析，发现异常情况，及时采取措施妥善处理						
		企业在营运过程中出现临时性资金短缺的，是否通过短期融资等方式获取资金						
		企业在营运过程中出现资金短期闲置的，是否在保证安全性和流动性的前提下，通过购买国债等方式，提高资金效益						
	会计系统控制	是否加强对营运资金的会计系统控制				资金需求计划、资金预算、资金预算执行情况分析表		
		是否严格规范资金的收支条件、程序和审批权限						
		在生产经营及其他业务活动中取得的资金收入是否及时入账						
		是否设账外账						
		是否设立小金库						
		企业办理资金支付业务，是否明确支出款项的用途、金额、预算、限额、支付方式等内容，并附原始单据或相关证明						
		企业办理资金支付业务，是否履行严格的授权审批程序后，方可安排资金支出						
		企业办理资金收付业务，是否遵守现金和银行存款管理的有关规定						

上述乌亥公司筹资活动、投资活动、营运活动内部控制调查问卷内容，符合《企业内部控制基本规范》《企业内部控制应用指引第 6 号——资金活动》等有关规定。

二、风险评估

审计组编制的乌亥公司资金活动风险评估表如表 3-5 所示。

表 3-5　乌亥公司资金活动风险评估表

被审计单位名称	乌亥公司	被审计单位编码	001	索引编号	C	页次	1
业务流程名称	资金活动	业务流程编号	06	审计人	王××　审计时间		20××/4/27
审计期间	上年度	截止日期	20××/12/31	复核人	冯××　复核时间		20××/5/1

流程编号	一级流程	二级流程	风险描述	可能性	影响程度	风险排序
06	资金活动					
06.01		筹资活动	筹资决策不当，引发资本结构不合理或无效融资，可能导致企业筹资成本过高或债务危机			
06.02		投资活动	投资决策失误，引发盲目扩张或丧失发展机遇，可能导致资金链断裂或资金使用效益低下			
06.03		营运活动	资金调度不合理、营运不畅，可能导致企业陷入财务困境或资金冗余；资金活动管控不严，可能导致资金被挪用、侵占、抽逃或遭受欺诈			

本案例描述了乌亥公司资金活动的风险，但未对风险大小进行排序，不利于审计人员以此风险评估表为基础选择拟测试的控制。在资金活动内部控制审计中，审计人员应重点关注资金活动方面的以下风险点。

- 未按照投资规划安排并购项目，投资决策失误，引发盲目扩张或丧失发展机遇，可能导致投资效益低下、流动性不足或资金链断裂。
- 在从事股票投资或衍生金融产品投资等高风险投资时决策不科学、不合理，给公司带来损失。
- 派出人员不具备任职资格或能力，致使对参股公司监管不力，影响公司目标的实现。
- 派出人员违规获取参股公司报酬或礼品，致使其在行使职权过程中的客观公正性受到影响。
- 派出人员未能勤勉尽责，致使公司利益受到损害。

- 派出人员未能按照公司的决议在董事会、监事会及其他有关重要会议中进行表决，致使公司利益受到损害。
- 公司未能及时了解下属公司发生的重大事项，致使错失最佳处理机会，损害公司利益。
- 公司未能及时掌握参股公司财务状况和相关风险，导致投资损失。
- 由于下属公司和所属三产公司之间关联交易价格不公允、不合理，致使公司面临违规风险。
- 公司对投资的收回和处置缺乏控制，导致公司资产流失。
- 未将应实施后评价的项目列入后评价实施计划，致使项目后评价实施效果受到影响。
- 未认真执行后评价工作，导致后评价报告质量不高。
- 未能及时融资或融资规模失控，致使公司正常经营受到影响。
- 未按照募集说明书的约定使用资金，致使公司面临违规风险。
- 未按照招股说明书的范围使用资金，致使公司面临违规风险。
- 擅自变更资金用途，致使公司面临违规风险。
- 由于参股公司借款规模、成本等失控，致使公司利益受到损害。
- 未按计划取得借款，致使公司财务费用增加。
- 未按合同约定及时归还借款，致使公司信用受到损害。

三、控制测试

资金活动控制测试，就是审计人员现场测试资金活动内部控制设计和运行的有效性。审计组同时进行乌亥公司资金活动内部控制设计和运行有效性的测试，主要的审计工作底稿如表3-6至表3-12所示。

表 3-6　乌亥公司筹资活动内部控制有效性测试矩阵表

被审计单位名称	乌亥公司	索引编号	001	页次	D-1		1
业务流程名称	筹资活动	业务流程编码	06.01	审计人	吴××	审计时间	20××/5/3
审计期间	上年度	截止日期	20××/12/31	复核人	陆××	复核时间	20××/5/7

关键控制点名称	关键控制点	控制方式	控制频率	样本总体	样本数量	测试要点	证据名称	测试程序	测试结果	交叉索引
拟订筹资方案	K1					企业是否根据融资战略目标和规划，结合年度全面预算，拟订筹资方案	资金预算、长期融资计划、筹资方案等	审阅材料、访谈人员、抽样检查		20××/5/3
						筹资方案是否明确筹资用途、规模、结构和方式等内容				
						筹资方案是否对筹资成本和潜在风险做出充分估计				
论证筹资方案	K2					是否建立筹资方案科学论证制度	筹资方案论证制度、筹资方案论证过程记录等			
						是否依据未经论证的方案开展筹资活动				
						对重大筹资方案是否形成可行性研究报告，全面反映风险评估情况				
						是否根据实际需要，聘请具有相应资质的专业机构进行可行性研究				
审批筹资方案	K3					是否对筹资方案进行严格审批，重点关注筹资用途的可行性和相应的偿债能力	重大筹资方案决策制度、筹资方案审批过程记录等	审阅材料、访谈人员、抽样检查、重新执行		20××/5/7
						对重大筹资方案是否按照规定的权限和程序，实行集体决策				
						筹资方案或者筹资审批需经有关部门批准的，是否履行相应的报批程序				
						企业筹资方案发生重大变更的，是否重新进行可行性研究并履行相应审批程序				
						是否实行决策责任追究制度				

（续表）

关键控制名称	关键控制点	控制方式	控制频率	样本总体	样本数量	测试要点	证据名称	测试程序	测试结果	交叉索引
						企业在签约前，是否充分进行金融市场调查，比较各银行和其他金融机构的贷款利率与融资条件，本着公开、公平、公正的原则选择贷款银行与融资质佳、信誉好、费用低的承销商				
						企业准备签订的筹资合同、协议文本，是否经法律顾问或律师审阅，提出修改意见后，呈报总会计师、总经理或董事长签批	借款（融资租赁）内部分割协议、银行借款（融资租赁）合同/协议、银行承兑汇票、筹资合同或协议	审阅材料、访谈人员、抽样检查、重新执行		
	K4					企业通过银行借款方式筹资的，是否与有关金融机构进行洽谈、明确借款规模、利率、期限、担保、还款安排、相关的权利义务和违约责任等内容，双方达成一致意见后签署借款合同，据此办理相关借款业务				
签订筹资协议						企业通过发行债券方式筹资的，是否合理选择债券种类，对还本付息方案做出系统安排，确保按期、足额偿还到期本金和利息				
						企业通过发行股票方式筹资的，是否依照《证券法》等有关法律法规和证券监管部门的规定，优化企业资金活动，进行业务整合，并选择具备相应资质的中介机构协助企业做好相关工作，确保发行股票符合条件和要求				

（续表）

关键控制点名称	关键控制点	控制方式	控制频率	样本总体	样本数量	测试要点	证据名称	测试程序	测试结果	交叉索引
使用筹集资金	K5					是否严格按照筹资方案确定的用途使用资金 筹资用于投资的，是否符合国家和企业的有关规定，是否及时防范和控制资金使用的风险 企业由于市场环境变化等需改变资金用途的，是否履行相应的审批程序 是否擅自改变资金用途 是否定期或不定期进行筹资活动评价	月度融资计划、月度和年度筹资分析等	审阅材料、访谈人员、抽样检查、重新执行		
债务偿还和股利支付	K6					企业是否加强债务偿还和支付环节的管理 企业是否按照筹资方案或合同约定的本金、利率、期限、汇率及币种，准确计算应付利息 企业计算的应付利息是否与债权人核对无误后按期支付	债务折价溢价摊销表等			

测试结论	设计有效性							运行有效性						
	有效	控制薄弱环节说明						有效	控制薄弱环节说明					
		控制不符合实际	应有的控制不存在	风险识别不准确	未设计控制证据收集程序	控制矩阵编制不规范	其他		制度未执行	措施未落实	控制证据不足	设计不适应	监控不力	其他

表 3-7 乌戋公司投资活动内部控制有效性测试矩阵表

被审计单位名称	乌戋公司	被审计单位编码	001	索引编号	D-2	页次	1
业务流程名称	投资活动	业务流程编码	06.02	审计人	吴××	审计时间	20××/5/3
审计期间	上午度	截止日期	20××/12/31	复核人	陆××	复核时间	20××/5/7

关键控制点名称	关键控制点	控制方式	控制频率	样本总体	样本数量	测试要点	证据名称	测试程序	测试结果	交叉索引
拟订投资方案	K1					是否根据投资战略目标和规划，合理安排资金投放结构，科学确定投资项目，拟订投资方案，重点关注投资项目的收益和风险	投资项目可行性分析报告、投资方案草案			
						选择投资项目是否突出主业，谨慎从事股票或衍生金融产品等高风险投资				
						企业境外投资是否考虑政治、经济、法律、市场等因素的影响				
						企业采用并购方式进行投资的，是否严格控制并购风险		审阅材料、访谈人员、抽样检查、重新执行		
论证投资方案	K2					是否加强对投资方案的可行性研究				
						根据实际需要，是否委托具备相应资质的专业机构进行可行性研究、提供独立的可行性研究报告，重点对投资项目的目标、投资规模、投资方式、投资的风险与收益等做出评价	投资方案可行性研究报告			
						企业是否根据经股东大会（或者企业章程规定的类似权力机构）批准的年度投资计划，按照职责分工和审批权限，对投资项目进行决策审批				

（续表）

关键控制点名称	关键控制点	控制方式	控制频率	样本总体	样本数量	测试要点	证据名称	测试程序	测试结果	交叉索引
审批投资方案	K3					是否按照规定的权限和程序对投资项目进行决策审批 对投资项目进行决策审批，是否重点审查投资方案是否可行，投资项目是否符合国家产业政策及相关法律法规的规定，是否符合企业投资战略目标和规划，是否具有相应的资金能力，以及投资收益能否实现，预期收益回收时收回，投入资金和并购风险是否可控等 对重大投资项目是否按照规定的权限和程序实行集体决策或者联签制度	投资项目审批单或决议			
签订投资合同或协议	K4					投资方案经有关管理部门批准的，是否履行相应的报批程序 是否根据批准的投资方案，与被投资方签订投资合同或协议 与被投资方签订的投资合同或协议是否明确出资时间、金额、方式、双方权利义务和违约责任等内容 是否按规定的权限和程序审批后履行投资合同或协议	投资合同或协议、投资项目明细账表	审阅材料、访谈人员、抽样检查、重新执行		
投资项目跟踪管理	K5					是否指定专门机构或人员对投资项目进行跟踪管理 是否根据投资计划进度，严格按进度分期、按进度适时投放资金，严格控制资金流量 企业对投资项目是否及时收集投资方经审计的财务报告等相关资料，定期组织投资效益分析，关注被投资方的财务状况、经营成果、现金流量及投资合同履行情况，发现异常情况，及时报告并妥善处理 企业是否针对派驻被投资企业的有关人员建立适时报告、业绩考评与轮岗制度 各环节和责任人是否以投资计划作为依据，按照职务分离制度进行授权审批制度，正确履行审批监督责任，对项目实施过程进行监督和控制	投资管理台账、投资项目清查表			

（续表）

关键控制点名称	关键控制点	控制方式	控制频率	样本总体	样本数量	测试要点	证据名称	测试程序	测试结果	交叉索引
投资收回或处置控制	K6					是否加强投资收回和处置环节的控制	长期不良投资处置审批单、股权评估报告	审阅材料、访谈人员、抽样检查、重新执行		
						是否对投资收回、转让、核销等决策和审批程序做出明确规定				
						是否重视投资到期本金的回收				
						转让投资是否由相关机构或人员合理确定转让价格，报授权批准部门批准，必要时委托具有相应资质的专门机构进行评估				
						核销投资是否取得不能收回投资的法律文书和相关证明文件				
						是否建立投资项目后续跟踪评价管理制度，对企业的重要投资项目和所属企业超过一定标准的投资奖励，有重点地开展后续跟踪评价工作，并作为进行投资奖励和责任追究的基本依据				
						对于到期无法收回的投资是否建立责任追究制度				

设计有效性

测试结论	有效	控制薄弱环节说明					
		控制不符合实际	应有的控制不存在	风险识别不准确	未设计整编证据	控制矩阵编制不规范	其他

运行有效性

测试结论	有效	控制薄弱环节说明					
		措施未落实	制度未执行	控制证据不足	设计不适应	监控不力	其他

表 3-8　乌亥公司营运活动内部控制有效性测试矩阵表

被审计单位名称	乌亥公司		索引编号	001	页次	1
业务流程名称	营运活动		索引编号	06.03	D-3	
审计期间	上年度		截止日期	20××/12/31		
					审计人	吴××	审计时间	20××/5/3
					复核人	陆××	复核时间	20××/5/7

关键控制点名称	关键控制点	控制方式	控制频率	样本总体	样本数量	测试要点	证据名称	测试程序	测试结果	交叉索引
协调资金需求	K1					是否加强资金营运全过程的管理	资金需求计划、资金预算			
						是否统筹协调内部各机构在生产经营过程中的资金需求				
						是否切实做好资金在采购、生产、销售等各环节的综合平衡，全面提升资金营运效率				
综合平衡资金	K2					是否充分发挥全面预算管理在资金综合平衡中的作用	资金预算执行情况分析表、资金支付申请、月度资金分析表	审阅材料、访谈人员、抽样检查、重新执行		
						是否严格按照预算要求组织协调资金调度，实现资金的合理占用和营运良性循环付，确保资金及时收				
						是否严禁资金的体外循环，切实防范资金营运中的风险				
协调资金调度	K3					是否定期组织召开资金调度会	资金调度会会议纪要、年度资金分析表			
						企业在召开资金调度会，是否对预算资金执行情况进行综合分析，发现异常情况，及时采取措施妥善处理				
						企业在营运过程中出现临时性资金短缺的，是否通过短期融资等方式获取资金				
						企业在营运过程中出现闲置资金短期配置的，是否在保证安全性和流动性的前提下，通过购买国债等方式，提高资金效益				

（续表）

关键控制名称	关键控制点	控制方式	控制频率	样本总体	样本数量	测试要点	证据名称	测试程序	测试结果	交叉索引
会计系统控制	K4					是否加强对营运资金的会计系统控制	资金会计记录、制度、资金需求计划、资金预算、资金预算执行情况分析表、资金支付申请、月度资金分析表、年度资金分析表	审阅材料、访谈人员、抽样检查、重新执行		
						是否严格规范资金的收支条件、程序和审批权限				
						在生产经营及其他经营业务活动中取得的资金收入是否及时入账				
						是否设立小金库				
						企业办理资金支付业务，是否明确支出款项的用途、金额、预算、限额、支付方式等内容，并附原始单据或相关证明				
						企业办理资金支付业务，是否履行严格的授权审批程序后，方可安排资金支出				
						企业办理资金收付业务，是否遵守现金和银行存款管理的有关规定				

测试结论	设计有效性							运行有效性						
	有效	控制薄弱环节说明						有效	控制薄弱环节说明					
		控制不符合实际	应有的控制不存在	风险识别不准确	未设计控制制证据	控制矩阵编制不规范	其他		制度未执行	措施未落实	控制证据不足	设计不适应	监控不力	其他

表 3-9　乌亥公司资金活动内部控制有效性测试表（示例 1）

被审计单位名称	乌亥公司	被审计单位编码	001	索引编号	D-1-K1-1	页次	1
业务流程名称	筹资活动	业务流程编号	06.01	审计人	吴 × ×	审计时间	20 × ×/5/3
关键控制名称	拟订筹资方案	关键控制编号	K1	复核人	陆 × ×	复核时间	20 × ×/5/7
审计期间	上年度			截止日期	20 × ×/12/31		

审阅文件资料名称	审阅内容	审阅结果
乌亥公司筹资方案	乌亥公司应当建立筹资业务决策环节的控制制度，对筹资方案的拟订设计、筹资决策程序等做出明确规定，确保筹资方式符合成本效益原则，筹资决策科学、合理。 乌亥公司拟订的筹资方案应当符合国家有关法律法规、政策和企业筹资预算要求，明确筹资规模、筹资用途、筹资结构、筹资方式和筹资对象，并对筹资时机选择、预计筹资成本、潜在筹资风险和具体应对措施，以及偿债计划等做出安排和说明。 乌亥公司拟订筹资方案，应当考虑企业经营范围、投资项目的未来效益、目标债务结构、可接受的资金成本水平和偿付能力。在境外筹集资金的，还应当考虑筹资所在地的政治、法律、汇率、利率、环保、信息安全等风险及财务风险等因素。 乌亥公司对重大筹资方案应当进行风险评估，形成评估报告，报董事会或股东大会审批。评估报告应当全面反映评估人员的意见，并由所有评估人员签章。未经风险评估的方案不能进行筹资。企业应当拟订多于一种的筹资方案，综合考虑筹资成本和风险评估等因素，对方案进行比较分析并履行相应的审批程序后，确定最终的筹资方案。 乌亥公司对于重大筹资方案，应当实行集体决策审批或者联签制度。决策过程应有完整的书面记录	乌亥公司筹资方案较为具体

表 3-10　乌亥公司资金活动内部控制有效性测试表（示例 2）

被审计单位名称	乌亥公司	被审计单位编码	001	索引编号	D-1-K1-2	页次	1
业务流程名称	筹资活动	业务流程编号	06.01	审计人	吴 × ×	审计时间	20 × ×/5/3
关键控制名称	拟订筹资方案	关键控制编号	K1	复核人	陆 × ×	复核时间	20 × ×/5/7
审计期间	上年度			截止日期	20 × ×/12/31		

访谈对象岗位及姓名	资金总监吕 × ×	访谈时间	20 × ×/5/6	访谈地点	乌亥公司办公室

访谈内容及结果：
- 乌亥公司建立了筹资业务的岗位责任制，明确了有关部门和岗位的职责、权限，确保办理筹资业务的不相容岗位相互分离、制约和监督；
- 乌亥公司配备了合格的人员办理筹资业务；
- 乌亥公司对筹资业务建立了严格的授权批准制度，明确了授权批准方式、程序和相关控制措施，规定了审批人的权限、责任，以及经办人的职责范围和工作要求；
- 乌亥公司制定了筹资业务流程，明确了筹资决策、执行、偿付等环节的内部控制要求，并设置了相应的记录或凭证，如实记载了各环节业务的开展情况，确保筹资全过程得到有效控制。

被访谈人签字：吕 × ×

签字时间：20 × × 年 5 月 6 日

表 3-11　乌亥公司资金活动内部控制有效性测试表（示例 3）

被审计单位名称	乌亥公司	被审计单位编码	001	索引编号	D-1-K1-3	页次	1
业务流程名称	筹资活动	业务流程编号	06.01	审计人	吴××	审计时间	20××/5/3
关键控制名称	拟订筹资方案	关键控制编号	K1	复核人	陆××	复核时间	20××/5/7
审计期间	上年度			截止日期	20××/12/31		
样本名称			样本量				

序号	日期	编号	摘要	金额	备注	复印件编号	测试的内容				
1											
2											
3											
4											
5											
6											
7											
8											
9											
10											

测试发现：

测试结论：

被审计单位意见：

签章：

表 3-12　乌亥公司资金活动内部控制有效性测试结果汇总分析表

被审计单位名称	乌亥公司	被审计单位编码	001	索引编号	D	页次	1
业务流程名称	资金活动	业务流程编号	06	审计人	吴××	审计时间	20××/5/3
审计期间	上年度	截止日期	20××/12/31	复核人	陆××	复核时间	20××/5/7

二级流程	关键控制	应抽样本总体	实抽样本	设计有效性							运行有效性						
				有效	控制薄弱环节说明						有效	控制薄弱环节说明					
					控制不符合实际	应有的控制不存在	风险识别不准确	未设计控制证据	控制矩阵编制不规范	其他		制度未执行	措施未落实	控制证据不足	设计不适应	监控不力	其他
筹资活动																	
投资活动																	
营运活动																	

四、评价缺陷

审计组对乌亥公司资金活动内部控制进行缺陷评价的主要工作底稿如表 3-13 至表 3-16 所示。

表 3-13　乌亥公司资金活动内部控制缺陷评价矩阵表

被审计单位名称	乌亥公司	被审计单位编码	001		索引编号	E	页次	1
业务流程名称	资金活动	业务流程编号	06		审计人	王×××	审计时间	20××/5/3
审计期间	上年度	截止日期	20××/12/31		复核人	冯×××	复核时间	20××/5/7

二级流程	关键控制	缺陷类型	缺陷描述	缺陷来源	缺陷性质			评价程序	评价索引	对报表的影响	补偿性控制	整改意见
					一般缺陷	重要缺陷	重大缺陷					
筹资活动												
投资活动												
营运活动												

表 3-14　乌亥公司资金活动内部控制缺陷评价认定表

被审计单位名称	乌亥公司	被审计单位编码	001	索引编号	E-1	页次	1
业务流程名称	资金活动	业务流程编号	06	审计人	王×××	审计时间	20××/5/3
审计期间	上年度	截止日期	20××/12/31	复核人	冯×××	复核时间	20××/5/7

缺陷类型	缺陷描述	评价标准	审计组初步认定意见	被审计单位（或当事人）意见及相关说明
缺陷事项证据资料				

表 3-15　乌亥公司资金活动内部控制缺陷整改建议表

被审计单位名称	乌亥公司	被审计单位编码	001	索引编号	E-2	页次	1
业务流程名称	资金活动	业务流程编号	06	审计人	王×××	审计时间	20××/5/3
审计期间	上年度	截止日期	20××/12/31	复核人	冯×××	复核时间	20××/57

二级流程	关键控制	缺陷类型	潜在风险	整改建议	整改措施	落实部门	完成时间
筹资活动							
投资活动							
营运活动							

表 3-16　乌亥公司资金活动内部控制缺陷整改反馈表

被审计单位名称	乌亥公司	编制人	田 ××	编制时间	20××/5/23
被审计单位负责人	张 ××	部门负责人	孙 ××	联系人	田 ××

流程编号	一级流程	二级流程	关键控制	缺陷类型	整改措施	生效时间	整改情况
06	资金活动						
06.01		筹资活动					
06.02		投资活动					
06.03		营运活动					

　　审计人员通过问卷调查、电话查询、实地观察方式，对资金活动内部控制的设计和运行情况进行了调查了解与测试。

　　审计认为，财务、经营等部门的资金管理活动管理职责划分清楚，不相容岗位已相分离，能起到内部牵制作用。

　　大部分的内控制度与流程相配套，但部分控制点制定得过于笼统，导致控制成本过高，不符合成本效益原则，需进一步完善。

　　大部分管理人员对内控流程较熟悉，个别管理人员对内控流程的熟悉程度较低。

五、审计评价

　　审计组对乌亥公司资金活动内部控制进行审计评价的主要工作底稿如表 3-17 至表 3-20 所示。

表 3-17　乌亥公司筹资活动内部控制审计评价表

被审计单位名称	乌亥公司	被审计单位编码	001	索引编号	F-1	页次	1
业务流程名称	筹资活动	业务流程编号	06.01	审计人	夏 ××	审计时间	20××/5/8
审计期间	上年度	截止日期	20××/12/31	复核人	关 ××	复核时间	20××/5/10

关键控制名称	评价标准	分值	权重	判断依据	实际得分
拟订筹资方案	企业根据融资战略目标和规划，结合年度全面预算，拟订筹资方案				
	筹资方案明确筹资用途、规模、结构和方式等内容				
	筹资方案对筹资成本和潜在风险做出充分估计				
论证筹资方案	建立筹资方案科学论证制度				
	依据经过论证的方案开展筹资活动				
	对重大筹资方案形成可行性研究报告，全面反映风险评估情况				
	根据实际需要，聘请具有相应资质的专业机构进行可行性研究				

（续表）

关键控制名称	评价标准	分值	权重	判断依据	实际得分
审批筹资方案	对筹资方案进行严格审批，重点关注筹资用途的可行性和相应的偿债能力				
	对重大筹资方案按照规定的权限和程序，实行集体决策审批或者联签制度				
	筹资方案需经有关部门批准的，履行相应的报批程序				
	企业筹资方案发生重大变更的，重新进行可行性研究并履行相应审批程序				
	实行决策责任追究制度				
签订筹资协议	企业在签约前，充分进行金融市场调查，比较各银行和其他金融机构的贷款利率与融资条件，本着公开、公平、公正的原则选择贷款银行与资质佳、信誉好、费用低的承销商				
	企业准备签订的筹资合同、协议文本，经法律顾问或律师审阅，提出修改意见后，呈报总会计师、总经理或董事长签批				
	企业通过银行借款方式筹资的，与有关金融机构进行洽谈，明确借款规模、利率、期限、担保、还款安排、相关的权利义务和违约责任等内容，双方达成一致意见后签署借款合同，据此办理相关借款业务				
	企业通过发行债券方式筹资的，合理选择债券种类，对还本付息方案做出系统安排，确保按期、足额偿还到期本金和利息				
	企业通过发行股票方式筹资的，依照《证券法》等有关法律法规和证券监管部门的规定，优化企业资金活动，进行业务整合，并选择具备相应资质的中介机构协助企业做好相关工作，确保符合股票发行条件和要求				
使用筹集资金	严格按照筹资方案确定的用途使用资金				
	筹资用于投资的，符合国家和企业的有关规定，及时防范和控制资金使用的风险				
	企业由于市场环境变化等确需改变资金用途的，履行相应的审批程序				
	未曾擅自改变资金用途				
	定期或不定期进行筹资活动评价				
债务偿还和股利支付	企业加强债务偿还和股利支付环节的管理				
	企业对偿还本息和支付股利等做出适当安排				
	企业按照筹资方案或合同约定的本金、利率、期限、汇率及币种，准确计算应付利息				
	企业计算的应付利息与债权人核对无误后按期支付				

表 3-18　乌亥公司投资活动内部控制审计评价表

被审计单位名称	乌亥公司	被审计单位编码	001		索引编号	F-2	页次	1
业务流程名称	投资活动	业务流程编号	06.02		审计人	夏××	审计时间	20××/5/8
审计期间	上年度	截止日期	20××/12/31		复核人	关××	复核时间	20××/5/10

关键控制名称	评价标准	分值	权重	判断依据	实际得分
拟订投资方案	根据投资战略目标和规划，合理安排资金投放结构，科学确定投资项目，拟订投资方案，重点关注投资项目的收益和风险				
	选择投资项目突出主业，谨慎从事股票或衍生金融产品等高风险投资				
	企业境外投资考虑政治、经济、法律、市场等因素的影响				
	企业采用并购方式进行投资的，严格控制并购风险				
论证投资方案	加强对投资方案的可行性研究				
	根据实际需要，委托具备相应资质的专业机构进行可行性研究，提供独立的可行性研究报告，重点对投资项目的目标、规模、投资方式、投资的风险与收益等做出评价				
	企业根据经股东大会（或者企业章程规定的类似权力机构）批准的年度投资计划，按照职责分工和审批权限，对投资项目进行决策审批				
审批投资方案	按照规定的权限和程序对投资项目进行决策审批				
	对投资项目进行决策审批，重点审查投资方案是否可行，投资项目是否符合国家产业政策及相关法律法规的规定、是否符合企业投资战略目标和规划、是否具有相应的资金能力，投入资金能否按时收回，预期收益能否实现，以及投资和并购风险是否可控等				
	对重大投资项目按照规定的权限和程序实行集体决策或者联签制度				
	投资方案需经有关管理部门批准的，履行相应的报批程序				
签订投资合同或协议	根据批准的投资方案，与被投资方签订投资合同或协议				
	与被投资方签订的投资合同或协议明确出资时间、金额、方式、双方权利义务和违约责任等内容				
	按规定的权限和程序审批后履行投资合同或协议				

（续表）

关键控制名称	评价标准	分值	权重	判断依据	实际得分
投资项目跟踪管理	指定专门机构或人员对投资项目进行跟踪管理				
	根据投资计划进度，严格分期、按进度适时投放资金，严格控制资金流量				
	企业对投资项目及时收集被投资方经审计的财务报告等相关资料，定期组织投资效益分析，关注被投资方的财务状况、经营成果、现金流量及投资合同履行情况，发现异常情况，及时报告并妥善处理				
	企业针对派驻被投资企业的有关人员建立适时报告、业绩考评与轮岗制度				
	各环节和各责任人以投资计划为依据，按照职务分离制度和授权审批制度，正确履行审批监督责任，对项目实施过程进行监督和控制				
投资收回或处置控制	加强投资收回和处置环节的控制				
	对投资收回、转让、核销等决策和审批程序做出明确规定				
	重视投资到期本金的回收				
	转让投资由相关机构或人员合理确定转让价格，报授权批准部门批准，必要时委托具有相应资质的专门机构进行评估				
	核销投资取得不能收回投资的法律文书和相关证明文件				
	建立投资项目后续跟踪评价管理制度，对企业的重要投资项目和所属企业超过一定标准的投资项目，有重点地开展后续跟踪评价工作，并作为进行投资奖励和责任追究的基本依据				
	对于到期无法收回的投资建立责任追究制度				

表3-19　乌亥公司营运活动内部控制审计评价表

被审计单位名称	乌亥公司	被审计单位编码	001	索引编号	F-3	页次	1
业务流程名称	营运活动	业务流程编号	06.03	审计人	夏××	审计时间	20××/5/8
审计期间	上年度	截止日期	20××/12/31	复核人	关××	复核时间	20××/5/10

关键控制名称	评价标准	分值	权重	判断依据	实际得分
协调资金需求	加强资金营运全过程的管理				
	统筹协调内部各机构在生产经营过程中的资金需求				
	切实做好资金在采购、生产、销售等各环节的综合平衡，全面提升资金营运效率				

关键控制名称	评价标准	分值	权重	判断依据	实际得分
综合平衡资金	充分发挥全面预算管理在资金综合平衡中的作用				
	严格按照预算要求组织协调资金调度，确保资金及时收付，实现资金的合理占用和营运良性循环				
	严禁资金的体外循环，切实防范资金营运中的风险				
协调资金调度	定期组织召开资金调度会				
	企业组织召开资金调度会，对预算资金执行情况进行综合分析，发现异常情况，及时采取措施妥善处理				
	企业在营运过程中出现临时性资金短缺的，通过短期融资等方式获取资金				
	企业在营运过程中出现资金短期闲置的，在保证安全性和流动性的前提下，通过购买国债等方式，提高资金效益				
会计系统控制	加强对营运资金的会计系统控制				
	严格规范资金的收支条件、程序和审批权限				
	在生产经营及其他业务活动中取得的资金收入及时入账				
	设账外账				
	设立小金库				
	企业办理资金支付业务，明确支出款项的用途、金额、预算、限额、支付方式等内容，并附原始单据或相关证明				
	企业办理资金支付业务，履行严格的授权审批程序后，方可安排资金支出				
	企业办理资金收付业务，遵守现金和银行存款管理的有关规定				

表 3-20　乌亥公司资金活动内部控制审计评价结果汇总表

被审计单位名称	乌亥公司	被审计单位编码	001	索引编号	F	页次	1
业务流程名称	资金活动	业务流程编号	06	审计人	夏××	审计时间	20××/5/8
审计期间	上年度	截止日期	20××/12/31	复核人	关××	复核时间	20××/5/10

流程编号	一级流程	二级流程	自我评价得分	审计评价得分
06	资金活动			
06.01		筹资活动		
06.02		投资活动		
06.03		营运活动		

六、形成意见

审计组对乌亥公司进行资金活动内部控制审计的意见形成工作底稿如表3-21所示。

表3-21　乌亥公司资金活动内部控制审计意见形成表

被审计单位名称	乌亥公司	被审计单位编码	001	索引编号	H	页次	1
业务流程名称	资金活动	业务流程编号	06	审计人	王××	审计时间	20××/5/8
审计期间	上年度	截止日期	20××/12/31	复核人	冯××	复核时间	20××/5/10

序号	审计程序	各程序执行情况	工作底稿索引号	执行负责人
1	调查了解	资金活动内部控制有效性调查了解	A	薛××
2	初步评价	资金活动内部控制初步评价	B	王××
3	风险评估	资金活动内部控制风险评估	C	王××
4	控制测试	资金活动内部控制有效性测试	D	吴××
5	评价缺陷	资金活动内部控制缺陷评价	E	王××
6	审计评价	资金活动内部控制审计评价	F	夏××
7	形成意见	资金活动内部控制审计结果汇总	H	王××

总体审计意见	乌亥公司资金活动内部控制设计过程规范，运行中存在缺陷	综合陈述	审计组在执行内部控制审计后就发现的问题协助乌亥公司予以整改，编制了资金活动流程目录，绘制了资金活动业务流程图，评估了资金活动风险，编制了资金活动风险评估表，构建了资金活动内部控制，确定了资金活动内部控制目标及措施，编制了资金活动内部控制矩阵。设计过程规范，运行中存在缺陷

现就乌亥公司资金活动内部控制审计结果简要分析如下。

（一）梳理了资金活动流程，编制了资金活动流程目录

经审计，乌亥公司在设计资金活动内部控制时，整理了资金活动内部管理制度及相关文件，并对资金活动方面业务进行了认真梳理，按业务特点和复杂程度，划分业务流程，编制了资金活动流程目录，具体如表3-22所示。

表3-22　乌亥公司资金活动流程目录

一级流程	二级流程	三级流程	四级流程
资金活动			
	筹资活动		
		筹资方案	
		银行贷款	
		发行债券	
		发行股票	

一级流程	二级流程	三级流程	四级流程
		信托融资	
	投资活动		
		投资决策	
		投资实施	
		持有期间管理	
		投资退出	
	营运活动		
		资金计划	
		银行账户管理	
		库存现金管理	
		银行存款管理	
		收款管理	
		付款管理	
		信用证管理	
		保函管理	
			保函开立
			保函撤销
			保函索赔
		承兑汇票管理	
		保理管理	

（二）绘制了资金活动业务流程图

审计组在乌亥公司财务部的配合下，绘制了乌亥公司资金活动业务流程图，以及各末级流程的现状流程图，以把握各流程内部控制的基本现状。

（三）评估了资金活动风险，编制了资金活动风险评估表

经审计，乌亥公司在设计资金活动内部控制时，评估了资金活动风险，编制了资金活动风险评估系列表，具体如表 3-23 至表 3-31 所示。

表 3-23   乌亥公司资金活动风险评估步骤表

评估步骤	简要说明
确定目标	确定目标是风险识别与评估的基础。比如，对于股权投资的投资决策流程，其控制目标为： 保证投资方向符合公司发展战略； 保证投资项目经过充分论证； 保证决策程序符合制度规定 又比如，对于现金管理，其控制目标为： 保证现金安全； 保证现金账实相符； 保证库存现金余额符合限额规定； 保证现金收支符合现金管理规定
识别风险	识别业务层面的风险，形成资金活动业务层面的风险数据库； 识别整体层面的风险，形成资金活动方面的整体层面的风险清单或风险数据库
分析风险	风险成因分析，审计组对乌亥公司资金活动风险的成因进行分析，明确了资金活动风险的原因； 风险后果分析，审计组对乌亥公司资金活动的各项风险的后果进行了深入分析，确定各项风险可能造成的后果
评价风险	审计组按照规定的程序和标准，对乌亥公司资金活动的各项风险进行评价，编制了乌亥公司整体层面风险排序表（资金活动）； 审计组在对乌亥公司面临的风险进行全面评价的基础上绘制风险坐标图
制定策略	审计组针对乌亥公司资金活动的各项风险，制定了具体的应对策略； 审计组编制了乌亥公司风险应对策略分析表（资金活动）
解决方案	审计组针对重大风险，在与乌亥公司财务部进行深入研讨的基础上，提出了风险解决方案

表 3-24   乌亥公司筹资活动风险点及其风险描述表

风险点	风险描述
股票筹资	股票发行量过大或过小； 筹资成本过高； 时机选择欠佳； 股利分配政策不当； ……
债券筹资	发行条件、债券利率、筹资时机等选择不当给企业带来风险； 债券发行总额过高、债券发行价格过高，给企业筹资带来困难； 债券期限过长，对投资者失去吸引力； 债券利率过高，加重企业负担； 债券利率过低，影响债券的吸引力，给发行带来风险

（续表）

风险点	风险描述
银行筹资	利率变动风险； 汇率变动风险； 信用风险； ……
融资租赁筹资	设备陈旧过时风险； 经营风险； 信用风险； 政治风险； 自然灾害风险； 金融风险； ……

表 3-25　乌亥公司投资活动风险点及其风险描述表

风险点	风险描述
股权投资	企业长期股权投资业务中存在着投资行为违反国家法律法规的情况，可能遭受外部处罚、经济损失和信誉损失
投资授权审批	投资业务未经适当审批或超越授权审批，可能因重大差错、舞弊、欺诈而产生损失
投资可行性论证	投资项目未经科学、严密的评估和论证，可能因决策失误产生重大损失
投资项目执行	投资项目执行缺乏有效的管理，可能因不能保障投资安全和投资收益而产生损失
投资项目处置	投资项目处置的决策与执行不当，可能导致权益受损等方面的风险

表 3-26　乌亥公司营运活动风险点及其风险描述表

风险点	风险描述
法律法规	资金管理违反国家法律法规，可能遭受外部处罚、经济损失和信誉损失
授权批准	资金管理活动未经适当审批或超越授权审批，可能因重大差错、舞弊、欺诈而产生损失
银行账户	银行账户的开立、审批、使用、核对和清理不符合国家有关法律法规要求，可能导致受到处罚造成资金损失
资产记录	资金记录不准确、不完整，可能造成账实不符或导致财务报表信息失真
票据管理	有关票据的遗失、变造、伪造、被盗用及非法使用印章，可能导致资产损失、法律诉讼或信用损失等方面的风险

表 3-27　乌亥公司整体层面风险清单（资金活动）

一级风险	二级风险
战略风险	投资决策风险
	股权管理风险

（续表）

一级风险	二级风险
财务风险	资金利率风险
	融资管理风险
	信用管理风险
	现金流量风险
市场风险	金融市场风险
营运风险	账户管理风险
法律风险	投资项目法律风险

表 3-28　乌亥公司主要风险成因分析及影响结果示例表（资金活动）

一类风险	二类风险	三类风险	风险成因分析	影响结果分析
资金活动风险				
	投资活动风险			
		投资决策风险	对投资项目的调研不充分；收集的资料不充分；可行性研究报告中对项目前景的预测不准确；决策方法选择不科学；决策人员的专业素质不高；违反规定的决策程序	决策失误，导致投资项目失败，造成重大投资损失；决策失误，导致投资项目失败，影响公司战略规划的实现；决策失误，导致投资项目失败，造成公司形象受损、股票价格下跌

表 3-29　乌亥公司整体层面风险评价表（资金活动）

一类风险	二类风险	风险发生可能性	风险后果的严重程度	风险等级
战略风险	投资决策风险	2.18	4.89	重大
	股权管理风险	2.25	2.46	重要
财务风险	资金利率风险	2.49	1.89	重要
	融资管理风险	2.17	2.77	重要
	信用管理风险	2.02	3.15	重要
	现金流量风险	2.55	3.79	重大
市场风险	金融市场风险	2.24	2.78	重要
营运风险	账户管理风险	1.14	1.88	一般
法律风险	投资项目法律风险	2.88	3.02	重要

表 3-30　乌亥公司风险应对策略分析表（资金活动）

一级风险	二级风险	应对策略
战略风险	投资决策风险	降低
	股权管理风险	降低
财务风险	资金利率风险	接受 / 降低
	融资管理风险	降低 / 分散
	信用管理风险	降低
	现金流量风险	降低
市场风险	金融市场风险	降低 / 分散 / 接受
营运风险	账户管理风险	降低
法律风险	投资项目法律风险	降低

表 3-31　乌亥公司重大风险解决方案示例（资金活动）

一类风险	二类风险	三类风险	应对策略	解决方案
资金活动风险				
	投资活动风险			
		投资决策风险	降低风险	建立和完善公司授权指引； 明确项目前期调研的标准，提高前期调研质量； 强化对投资项目可行性研究报告的审核； 强化投资项目专家组的决策支持功能； 加强投资决策流程中的风险评估工作； 完善决策方法选择，明确投资控制标准（如投资金额、资本结构的控制等）； 完善集体投资决策机制和程序； 加强决策项目的后评价工作，完善评价结果的反馈与应用程序； 积极推进信息化 BI（Business Intelligence，商务智能）系统建设，强化对决策信息的搜集、分析和预测

（四）构建了资金活动内部控制，确定了控制目标及措施，编制了资金活动控制矩阵

经审计，乌亥公司内部控制建设组，在资金活动业务流程描述和风险评估的基础上，构建了资金活动内部控制，确定了控制目标及措施，编制了资金活动控制矩阵，具体如表 3-32 至表 3-41 所示。

表 3-32　乌亥公司资金活动内部控制设计步骤表

设计步骤	简要说明
确定控制点及措施	审计组根据确定的乌亥公司资金活动风险应对策略，确定一般控制点和关键控制点，并对关键控制点提出具体的控制措施
界定控制责任	审计组根据乌亥公司各部门和各岗位职责，明确设置的控制点和控制措施的责任部门和责任岗位，以确保控制措施得到有效的执行
形成控制证据	所有控制措施都必须形成控制证据。审计组在完成控制点、控制措施设置后，针对每项控制措施，明确相应的控制证据
编制控制矩阵	控制设置的各项具体要素，在实务操作中以控制矩阵的方式表现出来，审计组编制了乌亥公司资金活动控制矩阵
绘制控制流程图	控制流程图要标出风险点和关键控制点
修订完善制度	审计组在完成上述控制设置后，对乌亥公司与资金活动相关的管理制度进行梳理，发现管理制度存在缺失的要求乌亥公司进行补充，对现有制度中存在的缺陷提出完善的具体建议，要求乌亥公司进行完善； 乌亥公司根据审计组的建议，补充完善了相关的制度

表 3-33　乌亥公司资金活动方面的关键控制点及控制措施总表（筹资活动）

关键控制点	控制措施要点
岗位分工与授权批准	一是企业应当建立筹资业务的岗位责任制，明确有关部门和岗位的职责、权限，确保办理筹资业务的不相容岗位相互分离、制约和监督。同一部门或个人不得包办筹资业务的全过程。筹资业务的不相容岗位至少包括：筹资方案的拟订与决策；筹资合同或协议的审批与订立；与筹资有关的各种款项偿付的审批与执行；筹资业务的执行与相关会计记录。 二是企业应当配备合格的人员办理筹资业务。办理筹资业务的人员应具备必要的筹资业务专业知识和良好的职业道德，熟悉国家有关法律法规、相关国际惯例及金融业务。 三是企业应当对筹资业务建立严格的授权批准制度，明确授权批准方式、程序和相关控制措施，规定审批人的权限、责任，以及经办人的职责范围和工作要求。 四是企业应当制定筹资业务流程，明确筹资决策、执行、偿付等环节的内部控制要求，并设置相应的记录或凭证，如实记载各环节业务的开展情况，确保筹资全过程得到有效控制。 五是企业应当建立筹资决策、审批过程的书面记录制度，以及有关合同或协议、收款凭证、支付凭证等资料的归档、保存和调用制度，加强对与筹资业务有关的各种文件和凭据的管理，明确相关人员的职责权限

关键控制点	控制措施要点
筹资决策	一是企业应当建立筹资决策环节的控制制度，对筹资方案的拟订设计、筹资决策程序等做出明确规定，确保筹资方式符合成本效益原则，筹资决策科学、合理。 二是企业拟订的筹资方案应当符合国家有关法律法规、政策和企业筹资预算要求，明确筹资规模、筹资用途、筹资结构、筹资方式和筹资对象，并对筹资时机选择、预计筹资成本、潜在筹资风险和具体应对措施，以及偿债计划等做出安排和说明。 三是企业拟订筹资方案，应当考虑企业经营范围、投资项目的未来效益、目标债务结构、可接受的资金成本水平和自己的偿付能力。在境外筹集资金的，还应当考虑筹资所在地的政治、法律、汇率、利率、环保、信息安全等风险及财务风险等因素。 四是企业对重大筹资方案应当进行风险评估，形成评估报告，报董事会或股东大会审批。评估报告应当全面反映评估人员的意见，并由所有评估人员签章。未经风险评估的方案不能进行筹资。企业应当拟订多于一种的筹资方案，综合考虑筹资成本和风险评估等因素，对方案进行比较分析并履行相应的审批程序后，确定最终的筹资方案。 五是企业对于重大筹资方案，应当实行集体决策审批或者联签制度。决策过程应有完整的书面记录。企业筹资方案需经国家有关管理部门或上级主管单位批准的，应及时报请批准。 六是企业应当建立筹资决策责任追究制度，明确相关部门及人员的责任，定期或不定期地进行检查
筹资执行	一是企业应当建立筹资执行环节的控制制度，对筹资合同或协议的订立与审核、资产的收取等做出明确规定。 二是企业应当根据经批准的筹资方案，按照规定程序与筹资对象、与中介机构订立筹资合同或协议。企业相关部门或人员应当对筹资合同或协议的合法性、合理性、完整性进行审核，审核情况和意见应有完整的书面记录。筹资合同或协议的订立应当符合《民法典》及其他相关法律法规的规定，并经企业有关授权人员批准。重大筹资合同或协议的订立，应当征询法律顾问或专家的意见。企业通过证券经营机构承销或包销企业债券或股票的，应当选择具备规定资质和资信良好的证券经营机构，并与该机构签订正式的承销或包销合同或协议。企业变更筹资合同或协议，应当按照原审批程序进行。 三是企业应当按照筹资合同或协议的约定及时足额取得相关资产。企业取得货币性资产，应当按实有数额及时入账。企业取得非货币性资产，应当根据合理确定的价值及时进行会计记录，并办理有关财产转移手续。对需要进行评估的资产，应当聘请有资质的中介机构及时进行评估。 四是企业应当加强对筹资费用的计算、核对工作，确保筹资费用符合筹资合同或协议的规定。企业应当结合偿债能力、资金结构等，保持合理的现金流量，确保及时、足额偿还到期本金、利息或已宣告发放的现金股利等。 五是企业应当按照筹资方案所规定的用途使用筹集的资金。由于市场环境变化等特殊情况导致确需改变资金用途的，应当履行审批手续，并对审批过程进行完整的书面记录。严禁擅自改变资金用途。企业应建立符合筹资合同或协议条款的控制制度，其中应包括预算不符合条款要求的预警和调整制度。国家法律、行政法规或者监管协议规定应当披露的筹资业务，企业应及时予以公告和披露

（续表）

关键控制点	控制措施要点
筹资偿付	一是企业应当建立筹资偿付环节的控制制度，对支付偿还本金、利息、租金、股利（利润）等步骤，以及偿付形式等做出计划和预算安排，并正确计算、核对，确保各项款项偿付符合筹资合同或协议的规定。 二是企业应当指定财会部门严格按照筹资合同或协议规定的本金、利率、期限及币种计算利息和租金，经有关人员审核确认后，与债权人进行核对。本金与应付利息必须和债权人定期对账。如有不符，应查明原因，并按规定及时处理。 三是企业支付筹资利息、股息、租金等，应当履行审批手续，经授权人员批准后方可支付。企业通过向银行等金融机构举借债务筹资，其利息的支付方式也可按照双方在合同或协议中约定的方式办理。 四是企业委托代理机构对外支付债券利息，应清点、核对代理机构的利息支付清单，并及时取得有关凭据。 五是企业应当按照股利（利润）分配方案发放股利（利润），股利（利润）分配方案应当按照企业章程或有关规定，按权限审批。企业委托代理机构支付股利（利润），应清点、核对代理机构的股利（利润）支付清单，并及时取得有关凭据。 六是企业以非货币资产偿付本金、利息、租金或支付股利（利润）时，应当由相关机构或人员合理确定其价值，并报授权批准部门批准，必要时可委托具有相应资质的中介机构进行评估。 七是企业财会部门在办理筹资业务款项偿付过程中，发现已审批拟偿付的各种款项的支付方式、金额或币种等与有关合同或协议不符的，应当拒绝支付并及时向有关部门报告，有关部门应当及时查明原因，并做出处理。 八是企业以抵押、质押方式筹资时，应当对抵押物资进行登记。业务终结后，应当对抵押或质押资产进行清理、结算、收缴，及时注销有关担保内容。 九是企业以融资租赁形式筹资，其内部控制应当参照本规范执行。 十是企业筹资业务的会计处理，应当符合国家统一的会计准则制度的规定

表 3-34　乌亥公司资金活动方面的关键控制点及控制措施总表（投资活动）

关键控制点	控制措施要点
岗位分工与授权批准	一是企业应当建立投资业务的岗位责任制，明确相关部门和岗位的职责权限，确保办理投资业务的不相容岗位相互分离、制约和监督。投资业务不相容岗位至少应当包括：投资项目的可行性研究与评估；投资的决策与执行；投资处置的审批与执行；投资绩效评估与执行。 二是企业应当配备合格的人员办理对外投资业务。办理对外投资业务的人员应当具备良好的职业道德，具备金融、投资、财会、法律等方面的专业知识。 三是企业应当建立投资授权制度和审核批准制度，并按照规定的权限和程序办理投资业务。 四是企业应当根据投资类型制定相应的业务流程，明确投资中主要业务环节的责任人员、风险点和控制措施等。企业应当设置相应的记录或凭证，如实记载投资业务各环节的开展情况。企业应当明确各种与投资业务相关文件资料的取得、归档、保存、调阅等各个环节的管理规定及相关人员的职责权限

（续表）

关键控制点	控制措施要点
投资可行性研究、评估与决策控制	企业投资项目建议书和可行性研究报告的内容应当真实可靠，支持投资建议和可行性的依据与理由应当充分恰当，投资合同或协议的签订应当征求法律顾问的意见。具体控制政策和措施包括以下几点。 一是企业应当加强投资可行性研究、评估与决策环节的控制，对投资项目建议书的提出、可行性研究、评估、决策等做出明确规定，确保投资决策合法、科学、合理。企业因发展战略需要，在原投资基础上追加投资的，仍应严格履行控制程序。 二是企业应当编制投资项目建议书，由相关部门或人员对投资项目进行分析与论证，对被投资企业资信情况进行尽职调查或实地考察，并关注被投资企业管理层或实际控制人的能力、资信等情况。投资项目如有其他投资者，应当根据情况对其他投资者的资信情况进行了解或调查。 三是企业应当由相关部门或人员，或委托具有相应资质的专业机构对投资项目进行可行性研究，编制可行性研究报告，重点对投资项目的目标、投资规模、投资方式、投资的风险与收益等做出评价。 四是企业应当由相关部门或人员，或委托具有相应资质的专业机构对可行性研究报告进行独立评估，形成评估报告。对重大投资项目，必须委托具有相应资质的专业机构对可行性研究报告进行独立评估。 五是企业应当根据经股东大会（或者企业章程规定的类似权力机构）批准的年度投资计划，按照职责分工和审批权限，对投资项目进行决策审批。重大的投资项目，应当根据公司章程及相应权限报经股东大会或董事会（或者企业章程规定的类似决策机构）批准。企业可以设立投资审查委员会或者类似机构，对达到一定标准的投资项目进行初审。 六是在初审过程中，应当审查以下内容：拟投资项目是否符合国家有关法律法规和相关调控政策，是否符合企业主业发展方向和投资的总体要求，是否有利于企业的长远发展；拟订的投资方案是否可行，主要的风险是否可控，是否采取了相应的防范措施；企业是否具有相应的资金能力和项目监管能力；拟投资项目的预计经营目标、收益目标等是否能够实现，企业的投资利益能否确保，所投入的资金能否按时收回。只有初审通过的投资项目，才能提交上一级管理机构和人员进行审批。 七是企业集团根据企业章程和有关规定对所属企业投资项目进行审批时，应当采取总额控制等措施，防止所属企业分拆投资项目，逃避更为严格的授权审批的行为
投资执行控制	一是企业应当制定投资实施方案，明确出资时间、金额、出资方式及责任人员等内容。投资实施方案及方案的变更，应当重新履行审批程序。 二是企业应当指定专门的部门或人员对投资项目进行跟踪管理，掌握被投资企业的财务状况、经营情况和现金流量，定期组织投资质量分析，发现异常情况，应当及时向有关部门和人员报告，并采取相应措施。企业可以根据管理需要和有关规定向被投资企业派出董事、监事、财务负责人或其他管理人员。 三是企业应当针对派驻被投资企业的有关人员建立适时报告、业绩考评与轮岗制度。 四是企业应当加强投资收益的控制，按照国家统一的会计准则制度对投资收益进行核算。对于被投资单位以股票形式发放的股利，应及时更新账面股份数量。 五是企业应当加强投资有关权益证书的管理，指定专门部门或人员保管权益证书，建立详细的记录。未经授权人员不得接触权益证书。财务部门应当定期和不定期地与投资管理部门和人员清点核对有关权益证书。被投资企业股权结构等发生变化的，企业应当取得被投资企业的相关文件，及时办理相关产权变更手续，反映股权变更对本企业的影响。 六是企业应设置投资备查登记簿，记载被投资企业基本情况、动态信息，取得投资时被投资企业各项资产、负债的公允价值信息，历年与被投资单位发生的关联交易情况、发放股票股利情况等。 七是企业应当定期和不定期地与被投资企业核对有关投资账目，保证投资的安全、完整。 八是企业应当加强对投资项目减值情况的定期检查和归口管理，减值准备的计提标准和审批程序按照企业资产减值内部控制的有关规定执行

（续表）

关键控制点	控制措施要点
投资处置控制	一是企业应当加强投资处置环节的控制，对投资收回、转让、核销等的决策和授权批准程序做出明确规定。 二是投资的收回、转让与核销，应当按规定权限和程序进行审批，并履行相关审批手续。对应收回的投资资产，要及时足额收取。转让投资，应当由相关机构或人员合理确定转让价格，并报授权批准部门批准；必要时可委托具有相应资质的专门机构进行评估。核销投资，应当取得因被投资企业破产等不能收回投资的法律文书和证明文件。 三是企业应当认真审核与投资处置有关的审批文件、会议记录、资产回收清单等相关资料，确保资产处置真实、合法。 四是企业应当建立投资项目后续跟踪评价管理制度，对企业的重要投资项目和所属企业超过一定标准的投资项目，有重点地开展后续跟踪评价工作，并作为进行投资奖励和责任追究的基本依据

表 3-35　乌亥公司资金活动方面的关键控制点及控制措施总表（营运活动）

关键控制点	控制措施要点
岗位分工与授权批准	资金业务的不相容岗位至少应当包括：资金支付的审批与执行；资金的保管、记录与盘点清查；资金的会计记录与审计监督；出纳人员不得兼任稽核、会计档案保管和收入、支出、费用、债权债务账目的登记工作。 企业应当配备合格的人员办理资金业务，并结合企业的实际情况，让办理资金业务的人员定期进行岗位轮换。企业关键财会岗位可以实行强制休假制度，并在最长不超过 5 年的时间内进行岗位轮换。实行岗位轮换的关键财会岗位由企业根据实际情况确定并在内部公布。企业应当建立资金授权制度和审核批准制度，并按照规定的权限和程序办理资金支付业务。 支付申请。企业有关部门或个人用款时，应当提前向经授权的审批人提交资金支付申请，注明款项的用途、金额、预算、限额、支付方式等内容，并附有效经济合同或协议、原始单据或相关证明。 支付审批。审批人根据其职责、权限和相应程序对支付申请进行审批。对不符合规定的资金支付申请，审批人应当拒绝批准，性质或金额重大的，还应及时报告有关部门。 支付复核。复核人应当对批准后的资金支付申请进行复核，复核资金支付申请的批准范围、权限、程序是否正确，手续及相关单证是否齐备，金额计算是否准确，支付方式、支付企业是否妥当等等。复核无误后，交由出纳人员等相关负责人员办理支付手续。 办理支付。出纳人员应当根据复核无误的支付申请，按规定办理资金支付手续，及时登记现金和银行存款日记账。 严禁未经授权的部门或人员办理资金业务或直接接触资金

（续表）

关键控制点	控制措施要点
现金和银行存款的控制	现金、银行存款的管理应当合法合规，银行账户的开立、审批、使用、核对、清理严格有效，现金盘点和银行对账单的核对应当按规定严格执行。具体的控制政策和措施包括以下内容。 一是企业应当加强现金库存限额的管理，超过库存限额的现金应当及时存入开户银行。 二是企业应当根据《现金管理暂行条例》的规定，结合本企业的实际情况，确定本企业的现金开支范围和现金支付限额。不属于现金开支范围或超过现金开支限额的业务应当通过银行办理转账结算。 三是企业现金收入应当及时存入银行，不得坐支现金。企业借出款项必须执行严格的审核批准程序，严禁擅自挪用、借出货币资金。 四是企业取得的货币资金收入必须及时入账，不得账外设账，严禁收款不入账。有条件的企业，可以实行收支两条线和集中收付制度，加强对货币资金的集中统一管理。 五是企业应当严格按照《支付结算办法》等国家有关规定，加强对银行账户的管理，严格按照规定开立账户，办理存款、取款和结算。银行账户的开立应当符合企业经营管理实际需要，不得随意开立多个账户，禁止企业内设管理部门自行开立银行账户。企业应当定期检查、清理银行账户的开立及使用情况，发现未经审批擅自开立银行账户或者不按规定及时清理、撤销银行账户等问题，应当及时处理并追究有关责任人的责任。企业应当加强对银行结算凭证的填制、传递及保管等环节的管理与控制。 六是企业应当严格遵守银行结算纪律，不得签发没有资金保证的票据或远期支票，套取银行信用；不得签发、取得和转让没有真实交易和债权债务的票据；不得无理拒绝付款，任意占用他人资金；不得违反规定开立和使用银行账户。 七是企业应当指定专人定期核对银行账户，每月至少核对一次，编制银行存款余额调节表，并指派对账人员以外的其他人员进行审核，确定银行存款账面余额与银行对账单余额是否调节相符。如调节不符，应当查明原因，及时处理。 八是企业应当加强对银行对账单的稽核和管理。出纳人员一般不得同时从事银行对账单的获取、银行存款余额调节表的编制等工作。确需出纳人员办理上述工作的，应当指定其他人员定期进行审核、监督。 九是以网上交易、电子支付等方式办理资金支付业务的企业，应当与承办银行签订网上银行操作协议，明确双方在资金安全方面的责任与义务、交易范围等。操作人员应当根据操作授权和密码进行规范操作。使用网上交易、电子支付方式的企业办理资金支付业务，不应因支付方式的改变而随意简化、变更支付货币资金所必需的授权批准程序。企业在严格实行网上交易、电子支付操作人员不相容岗位相互分离控制的同时，应当配备专人加强对交易和支付行为的审核。 十是企业应当定期和不定期地进行现金盘点，确保现金账面余额与实际库存相符。发现不符，及时查明原因，并做出处理。 十一是企业应当按照国家统一的会计准则制度的规定对现金、银行存款和其他货币资金进行核算和报告

（续表）

关键控制点	控制措施要点
票据及有关印章的管理	票据的购买、保管、使用、销毁等应当有完整记录，银行预留印鉴和有关印章的管理应当严格有效。具体的控制政策和措施包括以下内容。 一是企业应当加强与资金相关的票据的管理，明确各种票据的购买、保管、领用、背书转让、注销等环节的职责权限和处理程序，并专设登记簿进行记录，防止空白票据的遗失和被盗用。 二是企业因填写、开具失误或者其他原因导致作废的法定票据，应当按规定予以保存，不得随意处置或销毁。对超过法定保管期限、可以销毁的票据，在履行审核批准手续后进行销毁，但应当建立销毁清册并由授权人员监销。 三是企业应当设立专门的账簿对票据的转交进行登记；对收取的重要票据，应留有复印件并妥善保管；不得跳号开具票据，不得随意开具印章齐全的空白支票。 四是企业应当加强银行预留印鉴的管理。财务专用章应当由专人保管，个人名章应当由本人或其授权人员保管，不得由同一人保管支付款项所需的全部印章。 五是按规定需要由有关负责人签字或盖章的经济业务与事项，必须严格履行签字或盖章手续，用章必须履行相关的审批手续并进行登记

表 3-36　乌亥公司资金活动控制岗位及其责任表

控制岗位	岗位责任
总经理	制定公司开户的政策、程序并进行适当的授权； 审批有关资金管理制度； 审批现金、银行存款的支付申请
财务总监	审核有关资金管理制度； 批准银行开户，与金融机构接洽； 在权限范围内审批现金数目
财务部经理	组织制定有关资金管理制度； 在权限范围内审批现金数目； 负责与金融机构进行接洽； 指导、协调资金管理工作； 抽查现金盘点表、支票登记本、银行存款余额调节表等资金管理表单
资金主管	制定相关的资金管理制度； 办理银行开户、撤销等工作； 复核现金盘点表、银行存款余额调节表、部门及个人用款申请、现金记录和支票登记簿等
资金专员	盘点现金，填制现金盘点表； 核对银行存款对账单，编制银行存款余额调节表； 办理部门及个人用款申请手续； 银行预留印鉴和有关印章的保管； 各种记账凭证、报表文件的整理、归档
出纳	填制银行日记账和现金日记账； 保管现金，控制现金数目； 按规定办理部门及个人用款支付，开出支票并进行登记； 定期与总账核对银行现金日记账； 购买、保管空白收据、支票等票据

（续表）

控制岗位	岗位责任
会计	编制记账凭证； 填制资金总账； 审核业务经办人取得或填制的原始凭证
审计	审核资金日记账、资金总账及资金办理手续等； 定期盘点库存资金，监督资金使用情况
各部门管理	提出部门用款申请； 授权范围内审批部门个人用款申请

表 3-37　乌亥公司资金活动控制证据表

末级流程	控制证据
筹资活动	乌亥公司资金预算 乌亥公司长期融资计划 乌亥公司年度短期融资控制规模建议 乌亥公司月度资金预算 乌亥公司月度融资计划 乌亥公司月度、年度筹资分析 乌亥公司月度筹资检查 乌亥公司年度筹资考核 乌亥公司授信额度协议 乌亥公司财务部借款（融资租赁）内部分割协议 乌亥公司银行借款（融资租赁）合同／协议 乌亥公司银行承兑汇票协议
投资活动	乌亥公司投资项目明细账表 乌亥公司投资管理台账 乌亥公司投资项目清查表 乌亥公司长期不良投资处置审批单 乌亥公司股权评估报告
资金活动	乌亥公司现金盘点表 乌亥公司银行对账单 乌亥公司银行存款余额调节表 乌亥公司资金支付申请 乌亥公司往来余额对账单 乌亥公司票据使用登记簿 乌亥公司月度货币资金分析 乌亥公司年度货币资金分析 乌亥公司月度货币资金检查 乌亥公司年度货币资金考核

表 3-38   乌亥公司资金活动控制证据（银行对账单）

账号：   户名：   上期余额：

日期	交易类型	凭证种类	凭证号	对方户名	摘要	借方发生额	贷方发生额	余额	记账信息

截止日期：   账户余额：   保留余额：   冻结余额：   可用余额：

表 3-39   零星费用支付申请表

申请项目		申请日期	
费用科目		成本归属代号	
领用金额		领用部门	
申请说明			
领用人		部门经理		财务总监	

表 3-40   项目经费支付申请表

单位：元

项目名称					
所属专项					
合同编号					
收款人开户名称					
收款人银行账号					
收款人开户银行					
合同总额		已付款金额			
第1笔支付	第2笔支付	第3笔支付	第4笔支付	第5笔支付	
本次支付		付款时间			
支付信息（财务部填写）					
项目部经理签字		日期	___年___月___日		
经办人签字		日期	___年___月___日		
会计签字		日期	___年___月___日		
出纳签字		付款日期	___年___月___日		

表 3-41　乌亥公司资金活动控制矩阵示意表

流程名称	控制点编号	控制目标	风险点	控制措施	执行部门和岗位	控制证据	预防性/检查性控制	控制种类	控制行为出现的频率	适用的IT系统	是否为关键控制
投资退出	1.1	保证投资在适宜条件下合理处置	投资处置或不合理不合时宜	公司分管领导审核股权投资处置专项报告，重点包括选择处置时机原因是否充分、付款条件是否合理、股权处置价格是否合理等	公司分管领导	股权投资处置专项报告				无	否
	1.2			总经理办公会审核投资处置方案，重点包括选择处置时机原因是否充分、股权处置受让方选择意向是否明确、股权处置价格是否合理等	总经理办公会	股权投资处置专项报告、会议纪要				无	是
	1.3			董事长审核投资处置方案，重点包括选择处置时机原因是否明确、股权受让方、股权处置价格是否合理等	董事长	股权投资处置议案	预防性控制	人工控制	偶尔	无	否
	1.4			按照《A公司对外投资管理办法》中的审批权限上报总公司董事会、股东大会，股东大会审批投资处置方案，重点包括选择处置时机原因是否充分、股权受让方选择意向是否明确、股权处置价格是否合理等	董事会、股东大会	股权投资处置议案、决议				无	是
	1.5			公司有关领导审阅股权投资处置报告，重点包括选择处置时机原因是否充分、股权受让方选择意向是否明确、股权处置价格是否合理等	公司有关领导	股权投资处置报告	检查性控制			无	是

第 4 章

采购业务内部控制审计
实务及案例

第 1 节　基本概念

采购是指购买物资（或接受劳务）及支付款项等相关活动。采购业务是指组织在一定的条件下从供应市场获取产品或服务作为组织资源，以保证生产及经营活动正常开展的一项经营活动。

一般来说，采购业务主要是指外购商品并支付价款的行为。审计界一般将采购与付款循环按照业务处理流程划分为请购、订购、验收、储存、退货和折让、付款凭单、记录负债、付款八个控制环节。此循环涉及的会计报表项目包括应付账款、应付票据、预付账款、其他应付款等。针对每一个控制环节，提出相应的控制要点，并列示所影响的认定和相应的会计科目：预付账款、固定资产、累计折旧、在建工程、工程物资、固定资产清理、待处理固定资产净损失、应付票据和应付账款等。

采购业务往往是组织经营管理中薄弱的一环，容易滋生暗箱操作、以权谋私、弄虚作假、舍贱求贵、以次充好、收受回扣等风险；容易"跑、冒、滴、漏"，积压浪费。采购与付款循环相关的资产和负债在企业的总资产和负债中占有相当的比重，在管理上也存在一定的难度。因此，通过对采购与付款全过程的监控，加强对物资采购业务的内部控制，对促进组织合理采购、满足生产经营需要、防范采购风险具有重要意义。

采购业务内部控制审计，就是对被审计单位采购业务内部控制设计与运行的有效性的审查和评价活动，对促使被审计单位加强采购业务内部控制建设、防范采购业务风险具有重要意义。

第2节　内容和要点

一般认为采购业务内部控制审计的内容和要点包括以下几点。

一是采购策略和政策的审计，评估企业采购策略和政策的制定和实施情况，包括采购目标和指标的设定、供应商选择和评估，以确保采购活动的合规性和有效性。

二是采购流程的审计，评估企业的采购流程的规范和监控措施，包括采购需求的提出和审批、采购合同的签订和履行，以确保采购活动的合规性和有效性。

三是采购风险管理的审计，评估企业的采购风险管理体系和控制措施，包括采购风险的识别、评估和应对，以确保采购活动的合规性和有效性。

我们认为采购业务内部控制审计内容，因审计组织、审计要求及审计方式的不同而不同。采购业务内部控制审计的重点是检查企业是否在采购与付款业务中存在不相容岗位混岗的现象，对不相容职务是否真正做到了分离；检查企业的重大采购与付款的授权批准手续是否健全，是否存在越权审批行为；检查应付账款和预付账款形成及支付的正确性、时效性、合法性，检查单位有无利用这些账户从事不法活动；检查采购与付款业务中产生的各种单据、凭证和文件的登记、领用、传递、保管、注销手续是否齐全，使用和保管制度是否存在漏洞。

第3节　程序和方法

一般认为采购业务内部控制审计的程序和方法包括以下内容。

一是采购策略和政策分析与评估。对企业采购策略和政策进行分析与评估，了解其制定和实施情况，以确保采购活动的合规性和有效性。

二是采购流程的审计追踪。对企业采购流程的实施情况进行审计追踪，了解采购需求的提出和审批情况、采购合同的签订和履行情况，以确保采购活动的合规性和有效性。

三是采购风险管理的审计追踪。对企业采购风险管理体系和控制措施的实施情况进行审计追踪，了解采购风险的识别、评估和应对情况，以确保采购活动的合规性和有效性。

我们认为采购业务内部控制审计一般程序包括采购业务内部控制有效性调查了解、初步评价、风险评估、控制测试、评价缺陷、审计评价、形成意见等。

一、调查了解

调查了解，就是调查了解采购业务内部控制设计和运行的基本情况，是采购业务内部控制审计实施阶段的首要环节。

采购业务调查了解这项工作是在内部控制审计总体工作的准备阶段的基础上进行的，涉及具体内容很多，也因单位的不同而不同。

对采购业务内部控制调查了解的方法有文字叙述法、调查表法、流程图法、控制矩阵法等。这些方法各有其特点，经常综合运用。

在实际审计工作中，为提高采购业务内部控制审计效率，调查了解工作应同采购业务现场测试工作一并进行，不宜为满足调查需求而走形式。

二、风险评估

按照风险导向审计理论，审计人员进行采购业务内部控制审计应当以风险评估为基础，选择拟测试的控制，确定测试所需要收集的证据。

（一）采购业务风险识别

评估采购业务风险，首先要把采购业务具体风险识别出来，然后整理出整体层面的风险。采购业务具体风险是多种多样的，也因组织的不同而不同。按照《企业内部控制应用指引第 7 号——采购业务》的要求，在评估采购业务风险时，评估人员至少应当关注以下风险：采购计划安排不合理，市场变化趋势预测不准确，造成库存短缺或积压，可能导致企业生产停滞或资源浪费，供应商选择不当，采购方式不合理，招投标或定价机制不科学，授权审批不规范，可能导致采购物资质次价高，出现舞弊或遭受欺诈，采购验收不规范，付款审核不严，可能导致采购物资、资金损失或信用受损。

> 【案例分享】
>
> 从我们长期从事内部控制审计的实践来看，采购业务中至少存在以下风险。
>
> * 物资采购计划风险管理应关注的风险领域，包括：采购计划程序失控；采购计划依据不当；采购计划分解不到位；采购计划执行不彻底；采购计划与其他计划不协调。
> * 采购价格申报风险管理应关注的风险领域，包括：价格标准失控；价格信息系统无效和低效；采购效率降低；价格审查形式化；价格组成内容单一化；串通作弊风险。
> * 采购合同风险管理应关注的风险领域，包括：盲目签订采购合同风险；合

同无效风险；合同条款不利风险；合同档案管理混乱风险；合同违约风险。
- 物资采购计划执行情况风险管理应关注的风险领域，包括：采购方式和供货商改变；价格失控；质量检验失控；计量不实；保管低效；票据失真；付款提前或滞后；付款不实；违规结算风险；等等。

在采购业务内部控制构建与实施过程中，组织应根据内部控制应用指引中有关采购业务风险的提示，结合采购业务的实际情况，识别并具体描述采购业务方面存在的风险，以便完善采购业务的内部控制，有效地控制采购业务风险。采购业务具体风险描述因所识别风险的不同而不同，将具体采购业务风险与采购业务流程结合是个比较好的做法。

（二）采购业务风险分析

采购业务风险分析的内容很多，一般应从成因和结果两个方面进行采购业务风险分析，并编制采购业务风险分析表。

（三）采购业务风险评价

采购业务风险评价应从可能性和影响程度两个维度进行，根据评价结果进行风险排序、划分风险等级，并编制采购业务风险评价表。

（四）采购业务风险应对

采购业务风险应对是根据风险评价的结果，针对不同等级风险选择采购业务风险应对策略的过程。针对不同等级的采购业务风险采取的应对策略不一样，一般有规避、降低、转移、接受等策略。不论选择哪种策略应对采购业务风险，都需要编制采购业务风险应对表。

（五）构建采购业务风险数据库或绘制风险图谱

依据采购业务风险评估的结果构建采购业务层面的风险数据库或绘制风险图谱。采购业务层面数据基本要素包括业务流程、风险描述、风险分析、风险排序、应对策略、剩余风险等，也可以加上内部控制设计完成后的控制措施、控制部门或岗位等。风险图谱一般适用于整体层面的风险描述。

三、控制测试

采购业务内部控制测试，就是审计人员现场测试采购业务内部控制设计和运行的有效性。

对采购业务内部控制设计有效性进行测试时，审计人员应当综合运用询问适当人员、观察经营活动和检查相关文件等程序。

对采购业务内部控制运行有效性进行测试时，审计人员应当综合运用询问适当人员、观察经营活动、检查相关文件及重新执行控制等程序。

在审计实践中，审计人员对采购业务内部控制设计有效性和运行有效性是一并进行测试的，测试重点是采购业务关键控制。

（一）采购业务关键控制

组织在构建与实施采购业务内部控制过程中，要针对采购业务风险评估的结果，确定采购业务的一般控制点和关键控制点，并编制采购业务控制要点表。确定采购业务的一般控制点和关键控制点是很困难的事，要根据组织的实际情况确定，也因人们的专业判断的不同而不同。一般来说，采购业务的关键控制点至少应当包括请购、审批、购买、验收、付款等环节。根据《企业内部控制应用指引第 7 号——采购业务》的要求，采购业务流程主要涉及编制需求计划和采购计划、请购、选择供应商、确定采购价格、订立框架协议或采购合同、管理供应过程、验收、退货、付款、会计控制等基本流程。当然，采购业务的关键控制点并不是越多越好。

（二）采购业务控制目标

采购业务控制目标，就是要保证采购业务合法、安全、有效、可靠，从而有效控制可能发生的采购计划安排不合理，市场变化趋势预测不准确，造成库存短缺或积压，可能导致企业生产停滞或资源浪费；供应商选择不当，采购方式不合理，招投标或定价机制不科学，授权审批不规范，可能导致采购物资质次价高，出现舞弊或遭受欺诈；采购验收不规范，付款审核不严，可能导致采购物资、资金损失或信用受损等方面的风险。在实际工作中，采购业务控制目标应根据识别出来的采购业务可能存在的具体风险来确定，不能固定化、模式化。一般来说，采购业务控制目标包括：规范实物资产管理，杜绝舞弊发生；安全、科学地保管使用实物资产，防止发生非正常减损；物资储存科学、合理，防止损失浪费；保证采购业务符合国家法律法规；等等。

（三）采购业务控制措施

组织在构建与实施采购业务内部控制过程中，要强化对采购业务控制点，尤其是关键控制点的风险控制，并采取相应的控制措施。采购业务控制措施要与采购业务相融合，嵌入采购业务流程当中。按照企业内部控制应用指引的要求，企业应当结合实际情况，全面梳理采购业务流程，完善采购业务相关管理制度，统筹安排采购计划，明确请购、审批、购买、验收、付款、采购后评估等环节的职责和审批权限，按照规定的审批权限和程序办理采购业务，建立价格监督机制，定期检查和评价采购过程中的薄弱环节，采取有效控制措施，确保物资采购满足企业生产经营需要。

（四）采购业务控制证据

为了采购业务控制制度能够有效实施，组织需要制定必要的表单，为采购业务过程留下控制证据。采购业务相关表单很多，包括物资采购申请单、采购计划、采购合同、价格申报单、采购发票、运费单、检验报告单、入库单、退货单、付款凭单、转账凭证、应付账款明细账、材料采购明细账、对账单等。

（五）采购业务控制制度

建立采购业务控制制度不是独立建立一套新的制度，而是将内部控制思想嵌入采购业务控制制度中去。采购业务控制制度到底制定多少个，内容到底包括哪些，这因组织的不同而不同。从务实的角度考虑，采购业务控制制度不是越多越好，可制定一个统一的采购业务控制制度，内容至少应明确请购、审批、购买、验收、付款等环节的职责和审批权限。从内部控制视角看，针对控制点制定相应的控制制度是中天恒多年咨询经验的总结。

1. 采购岗位责任制度

组织应当结合实际情况，明确请购、审批、购买、验收、付款等环节的职责和审批权限。组织应当建立采购业务的岗位责任制，明确相关部门和岗位的职责、权限，确保办理采购业务的不相容岗位相互分离、制约和监督。组织采购业务的不相容岗位至少包括：请购与审批；供应商的选择与审批；采购合同或协议的拟订与审批；采购、验收与相关记录；付款的申请、审批与执行。组织可以根据具体情况让办理采购业务的人员定期进行岗位轮换，防范采购人员利用职权和工作便利收受商业贿赂、损害企业利益的风险。组织应当配备合格的人员办理采购与付款业务，办理采购与付款业务的人员应当具备良好的业务素质和职业道德。

2. 采购授权批准制度

授权审批控制主要包括请购申请审核、采购合同的授权审批、支付货款的审批等。组织应当建立采购业务的授权制度和审核批准制度，并按照规定的权限和程序办理采购业务。有条件的企业或企业集团，采购职责权限应当尽量集中，以提高采购效率，弥补管理漏洞，降低成本和费用。采购授权批准制度至少应明确以下内容。

- 明确审批人对采购业务的授权审批方式、权限、程序、责任和相关的控制措施，规定经办人办理采购业务的职责范围和工作要求。
- 审批人应当根据采购业务授权批准制度的规定，在授权范围内进行审批，不得超越审批权限。
- 经办人员应当在职责范围内，按照审批人的批准意见办理采购业务。对于审批人超越授权范围审批的采购业务，经办人有权拒绝办理，并及时向审批人的上级授权部门报告。对于重要的和技术性较强的采购与付款业务，应当组织专家进行论证，实行集体决策和审批，防止出现决策失误而造成严重损失。严禁未经授权的机构或人员办理采购业务。

- 应当按照请购、审批、采购、验收、付款等规定的程序办理采购业务，并在采购各环节中建立完整的采购登记制度，设置相关的记录，填制相应的凭证，加强请购手续、采购订单（或采购合同）、验收入库凭证、采购发票等文件和凭证的相互核对工作。

- 对购货订单的控制主要从以下三个方面进行：①预先对每份订单进行编号，以确保订单日后能够被完整地保存和对所有的购货订单进行会计处理；②在向供应商发出购货订单之前，必须由专人检查该订单是否经过授权人签字，是否以经请购部门主管批准的请购单为依据，以确保购货订单的有效性；③由独立人员复查购货订单的编制过程和内容，包括复查请购单上摘录的资料、价格、数量和金额的计算等。

3. 采购申请制度

组织应当依据购置商品或劳务的类型，确定归口管理部门，授予相应的请购权，并明确相关部门或人员的职责权限及相应的请购程序。采购需求应当与生产经营计划相适应，具有必要性和经济性。请购部门提出的采购需求，应当明确采购类别、质量等级、规格、数量、相关要求和标准、到货时间等。一个组织可以有若干不同的请购制度。

4. 请购审批制度

组织应当建立严格的请购审批制度。对于超预算和预算外采购项目，应当明确审批权限，由审批人根据其职责、权限及企业实际需要对请购申请进行审批。

5. 供应商评价制度

组织应当建立供应商评价制度，由采购部门、请购部门、生产部门、财会部门、仓储部门等相关部门共同对供应商进行评价，包括对所购商品的质量、价格、交货及时性、付款条件及供应商的资质、经营状况等进行综合评价，并根据评价结果对供应商进行调整。组织应当对紧急、小额零星采购的范围、供应商的选择做出明确规定。

6. 采购招投标制度

组织应当成立由管理层，以及来自采购、请购、生产、财会、内审、法律等部门的负责人组成的采购价格委员会，明确采购价格形成机制。大宗商品或劳务采购等必须采用招投标方式确定采购价格，并明确招投标的范围、标准、实施程序和评标规则。其他商品或劳务的采购，应当根据市场行情制定最高采购限价，不得以高于最高采购限价的价格采购。以低于最高采购限价进行采购的，应以适当方式予以奖励。组织应根据市场行情的变化适时调整最高采购限价。委托中介机构进行招投标的，应当加强对中介机构的监督。

7. 采购登记制度

组织应当按照请购、审批、采购、验收、付款等规定的程序办理采购业务，并在采购与付款各环节设置相关的记录、填制相应的凭证，建立完整的采购登记制度，加强请购手续、采购订单、采购合同或协议、验收证明、入库凭证、采购发票等文件和凭证的相互核对工作。对验收过程中发现的异常情况，负责验收的部门或人员应当立即向有关部门报告；有关部门应当查明原因，及时处理。

8.退货制度

组织应当建立退货管理制度，对退货条件、退货手续、货物出库、退货货款收回等做出明确规定，及时收回退货货款。

（六）采购业务控制矩阵

采购业务控制矩阵是对采购业务流程图中风险点、控制措施和控制证据等的详细说明与描述，是采购业务内部控制设计结果的集中体现，也是内部控制管理手册的重要组成部分。

第 4 节　实务案例

20××年4月15日至5月10日，乌亥集团内审部委托中天恒会计师事务所（以下简称"中天恒"），组成联合内部控制审计组（以下简称"审计组"），《企业内部控制基本规范》《企业内部控制应用指引第7号——采购业务》等有关规定，对乌亥公司采购业务内部控制进行了审计。其审计程序如表4-1所示。

表4-1　乌亥公司采购业务内部控制审计程序

被审计单位名称	乌亥公司	被审计单位编码	001	索引编号	O	页次	1
业务流程名称	采购业务	业务流程编号	07	审计人	胡××	审计时间	20××/4/15
审计期间	上年度	截止日期	20××/12/31	复核人	冯××	复核时间	20××/5/10

序号	审计程序	细分程序	执行情况说明	工作底稿索引号
1	调查了解	采购业务内部控制有效性调查了解		A
2	初步评价	采购业务内部控制初步评价		B
3	风险评估	采购业务内部控制风险评估		C
4	控制测试	采购业务内部控制有效性测试		D
5	评价缺陷	采购业务内部控制缺陷评价		E
6	审计评价	采购业务内部控制审计评价		F
7	形成意见	采购业务内部控制审计结果汇总		H
说明	1.每一个审计程序可细分为若干具体程序； 2.上述审计程序可结合进行，以提高审计工作效率； 3.在执行每一步骤后，应填写"执行情况说明"一栏			

一、调查了解

审计组从乌亥公司的购买、付款两个维度设计了采购业务内部控制情况调查问卷，具体如表 4-2、表 4-3 所示。

表 4-2　乌亥公司购买业务内部控制调查问卷

被审计单位名称	乌亥公司	被审计单位编码	001	索引编号	A-1	页次	1
业务流程名称	购买业务	业务流程编号	07.01	审计人	李××	审计时间	20××/4/16
审计期间	上年度	截止日期	20××/12/31	复核人	刘××	复核时间	20××/4/23

控制要点	调查内容	调查结果			证据名称	被调查部门	被调查人
		是	否	不适应			
采购需求	生产、经营、项目建设等部门，是否根据实际需求准确、及时编制需求计划				物资采购需求计划	物资采购部	李××
	需求部门提出需求计划时，是否指定或变相指定供应商						
	对独家代理、专有、专利等特殊产品应提供相应的独家、专有资料，是否经专业技术部门研讨后，经具备相应审批权限的部门或人员审批						
采购计划	在制定年度生产经营计划过程中，是否根据发展目标实际需要，结合库存和在途情况，科学安排采购计划				采购计划、采购预算		
	采购计划是否纳入采购预算管理，经相关负责人审批后，作为企业刚性指令严格执行						
采购请购/审批	是否建立采购申请制度				物资采购申请制度、物资采购申请单、物资采购审批单		
	是否依据购买物资或接受劳务的类型，确定归口管理部门，授予相应的请购权，明确相关部门或人员的职责权限及相应的请购和审批程序						
	企业是否根据实际需要设置专门的请购部门						
	请购部门对需求部门提出的采购需求是否进行审核						
	请购部门对需求部门提出的采购需求是否进行归类、汇总、统筹安排企业的采购计划						
	具有请购权的部门对于预算内采购项目，是否严格按照预算执行进度办理请购手续						
	有请购权的部门对于预算内采购项目是否根据市场变化提出合理的采购申请						
	对于超预算和预算外采购项目，是否先履行预算调整程序，由具备相应审批权限的部门或人员审批后，再行办理请购手续						

控制要点	调查内容	调查结果			证据名称	被调查部门	被调查人
		是	否	不适应			
供应商	是否建立科学的供应商评估和准入制度				供应商评估和准入制度、供应商清单		
	是否确定合格供应商清单						
	是否委托具有相应资质的中介机构对供应商进行资信调查						
	采购部门是否按照公平、公正和竞争的原则，择优确定供应商，在切实防范舞弊风险的基础上，与供应商签订质量保证协议						
	是否建立供应商管理信息系统和供应商淘汰制度						
	是否对供应商提供物资或劳务的质量、价格、交货及时性、供货条件，以及其资信、经营状况等进行实时管理和考核评价						
	是否根据考核评价结果，提出供应商淘汰和更换名单，经审批后，对供应商进行合理选择和调整，并在供应商管理系统中做相应记录						
采购方式	是否根据市场情况和采购计划合理选择采购方式				物资采购方式确定单	物资采购部	李××
	大宗采购是否采用招投标方式						
	大宗采购是否合理确定招投标的范围、标准、实施程序和评标规则						
	一般物资或劳务等的采购是否采用询价或定向采购的方式并签订合同或协议						
	小额零星物资或劳务等的采购是否采用直接购买等方式						
采购价格	是否建立采购物资定价机制				采购物资定价机制、采购价格数据库		
	是否采取协议采购、招标采购、谈判采购、询比价采购等多种方式合理确定采购价格						
	大宗采购等是否采用招投标方式确定采购价格						
	其他商品或劳务的采购，是否根据市场行情制定最高采购限价，并适时对最高采购限价进行调整						
	采购部门是否定期研究大宗通用重要物资的成本构成与市场价格变动趋势，确定重要物资品种的采购执行价格或参考价格						
	是否建立采购价格数据库，定期开展重要物资的市场供求形势及价格走势商情分析并合理利用						

（续表）

控制要点	调查内容	调查结果			证据名称	被调查部门	被调查人
		是	否	不适应			
采购合同	是否对拟签订合同的供应商的企业资格、信用状况等进行风险评估，引入竞争制度，确保供应商具备履约能力				采购合同、采购合同谈判记录	物资采购部	李××
	是否根据确定的供应商、采购方式、采购价格等情况拟订采购合同，准确描述合同条款，明确双方权利、义务和违约责任，按照规定权限签订采购合同						
	对于影响重大、涉及较高专业技术水平或法律关系复杂的合同，是否组织法律、技术、财会等专业人员参与谈判，必要时聘请外部专家参与相关工作						
	对重要物资验收量与合同量之间允许的差异，是否做出统一规定						
采购验收	是否建立严格的采购验收制度，确定检验方式，制定明确的采购验收标准，结合物资特性确定必检物资目录，规定此类物资出具质量检验报告后方可入库				物资采购验收制度、价格申报单、检验报告单、入库单		
	是否由专门的验收机构或验收人员对采购项目的品种、规格、数量、质量等相关内容进行验收，出具验收证明						
	验收机构或人员是否根据采购合同及质量检验部门出具的质量检验证明进行验收						
	涉及大宗采购和新、特物资采购的，是否进行专业测试，必要时委托具有检验资质的机构或聘请外部专家协助验收						
	验收过程中发现异常情况，负责验收的机构或人员是否立即向企业有权管理的相关机构报告						
	对于不合格物资，采购部门是否依据检验结果办理让步接收、退货、索赔等事宜						
	对延迟交货造成生产建设损失的，采购部门是否按照合同约定索赔						

（续表）

控制要点	调查内容	调查结果			证据名称	被调查部门	被调查人
		是	否	不适应			
采购过程	是否根据生产建设进度和采购物资特性，选择合理的运输工具和运输方式，办理运输、投保等事宜				采购发票、采购保险单	物资采购部	李××
	是否加强物资采购供应过程的管理，依据采购合同中确定的主要条款跟踪合同履行情况，对有可能影响生产或工程进度的异常情况，出具书面报告并及时提出解决方案						
	对重要物资是否建立并执行合同履约过程中的巡视、点检和监造制度						
	是否做好采购业务各环节的记录，实行全过程的采购登记制度或信息化管理，确保采购过程的可追溯性						

表 4-3　乌亥公司付款业务内部控制调查问卷

被审计单位名称	乌亥公司	被审计单位编码	001	索引编号	A-2	页次	1
业务流程名称	付款业务	业务流程编号	07.02	审计人	李××	审计时间	20××/4/16
审计期间	上年度	截止日期	20××/12/31	复核人	刘××	复核时间	20××/4/23

控制要点	调查内容	调查结果			证据名称	被调查部门	被调查人
		是	否	不适应			
采购付款	是否加强采购付款的管理，完善付款流程，明确付款审核人的责任和权力，严格审核采购预算、合同、单据凭证、审批程序等相关内容，审核无误后按照合同规定及时办理付款				采购付款管理制度、采购合同、价格申报单、采购发票、运费单、检验报告单	物资采购部	李××
	企业在付款过程中，是否严格审查采购发票的真实性、合法性和有效性						
	发现虚假发票的，是否查明原因，及时报告处理						
	是否重视采购付款的过程控制和跟踪管理，发现异常情况的，是否拒绝付款，避免出现资金损失和信用受损						
	是否合理选择付款方式，并严格遵循合同规定，防范付款方式不当带来的法律风险，保证资金安全						
	财会部门是否参与商定对供应商付款的条件						

（续表）

控制要点	调查内容	调查结果			证据名称	被调查部门	被调查人
		是	否	不适应			
采购付款	采购部门在办理付款业务时，是否对采购合同或协议约定付款条件，以及采购发票、结算凭证、检验报告、计量报告和验收证明等相关凭证的真实性、完整性、合法性及合规性进行严格审核，并提交付款申请；财务部门依据合同或协议、发票等对付款申请进行复核后，是否提交企业具有相关权限的机构或人员进行审批，办理付款				采购付款管理制度、采购合同、价格申报单、采购发票、运费单、检验报告单	物资采购部	李××
预付账款和定金	是否加强预付账款和定金的管理				预付账款		
	对涉及大额或长期的预付款项，是否定期进行追踪核查，综合分析预付账款的期限、占用款项的合理性、不可收回风险等情况，发现有疑问的预付款项，是否及时采取措施，尽快收回款项						
会计系统控制	是否加强对购买、验收、付款业务的会计系统控制，详细记录供应商情况、请购申请、采购合同、采购通知、验收证明、入库凭证、商业票据、款项支付等情况，确保会计记录、采购记录与仓储记录核对一致				采购发票、付款凭单、转账凭证、应付账款		
	是否指定专人通过函证等方式，定期与供应商核对应付账款、应付票据、预付账款等往来款项						
退货管理	是否建立退货管理制度，对退货条件、退货手续、货物出库、退货货款收回等做出明确规定，并在与供应商的合同中明确退货事宜，及时收回退货货款				退货管理制度		
	涉及符合索赔条件的退货，是否在索赔期内及时办理索赔						

上述乌亥公司购买、付款业务内部控制调查问卷内容，符合《企业内部控制基本规范》《企业内部控制应用指引第 7 号——采购业务》等有关规定。

二、风险评估

审计组编制的乌亥公司采购业务风险评估表如表 4-4 所示。

表 4-4　乌亥公司采购业务风险评估表

被审计单位名称	乌亥公司	被审计单位编码	001	索引编号	C	页次	1
业务流程名称	采购业务	业务流程编号	07	审计人	胡×××	审计时间	20××/4/27
审计期间	上年度	截止日期	20××/12/31	复核人	冯×××	复核时间	20××/5/1

流程编号	一级流程	二级流程	风险描述	可能性	影响程度	风险排序
07	采购业务		采购计划安排不合理,市场变化趋势预测不准确,造成库存短缺或积压,可能导致企业生产停滞或资源浪费			
			供应商选择不当,采购方式不合理,招投标或定价机制不科学,授权审批不规范,可能导致采购物资质次价高,出现舞弊或遭受欺诈			
			采购验收不规范,付款审核不严,可能导致采购物资、资金损失或信用受损			

表 4-4 描述了乌亥公司采购业务这个一级流程的风险,但对二级流程风险未进行描述,也未对风险大小进行排序,不利于审计人员以此风险评估表为基础选择拟测试的控制。一般来说,对采购业务进行内部控制审计,需要关注以下风险点。

- 采购计划编制不合理,造成库存短缺或积压,可能导致企业生产停滞或资源浪费。
- 供应商选择不当,导致采购物资质次价高,出现舞弊或遭受欺诈。
- 应招标项目未经批准、未招标,影响采购价格和质量。
- 招标方案、招标文件编制不合理,导致招标结果不符合要求。
- 招标方式不符合规定。
- 项目招标过程不合法、不合规,导致中标人实质上难以承担工程项目及服务。
- 询价程序不合理,导致选择的供应商不符合公司利益。
- 谈判程序不合理。

三、控制测试

审计组同时进行乌亥公司采购业务内部控制设计和运行有效性的测试,主要的审计工作底稿如表 4-5 至表 4-9 所示。

表4-5　乌亥公司购买业务内部控制有效性测试矩阵表

被审计单位名称	乌亥公司	业务流程编码	001	索引编号	D-1	页次	1
业务流程名称	购买业务	审计编号	07.01	审计人	吴××	审计时间	20××/5/3
审计期间	上年度	截止日期	20××/12/31	复核人	陆××	复核时间	20××/5/7

关键控制名称	关键控制点	控制方式	控制频率	样本总体	样本数量	测试要点	证据名称	测试程序	测试结果	交叉索引
采购需求	K1					生产、经营、项目建设等部门，是否根据实际需求准确、及时制编制需求计划	物资采购需求计划、物资采购申请单			
						需求部门提出需求计划时，是否指定或变相指定供应商				
						对独家代理、专有、专利等特殊产品应提供相应独家、专有资料，经专业技术部门研讨后，经具备相应审批权限的部门或审批人员审批				
采购计划	K2					在制定年度生产经营计划过程中，是否根据发展目标实际需要，结合库存和在途情况，科学安排采购计划	采购计划、采购预算			
						采购计划是否纳入采购预算管理，经相关负责人审批后，作为企业刚性指令严格执行				
采购请购/审批	K3					是否建立采购申请制度	物资采购制度、请购单；物资采购申请单；物资采购审批单			
						是否依据购买物资或接受劳务的类型，确定归口管理部门，授予相应的请购权，明确相关部门人员的职责权限及相应的请购和审批程序				
						企业是否根据实际需要设置专门的请购部门				
						请购部门对需求部门提出的采购需求是否进行审核				
						请购部门对需求部门提出的采购需求是否进行归类、汇总、统筹安排企业的采购计划				
						具有请购权的部门对于预算内采购项目，是否严格按照预算执行进度办理请购手续				
						有请购权的部门对于预算外采购项目是否根据市场变化提出合理采购申请				
						对于超预算和预算外采购项目，是否先履行预算调整程序，再行办理请购申请，由具备相应审批权限的部门或审批人员审批后，再行办理请购手续				

（续表）

关键控制名称	关键控制点	控制方式	控制频率	样本总体	样本数量	测试要点	证据名称	测试程序	测试结果	交叉索引
供应商	K4					是否建立科学的供应商评估和准入制度 是否确定合格供应商清单 是否委托有相应资质的中介机构对供应商进行资信调查 采购部门是否按照公平、公正和竞争的原则，择优确定供应商，在切实防范舞弊风险的基础上，与供应商签订质量保证协议 是否建立供应商管理信息系统和供应商淘汰制度 是否对供应商提供物资或劳务的质量、价格、交货及时性、供货条件，以及其资信、经营状况等进行实时考评价 是否根据考核评价结果，提出供应商淘汰和更换名单，经审批后，对供应商进行合理选择和调整，并在供应商管理系统中做出相应记录	供应商评估和准入制度、 供应商清单、 供应商资信调查报告			
采购方式	K5					是否根据市场情况和采购计划选择采购方式 大宗采购是否采用招投标方式 大宗采购是否合理确定招投标标的范围、标准、实施程序和评标规则 一般物资或劳务等的采购是否采用向采购合同或协议 小额零星物资或劳务等的采购是否采用直接购买等方式	物资采购方式确定单、 大宗采购招标文件及材料			
采购价格	K6					是否建立采购物资定价机制 是否采取协议采购、招标采购、谈判采购、询比价采购等多种方式确定采购价格 大宗采购等是否采用招投标方式确定采购价格 其他商品或劳务的采购，是否根据市场行情制定最高采购限价，并适时对最高采购限价进行调整 采购部门是否定期研究大宗通用重要物资的成本构成与市场价格变动趋势，确定重要物资品种的采购执行价格或参考价格 是否建立重要采购物资的采购价格数据库，定期开展重要物资的市场供求形势及价格走势情况分析并合理利用	采购物资定价机制、 采购定价方式、 重要物资的成本构成与市场价格变动趋势分析报告			

（续表）

关键控制名称	关键控制点	控制方式	控制频率	样本总体	样本数量	测试要点	证据名称	测试程序	测试结果	交叉索引
采购合同	K7					是否对拟签订合同的供应商的企业资格、信用状况等进行风险评估，引入竞争制度，确保供应商应具备履约能力	采购合同、采购合同谈判记录			
						是否根据确定的供应商，采购方式、采购价格等情况拟订采购合同，准确描述合同条款，明确双方权利、义务和违约责任，按照规定权限签订采购合同				
						对于影响重大、涉及较高专业技术水平或法律关系复杂的合同，是否组织法律、技术、财会等专业人员参与谈判，必要时聘请外部专家参与相关工作				
						对重要物资验收量与合同量之间允许的差异，是否做出统一规定				
采购验收	K8					是否建立严格的采购验收制度，确定采购验收标准，制定明确的采购验收方式，结合物资特性确定必检物资目录，规定此类物资检验出质量检验报告后方可入库	物资采购验收制度、价格申报单、检验报告单、入库单			
						是否由专门的验收机构或验收人员对采购项目的品种、规格、数量、质量等相关内容进行验收，出具验收证明				
						验收机构或人员是否根据采购合同及质量检验部门出具的质量检验证明进行验收				
						涉及大宗采购和新、特物资采购的，是否进行行业测试，必要时委托具有检验资质的机构或聘请外部专家协助验收				
						验收过程中发现异常情况，负责验收的机构或人员是否立即向企业有权管理的相关机构报告				
						对于不合格物资，采购部门是否依据检验结果办理让步接收、退货、索赔等事宜				
						对延迟交货造成生产建设损失的，采购部门是否按照合同约定索赔				

（续表）

关键控制名称	关键控制点	控制方式	控制频率	样本总体	样本数量	测试要点	证据名称	测试程序	测试结果	交叉索引
采购过程	K9					是否根据生产建设进度和采购物资特性，选择合理的运输工具和运输方式，办理运输、投保等事宜 是否加强物资采购供应过程的管理，依据采购合同中确定的主要条款跟踪合同履行情况，对有可能影响生产或工程进度的异常情况，出具书面报告并及时提出解决方案 对重要物资是否建立并执行合同履约过程中的巡视、点检和监造制度 是否做好采购业务各环节的记录，实行全过程的采购过程登记制度或信息化管理，确保采购过程的可追溯性	采购发票、采购保险单、运费单、入库单			

测试结论	设计有效性	有效	控制薄弱环节说明					
			控制不符合实际	应有的控制不存在	风险识别不准确	未设计控制证据	控制矩阵编制不规范	其他
	运行有效性	有效	控制薄弱环节说明					
			制度未执行	措施未落实	控制证据不足	设计不适应	监控不力	其他

表 4-6　乌亥公司付款业务内部控制有效性测试矩阵表

被审计单位名称	乌亥公司		索引编码	001	索引编号	D-2	页次	1
业务流程名称	付款业务		业务流程编号	07.02	审计人	吴××	审计时间	20×/5/3
审计期间	上年度		截止日期	20×/12/31	复核人	陆××	复核时间	20×/5/7

关键控制名称	关键控制点	控制方式	控制频率	样本总体	样本数量	测试要点	证据名称	测试程序	测试结果	交叉索引
采购付款	K1					是否加强采购付款的管理，完善付款流程，明确付款审核人的责任和权力，严格审核采购预算、合同、单据凭证，审批程序等相关内容，审核无误后按照合同规定及时办理付款	采购付款管理制度、采购合同、价格申报单、采购发票、运费单、检验报告单、入库单、退货单、付款凭单			
						企业在付款过程中，是否严格审查采购发票的真实性、合法性和有效性				
						发现虚假发票的，是否查明原因，及时报告处理				
						是否重视采购付款的过程控制和跟踪管理，发现异常情况的，应当拒绝付款，避免出现资金损失和信用受损				
						是否合理选择付款方式，并严格遵循合同规定，防范付款方式不当带来的法律风险，保证资金安全				
						财会部门是否参与商定对供应商付款的条件				
						采购部门在办理付款业务时，是否对采购合同或协议约定付款条件，以及采购发票、结算凭证、检验报告、计量报告和验收凭证进行严格审核，并提交付款申请；财务部门依据合同或协议、发票等对付款申请进行复核后，是否提交企业具有相关权限的机构或人员进行审批，办理付款				
预付账款和定金	K2					是否加强预付账款和定金的管理	预付账款、付款凭单			
						对涉及大额或长期的预付款项，是否定期进行追踪核查，综合分析预付账款的期间、占用款项的合理性、不可收回风险等情况，发现有疑问的预付款项，是否及时采取措施，尽快收回款项				

（续表）

关键控制名称	关键控制点	控制方式	控制频率	样本总体	样本数量	测试要点	证据名称	测试程序	测试结果	交叉索引
会计系统控制	K3					是否加强对购买、验收、付款业务的会计系统控制，详细记录供应商情况、请购申请、采购合同、采购通知、验收证明、入库凭证、商业汇票、款项支付等情况，确保会计记录与仓储记录核对一致，采购记录与供应商核对应付账款、应付票据、预付账款等往来款项 是否指定专人通过函证等方式，定期与供应商核对应付账款、应付票据、预付账款等往来款项	采购发票、付款凭单			
退货管理	K4					是否建立退货管理制度，对退货条件、退货手续、货物出库、退货货款、退货货款收回等做出明确规定，并在与供应商的合同中明确退货事宜，及时收回退货货款 涉及符合索赔条件的退货，是否在索赔期内及时办理索赔	退货管理制度、退货单、对账单等			

测试结论

设计有效性

有效	控制薄弱环节说明					
	应有的控制不存在	控制不符合实际	风险识别不准确	未设计控制证据	控制矩阵编制不规范	其他

运行有效性

有效	控制薄弱环节说明					
	制度未执行	措施未落实	控制证据不足	设计不适应	监控不力	其他

表 4-7　乌亥公司采购业务内部控制有效性测试表（示例 1）

被审计单位名称	乌亥公司	被审计单位编码	001	索引编号	D-1-K1-1	页次	1
业务流程名称	购买业务	业务流程编码	07.01	审计人	吴××	审计时间	20××/5/3
关键控制名称	采购需求	关键控制编号	K1	复核人	陆××	复核时间	20××/5/7
审计期间	上年度			截止日期	20××/12/31		

审阅文件资料名称	审阅内容	审阅结果
采购需求计划	采购数量、采购种类等	计划不具体、没有操作性

表 4-8　乌亥公司采购业务内部控制有效性测试表（示例 2）

被审计单位名称	乌亥公司	被审计单位编码	001	索引编号	D-1-K1-2	页次	1
业务流程名称	购买业务	业务流程编码	07.01	审计人	吴××	审计时间	20××/5/3
关键控制名称	采购需求	关键控制编号	K1	复核人	陆××	复核时间	20××/5/7
审计期间	上年度			截止日期	20××/12/31		

访谈对象岗位及姓名	采购部部长李××	访谈时间	20××/5/6	访谈地点	乌亥公司办公室

访谈内容及结果：

生产、经营、项目建设等部门，根据实际需求准确、及时编制需求计划；

需求部门提出需求计划时，指定或变相指定供应商

被访谈人签字：李××

签字时间：20××年 5 月 6 日

表 4-9 乌亥公司采购业务内部控制有效性测试结果汇总分析表

被审计单位名称	乌亥公司	被审计单位编码	001	索引编号	D	页次	1
业务流程名称	采购业务	业务流程编号	07	审计人	吴××	审计时间	20××/5/3
审计期间	上年度	截止日期	20××/12/31	复核人	陆××	复核时间	20××/5/7

二级流程	关键控制	样本总体	应抽样本	实抽样本	有效	设计有效性 控制薄弱环节说明						有效	运行有效性 控制薄弱环节说明					
						控制不符合实际	应有的控制不存在	风险识别不准确	未设计控制证据	控制矩阵编制不规范	其他		制度未执行	措施未落实	控制证据不足	设计不适应	监控不力	其他
购买业务																		
付款业务																		

采购业务内部控制测试，就是审计人员现场测试采购业务内部控制设计和运行的有效性。对采购业务内部控制的设计有效性进行测试时，审计人员应当综合运用询问适当人员、观察经营活动和检查相关文件等程序。对采购业务内部控制的运行有效性进行测试时，审计人员应当综合运用询问适当人员、观察经营活动、检查相关文件及重新执行控制等程序。事实上，在审计实践中，审计人员对采购业务内部控制的设计有效性和运行有效性是一并进行测试的，测试重点是采购业务关键控制。

四、评价缺陷

审计组对乌亥公司采购业务内部控制的缺陷评价的主要审计工作底稿如表 4-10、表 4-11 所示。

表 4-10　乌亥公司采购业务内部控制缺陷评价矩阵表

被审计单位名称	乌亥公司	被审计单位编码	001		索引编号	E	页次	1
业务流程名称	采购业务	业务流程编号	07		审计人	胡××	审计时间	20××/5/3
审计期间	上年度	截止日期	20××/12/31		复核人	冯××	复核时间	20××/5/7

二级流程	关键控制	缺陷类型	缺陷描述	缺陷来源	缺陷性质			评价程序	评价索引	对报表的影响	补偿性控制	整改意见
					一般缺陷	重要缺陷	重大缺陷					
购买业务												
付款业务												

表 4-11　乌亥公司采购业务内部控制缺陷评价认定表

被审计单位名称	乌亥公司	被审计单位编码	001	索引编号	E-1	页次	1
业务流程名称	采购业务	业务流程编号	07	审计人	胡××	审计时间	20××/5/3
审计期间	上年度	截止日期	20××/12/31	复核人	冯××	复核时间	20××/5/7

缺陷类型	缺陷描述	评价标准	审计组初步认定意见	被审计单位（或当事人）意见及相关说明
缺陷事项证据资料				

经审计，乌亥公司物资采购供应业务流程有 12 个具体业务流程步骤、71 个控制点，适应乌亥公司实际情况应执行的控制点有 66 个，其中完全未执行的控制点有 3 个、部分未执行的控制点有 4 个、控制点以外的问题有 2 个。除此之外，乌亥公司的物资采购

供应业务流程基本能够按照内控制度的要求执行。

五、审计评价

审计组对乌亥公司采购业务内部控制的审计评价的主要工作底稿如表4-12、表4-13和表4-14所示。

表4-12　乌亥公司购买业务内部控制审计评价表

被审计单位名称	乌亥公司	被审计单位编码	001	索引编号	F-1	页次		1
业务流程名称	购买业务	业务流程编号	07.01	审计人	夏××	审计时间		20××/5/8
审计期间	上年度	截止日期	20××/12/31	复核人	关××	复核时间		20××/5/10

关键控制名称	评价标准	分值	权重	判断依据	实际得分
采购需求	生产、经营、项目建设等部门，根据实际需求准确、及时编制需求计划				
	需求部门提出需求计划时，未指定或变相指定供应商				
	对独家代理、专有、专利等特殊产品应提供相应的独家、专有资料，经专业技术部门研讨后，经具备相应审批权限的部门或人员审批				
采购计划	在制定年度生产经营计划过程中，根据发展目标实际需要，结合库存和在途情况，科学安排采购计划				
	采购计划纳入采购预算管理，经相关负责人审批后，作为企业刚性指令严格执行				
采购请购/审批	建立采购申请制度				
	依据购买物资或接受劳务的类型，确定归口管理部门，授予相应的请购权，明确相关部门或人员的职责权限及相应的请购和审批程序				
	企业根据实际需要设置专门的请购部门				
	请购部门对需求部门提出的采购需求进行审核				
	请购部门对需求部门提出的采购需求进行归类、汇总，统筹安排企业的采购计划				
	具有请购权的部门对于预算内采购项目，严格按照预算执行进度办理请购手续				
	有请购权的部门对于预算内采购项目根据市场变化提出合理采购申请				
	对于超预算和预算外采购项目，先履行预算调整程序，由具备相应审批权限的部门或人员审批后，再行办理请购手续				

（续表）

关键控制名称	评价标准	分值	权重	判断依据	实际得分
供应商	建立科学的供应商评估和准入制度				
	确定合格供应商清单				
	委托具有相应资质的中介机构对供应商进行资信调查				
	采购部门按照公平、公正和竞争的原则，择优确定供应商，在切实防范舞弊风险的基础上，与供应商签订质量保证协议				
	建立供应商管理信息系统和供应商淘汰制度				
	对供应商提供物资或劳务的质量、价格、交货及时性、供货条件及其资信、经营状况等进行实时管理和考核评价				
	根据考核评价结果，提出供应商淘汰和更换名单，经审批后，对供应商进行合理选择和调整，并在供应商管理系统中做出相应记录				
采购方式	根据市场情况和采购计划合理选择采购方式				
	大宗采购采用招投标方式				
	大宗采购合理确定招投标的范围、标准、实施程序和评标规则				
	一般物资或劳务等的采购采用询价或定向采购的方式并签订合同或协议				
	小额零星物资或劳务等的采购采用直接购买等方式				
采购价格	建立采购物资定价机制				
	采取协议采购、招标采购、谈判采购、询比价采购等多种方式合理确定采购价格				
	大宗采购等采用招投标方式确定采购价格				
	其他商品或劳务的采购，根据市场行情制定最高采购限价，并适时对最高采购限价进行调整				
	采购部门定期研究大宗通用重要物资的成本构成与市场价格变动趋势，确定重要物资品种的采购执行价格或参考价格				
	建立采购价格数据库，定期开展重要物资的市场供求形势及价格走势商情分析并合理利用				
采购合同	对拟签订合同的供应商的企业资格、信用状况等进行风险评估，引入竞争制度，确保供应商具备履约能力				
	根据确定的供应商、采购方式、采购价格等情况拟订采购合同，准确描述合同条款，明确双方权利、义务和违约责任，按照规定权限签订采购合同				
	对于影响重大、涉及较高专业技术水平或法律关系复杂的合同，组织法律、技术、财会等专业人员参与谈判，必要时聘请外部专家参与相关工作				
	对重要物资验收量与合同量之间允许的差异，做出统一规定				

（续表）

关键控制名称	评价标准	分值	权重	判断依据	实际得分
采购验收	建立严格的采购验收制度，确定检验方式，制定明确的采购验收标准，结合物资特性确定必检物资目录，规定此类物资出具质量检验报告后方可入库				
	由专门的验收机构或验收人员对采购项目的品种、规格、数量、质量等相关内容进行验收，出具验收证明				
	验收机构或人员根据采购合同及质量检验部门出具的质量检验证明进行验收				
	涉及大宗采购和新、特物资采购的，进行专业测试，必要时委托具有检验资质的机构或聘请外部专家协助验收				
	验收过程中发现异常情况，负责验收的机构或人员立即向企业有权管理的相关机构报告，相关机构查明原因并及时处理				
	对于不合格物资，采购部门依据检验结果办理让步接收、退货、索赔等事宜				
	对延迟交货造成生产建设损失的，采购部门按照合同约定索赔				
采购过程	根据生产建设进度和采购物资特性，选择合理的运输工具和运输方式，办理运输、投保等事宜				
	加强物资采购供应过程的管理，依据采购合同中确定的主要条款跟踪合同履行情况，对有可能影响生产或工程进度的异常情况，出具书面报告并及时提出解决方案				
	对重要物资建立并执行合同履约过程中的巡视、点检和监造制度				
	做好采购业务各环节的记录，实行全过程的采购登记制度或信息化管理，确保采购过程的可追溯性				

表 4-13　乌亥公司付款业务内部控制审计评价表

被审计单位名称	乌亥公司	被审计单位编码	001	索引编号	F-2	页次	1
业务流程名称	付款业务	业务流程编号	07.02	审计人	夏×××	审计时间	20××/5/8
审计期间	上年度	截止日期	20××/12/31	复核人	关××	复核时间	20××/5/10

关键控制名称	评价标准	分值	权重	判断依据	实际得分
采购付款	加强采购付款的管理，完善付款流程，明确付款审核人的责任和权力，严格审核采购预算、合同、单据凭证、审批程序等相关内容，审核无误后按照合同规定及时办理付款				
	企业在付款过程中，严格审查采购发票的真实性、合法性和有效性				

（续表）

关键控制名称	评价标准	分值	权重	判断依据	实际得分
采购付款	发现虚假发票的，查明原因，及时报告处理				
	重视采购付款的过程控制和跟踪管理，发现异常情况的，拒绝付款，避免出现资金损失和信用受损				
	合理选择付款方式，并严格遵循合同规定，防范付款方式不当带来的法律风险，保证资金安全				
	财会部门参与商定对供应商付款的条件				
	采购部门在办理付款业务时，对采购合同或协议约定付款条件，以及采购发票、结算凭证、检验报告、计量报告和验收证明等相关凭证的真实性、完整性、合法性及合规性进行严格审核，并提交付款申请；财务部门依据合同或协议、发票等对付款申请进行复核后，提交企业具有相关权限的机构或人员进行审批，办理付款				
预付账款和定金	加强预付账款和定金的管理				
	对涉及大额或长期的预付款项，定期进行追踪核查，综合分析预付账款的期限、占用款项的合理性、不可收回风险等情况，发现有疑问的预付款项，及时采取措施，尽快收回款项				
会计系统控制	加强对购买、验收、付款业务的会计系统控制，详细记录供应商情况、请购申请、采购合同、采购通知、验收证明、入库凭证、商业票据、款项支付等情况，确保会计记录、采购记录与仓储记录核对一致				
	指定专人通过函证等方式，定期与供应商核对应付账款、应付票据、预付账款等往来款项				
退货管理	建立退货管理制度，对退货条件、退货手续、货物出库、退货货款收回等做出明确规定，并在与供应商的合同中明确退货事宜，及时收回退货货款				
	涉及符合索赔条件的退货，在索赔期内及时办理索赔				

表 4-14　乌亥公司采购业务内部控制审计评价结果汇总表

被审计单位名称	乌亥公司	被审计单位编码	001	索引编号	F	页次	1
业务流程名称	采购业务	业务流程编号	07	审计人	夏××	审计时间	20××/5/8
审计期间	上年度	截止日期	20××/12/31	复核人	关××	复核时间	20××/5/10

流程编号	一级流程	二级流程	自我评价得分	审计评价得分
07	采购业务			
07.01		购买业务		
07.02		付款业务		

六、形成意见

审计组对乌亥公司采购业务内部控制的审计意见形成的工作底稿如表4-15所示。

表4-15　乌亥公司采购业务内部控制审计意见形成表

被审计单位名称	乌亥公司	被审计单位编码	001	索引编号	H	页次	1
业务流程名称	采购业务	业务流程编号	07	审计人	胡××	审计时间	20××/5/8
审计期间	上年度	截止日期	20××/12/31	复核人	冯××	复核时间	20××/5/10

序号	审计程序	各程序执行情况	工作底稿索引号	执行负责人
1	调查了解	采购业务内部控制有效性调查了解	A	李××
2	初步评价	采购业务内部控制初步评价	B	胡××
3	风险评估	采购业务内部控制风险评估	C	胡××
4	控制测试	采购业务内部控制有效性测试	D	吴××
5	评价缺陷	采购业务内部控制缺陷评价	E	胡××
6	审计评价	采购业务内部控制审计评价	F	夏××
7	形成意见	采购业务内部控制审计结果汇总	H	胡××

总体审计意见	乌亥公司采购业务内部控制设计规范，运行存在缺陷	综合陈述	乌亥公司在进行采购业务内部控制设计时，梳理了采购业务流程目录，绘制了采购业务流程图，评估了采购业务风险，编制了采购业务风险点及风险描述表，构建了采购业务内部控制，确定了采购业务控制目标及措施，编制了采购业务控制矩阵，设计过程规范。经审计测试，乌亥公司采购业务内部控制运行中存在缺陷

第 5 章

资产管理内部控制审计实务及案例

第 1 节　基本概念

《企业内部控制应用指引第 8 条——资产管理》第二条规定："本指引所称资产，是指企业拥有或控制的存货、固定资产和无形资产。"资产作为组织重要的经济资源，是从事生产经营活动并实现发展战略的物质基础。资产管理贯穿生产经营全过程，也就是通常所说的"实物流"管控。鉴于资产管理的重要性，《企业内部控制基本规范》将合理保证资产安全作为内部控制目标之一，同时《企业内部控制应用指引第 8 号——资产管理》着重对存货、固定资产和无形资产等资产提出了全面管控要求，旨在促进企业在保障资产安全的前提下，提高资产效能。

我们认为资产管理是组织内部控制体系中极为重要的一项内容，只有保护好资产的安全，充分发挥资产的作用，才能保障组织健康、稳定和持续发展。

资产管理内部控制审计，就是对被审计单位资产管理内部控制设计与运行的有效性的审查和评价工作，对促使被审计单位加强资产管理内部控制建设、防范资产管理风险具有重要意义。

第 2 节　内容和要点

一般认为资产管理内部控制审计的内容和要点包括以下几点。

一是资产管理策略和政策的审计，评估企业资产管理策略和政策的制定和实施情况，包括资产目标和指标的设定、资产配置和配置决策的制定、资产评估和管理方法的选择，以确保资产管理活动的合规性和有效性。

二是资产获取和处置的审计，评估企业的资产获取和处置的规范和监控措施，包括资产购买和租赁、资产报废和处置，以确保资产管理活动的合规性和有效性。

三是资产风险管理的审计，评估企业的资产风险管理体系和控制措施，包括资产风险的识别、评估和应对，以确保资产管理活动的合规性和有效性。

我们认为资产管理内部控制审计内容，因审计组织、审计要求及审计方式的不同而不同。资产管理内部控制审计的重点包括以下几点。

一是检查是否有不相容职务混岗情况，如办理资产采购业务与资产询价业务的岗位是否分开，等等。

二是检查资产业务的授权批准制度的执行是否严格，手续是否健全，权限的划分是否符合《公司法》和企业章程的规定，是否有越权审批的行为，等等。

三是检查资产业务的决策是否按照规定的程序进行，是否做到决策的科学化、民主化和程序化，在决策过程中是否广泛听取专家与群众的意见，决策责任制度是否落实到位，等等。

四是检查是否按照经过批准的固定资产购置、建造计划、方案进行构造，是否未经批准擅自变更原定计划和设计方案，是否出现决算超预算、预算超概算情况，是否组织验收委员会（或小组）进行验收，验收是否按照规定的程序进行。

五是重点检查资产的保管是否落实到部门、落实到人，资产的维护、保养是否在制度规定期间与范围内执行，资产是否办理必要的保险，是否发生资产严重损失情况。

六是检查会计处理是否符合国家统一会计制度的规定，做到真实、正确，资本支出与收益支出的界限是否模糊，信息的披露是否及时完整，等等。

第3节　程序和方法

一般认为资产管理内部控制审计的程序和方法包括以下内容。

一是资产管理策略和政策分析和评估。对企业资产管理策略和政策进行分析和评估，了解其制定和实施情况，以确保资产管理活动的合规性和有效性。

二是资产获取和处置的审计追踪。对企业资产获取和处置的实施情况进行审计追踪，了解资产购买和租赁情况、资产报废和处置情况，以确保资产管理活动的合规性和有效性。

三是资产风险管理的审计追踪。对企业资产风险管理体系和控制措施的实施情况进行审计追踪，了解资产风险的识别、评估和应对情况，以确保资产管理活动的合规性和有效性。

我们认为资产管理内部控制审计一般程序包括资产管理内部控制有效性调查了解、风险评估、控制测试、评价缺陷、审计评价、形成意见等。下文主要介绍前四个程序。

一、调查了解

调查了解，就是调查了解资产管理内部控制设计和运行的基本情况，是资产管理内部控制审计实施阶段的首要环节。

资产管理调查了解这项工作是在内部控制审计总体工作的准备阶段的基础上进行的，涉及具体内容很多，也因单位的不同而不同。

对资产管理内部控制调查了解的方法有文字叙述法、调查表法、流程图法、控制矩阵法等。这些方法各有其特点，经常综合运用。

在实际审计工作中，为提高资产管理内部控制审计效率，调查了解工作应同资产管理现场测试工作一并进行，不宜为满足调查需求而走形式。

二、风险评估

按照风险导向审计理论，审计人员进行资产管理内部控制审计应当以风险评估为基础，选择拟测试的控制，确定测试所需要收集的证据。

（一）资产管理风险识别

评估资产管理风险，首先要把资产管理具体风险识别出来，然后整理出整体层面的风险。资产管理具体风险是多种多样的，也因组织的不同而不同。按照《企业内部控制应用指引第 8 号——资产管理》的要求，在评估资产管理风险时，评估人员至少应当关注以下风险：存货积压或短缺，可能导致流动资金占用过量、存货价值贬损或生产中断。固定资产更新改造不够、使用效能低下、维护不当，产能过剩，可能导致企业缺乏竞争力、资产价值贬损、安全事故频发或资源浪费；无形资产缺乏核心技术、权属不清、技术落后，存在重大技术安全隐患，可能导致企业法律纠纷、缺乏可持续发展能力。

【案例分享】

从我们长期从事内部控制审计的实践看，应识别和描述以下资产管理风险。

- 存货积压或短缺，可能导致流动资金占用过量、存货价值贬损或生产中断。
- 固定资产更新改造不够、使用效能低下、维护不当，产能过剩，可能导致企业缺乏竞争力、资产价值贬损、安全事故频发或资源浪费。

> ● 无形资产缺乏核心技术、权属不清、技术落后，存在重大技术安全隐患，可能导致企业法律纠纷、缺乏可持续发展能力。

在资产管理内部控制构建与实施过程中，组织应根据内部控制应用指引中有关资产管理风险的提示，结合资产管理的实际情况，识别并具体描述资产管理方面存在的风险，以便完善资产管理内部控制，以有效地控制资产管理风险。资产管理具体风险描述因所识别的风险的不同而不同，将具体资产管理风险与资产管理流程结合是个比较好的做法。

（二）资产管理风险分析

资产管理风险分析的内容很多，一般应从成因和结果两个方面进行资产管理风险分析，并编制资产管理风险分析表。

（三）资产管理风险评价

资产管理风险评价应从可能性和影响程度两个维度进行，根据评价结果进行风险排序、划分风险等级，并编制资产管理风险评价表。

（四）资产管理风险应对

资产管理风险应对是根据风险评价的结果，针对不同等级风险选择资产管理风险应对策略的过程。针对不同等级的资产管理风险采取的应对策略不一样，一般有规避、降低、转移、接受等策略。不论选择哪种策略应对资产管理风险，都需要编制资产管理风险应对表。

（五）构建资产管理风险数据库或绘制风险图谱

依据资产管理风险评估的结果构建资产管理风险数据库或绘制风险图谱。资产管理业务层面数据的基本要素包括业务流程、风险描述、风险分析、风险排序、应对策略、剩余风险等，也可以加上内部控制设计完成后的控制措施、控制部门或岗位等。风险图谱一般适用于整体层面的风险描述。

三、控制测试

资产管理内部控制测试，就是审计人员现场测试资产管理内部控制设计和运行的有效性。

对资产管理内部控制设计有效性进行测试时，审计人员应当综合运用询问适当人员、观察经营活动和检查相关文件等程序。

对资产管理内部控制运行有效性进行测试时，审计人员应当综合运用询问适当人员、观察经营活动、检查相关文件及重新执行控制等程序。

事实上，在审计实践中，审计人员对资产管理内部控制的设计有效性和运行有效性是一并进行测试的，测试重点是资产管理关键控制。

（一）资产管理关键控制

组织在构建与实施资产管理内部控制过程中，要针对资产管理风险评估的结果，确定资产管理的一般控制点和关键控制点，并编制资产管理控制要点表。确定资产管理的一般控制点和关键控制点是很困难的事，要根据实际情况确定，也因人们的专业判断的不同而不同。一般来说，资产管理的关键控制点至少应当包括资产取得、验收、领用、清查、处置等环节。当然，资产管理的关键控制点并不是越多越好，也因资产类型的不同而不同。审计界，一般将固定资产管理按照业务处理流程划分为预算、取得、记录、折旧、维护保养、盘点、处置七个控制环节。此循环涉及的项目包括固定资产、累计折旧、固定资产减值准备、工程物资、在建工程、固定资产清理。

（二）资产管理控制目标

资产管理控制目标就是要保证资产管理合法、安全、有效、可靠，从而有效控制可能发生的存货积压或短缺，导致流动资金占用过量、存货价值贬损或生产中断；固定资产更新改造不够、使用效能低下、维护不当，产能过剩，导致企业缺乏竞争力、资产价值贬损、安全事故频发或资源浪费；无形资产缺乏核心技术、权属不清、技术落后，存在重大技术安全隐患，导致企业法律纠纷、缺乏可持续发展能力等方面的风险。在实际工作中，资产管理控制目标应根据识别出来的资产管理可能存在的具体风险来确定，不能固定化、模式化。一般来说，资产管理控制目标包括：保证资产实物的安全、完整；保证固定资产取得的合法；保证固定资产核算的正确；保证固定资产的有效使用；等等。

（三）资产管理控制措施

组织在构建与实施资产管理内部控制过程中，要强化对资产管理控制点，尤其是关键控制点的风险控制，并采取相应的控制措施。资产管理控制措施要与资产管理相融合，嵌入资产管理流程当中。

组织应当加强各项资产管理，全面梳理资产管理流程，及时发现资产管理中的薄弱环节，切实采取有效措施加以改进，不断提高资产管理水平。组织应当重视和加强各项资金的投保工作，采用招标等方式确定保险人，降低资产损失风险，防范资产投保舞弊。

（四）资产管理控制证据

为了资产管理控制制度能够有效实施，需要制定必要的表单，为资产管理过程留下控制证据。资产管理相关表单很多，包括资产购置申请书、资产采购计划、资产采购通知单、资产采购合同、资产验收单、资产转置凭证、资产退出申请书、资产退出呈批单、资产调拨单或报废单、资产明细账和总账等。

（五）资产管理控制制度

建立资产管理控制制度不是独立建立一套新的制度，而是将内部控制思想嵌入资产管理控制制度中去。资产管理控制制度到底制定多少个，内容到底包括哪些，这因组织的不同而不同。从务实的角度考虑，资产管理控制制度并非越多越好，可制定一个统一的资产管理控制制度，内容至少应明确请购、审批、购买、验收、付款等环节的职责和审批权限。从内部控制视角看，针对控制点制定相应的控制制度是笔者团队多年咨询经验的总结。

不论资产管理控制制度采取什么样的形式制定，企业应认真学习领会《企业内部控制基本规范》《企业内部控制应用指引第 8 号——资产管理》等法律法规的精神实质和原则要求，并以此为起点构建和实施资产管理内部控制。《企业内部控制应用指引第 8 号——资产管理》界定了资产的定义，描述了资产管理中的风险，明确了存货、固定资产、无形资产等方面的控制措施，对优化企业资产管理制度具有重要意义。

（六）资产管理控制流程图

资产管理控制流程图大多是一般业务流程图，未标注资产管理风险点和控制点。我们主张资产管理控制流程图要根据资产管理流程、风险点、控制点及其相关的控制措施，结合具体单位的实际情况来绘制。特别要强调的是，应把资产管理内部控制流程和资产管理流程整合在一起，并在图上标示风险点和控制点。

（七）资产管理控制矩阵

资产管理控制矩阵是对资产管理控制流程图中风险点、控制措施和控制证据等的详细说明与描述，是资产管理内部控制设计结果的集中体现，也是内部控制管理手册的重要组成部分。其实际上是上述工作的汇总。

四、评价缺陷

评价资产管理内部控制缺陷，就是对资产管理内部控制存在的设计和执行有效性方面的缺陷进行分析和评价。

对已发现的资产管理内部控制重大缺陷，审计人员应当及时以书面形式与被审计单位进行沟通，核对测试结果和数据，确认资产管理内部控制缺陷事实并在缺陷认定底稿上签章。

第 4 节 实务案例

20××年 4 月 15 日至 5 月 10 日，乌亥集团内审部委托中天恒会计师事务所（以下简称"中天恒"），组成联合内部控制审计组（以下简称"审计组"），依据《企业内部控制基本规范》《企业内部控制应用指引第 8 号——资产管理》等有关规定，对乌亥公司资产管理内部控制进行了审计。其审计程序如表 5-1 所示。

表 5-1 乌亥公司资产管理内部控制审计程序

被审计单位名称	乌亥公司	被审计单位编码	001	索引编号	O	页次	1
业务流程名称	资产管理	业务流程编号	08	审计人	张××	审计时间	20××/4/15
审计期间	上年度	截止日期	20××/12/31	复核人	周××	复核时间	20××/5/10

序号	审计程序	细分程序	执行情况说明	工作底稿索引号
1	调查了解	资产管理内部控制有效性调查了解		A
2	初步评价	资产管理内部控制初步评价		B
3	风险评估	资产管理内部控制风险评估		C
4	控制测试	资产管理内部控制有效性测试		D
5	评价缺陷	资产管理内部控制缺陷评价		E
6	审计评价	资产管理内部控制审计评价		F
7	形成意见	资产管理内部控制审计结果汇总		H
说明	1. 每一个审计程序可细分为若干具体程序； 2. 上述审计程序可结合进行，以提高审计工作效率； 3. 在执行每一步骤后，应填写"执行情况说明"一栏			

一、调查了解

审计组从乌亥公司存货管理、固定资产管理、无形资产管理 3 个维度设计了资产管理内部控制情况调查问卷，具体如表 5-2、表 5-3 和表 5-4 所示。

表 5-2 乌亥公司存货管理内部控制调查问卷

被审计单位名称	乌亥公司	被审计单位编码	001	索引编号	A-1	页次	1
业务流程名称	存货管理	业务流程编号	08.01	审计人	王××	审计时间	20××/4/16
审计期间	上年度	截止日期	20××/12/31	复核人	董××	复核时间	20××/4/23

（续表）

控制要点	调查内容	调查结果			证据名称	被调查部门	被调查人
		是	否	不适应			
存货取得	是否根据各种存货采购间隔期和当前库存，综合考虑企业生产经营计划、市场供求等因素，充分利用信息系统，合理确定存货采购日期和数量，确保存货处于最佳库存状态						
	考虑到存货取得的风险管控措施主要体现在预算编制和采购环节，是否由相关的预算和采购内部控制加以规范						
存货验收	是否重视存货验收工作，规范存货验收程序和方法，对入库存货的数量、质量、技术规格等方面进行查验，验收无误后才入库						
	外购存货的验收，是否重点关注合同、发票等原始单据与存货的数量、质量、规格等核对一致						
	涉及技术含量较高的货物，必要时是否委托具有检验资质的机构或聘请外部专家协助验收						物资部
	自制存货的验收，是否重点关注产品质量，通过检验合格的半成品、产成品才能办理入库手续，出现不合格品及时查明原因、落实责任、报告处理						
	对以其他方式取得的存货的验收，是否重点关注存货来源、质量状况、实际价值是否符合有关合同或协议的约定						
存货保管	存货在不同仓库之间流动时是否办理出入库手续						
	是否按仓储物资所要求的储存条件储存，并健全防火、防洪、防盗、防潮、防病虫害和防变质等管理规范						
	是否加强生产现场的材料、周转材料、半成品等物资的管理，防止其浪费、被盗和流失						
	对代管、代销、暂存、受托加工的存货，是否单独存放和记录，避免与本单位存货混淆						
	是否结合本企业实际情况，加强存货的保险投保，保证存货安全，合理降低存货意外损失风险						

被调查人栏：孙××

（续表）

控制要点	调查内容	调查结果			证据名称	被调查部门	被调查人
		是	否	不适应			
存货发出	是否明确存货发出和领用的审批权限						
	大批存货、贵重商品或危险品的发出是否实行特别授权						
	仓储部门是否根据经审批的销售（出库）通知单发出货物						
存货记录	仓储部门是否详细记录存货入库、出库及库存情况						
	是否做到存货记录与实际库存相符						
	仓储部门是否定期与财会部门、存货管理部门对相关数据进行核对						
存货库存	是否根据各种存货采购间隔期和当前库存，综合考虑企业生产经营计划、市场供求等因素，充分利用信息系统，合理确定存货采购日期和数量，确保存货处于最佳库存状态					物资部	孙××
存货清查	是否建立存货盘点清查制度，结合本企业实际情况确定盘点周期、盘点流程等相关内容，核查存货数量，及时发现存货减值迹象						
	是否至少于每年年度终了开展全面盘点清查，盘点清查结果形成书面报告						
	盘点清查中发现的存货盘盈、盘亏、毁损、闲置及需要报废的存货，是否查明原因、落实并追究责任，按照规定权限批准后处置						
存货处置	是否定期对存货进行检查，及时、充分了解存货的储存状态						
	对于存货变质、毁损、报废或流失的处理，是否分清责任、分析原因、及时处理						

表 5-3　乌亥公司固定资产管理内部控制调查问卷

被审计单位名称	乌亥公司	被审计单位编码	001	索引编号	A-2	页次	1
业务流程名称	固定资产管理	业务流程编号	08.02	审计人	王××	审计时间	20××/4/16
审计期间	上年度	截止日期	20××/12/31	复核人	董××	复核时间	20××/4/23

（续表）

控制要点	调查内容	调查结果			证据名称	被调查部门	被调查人
		是	否	不适应			
固定资产取得	是否建立严格的固定资产交付使用验收制度						
	是否重视和加强固定资产的投保工作						
固定资产登记	是否制定适合本企业的固定资产目录，列明固定资产编号、名称、种类、所在地点、使用部门、责任人、数量、账面价值、使用年限、损耗等内容，帮助企业了解固定资产使用情况的全貌						
	是否按照单项资产建立固定资产卡片，资产卡片是否在资产编号上与固定资产目录保持对应关系，详细记录各项固定资产的来源、验收、使用地点、责任单位和责任人、运转、维修、改造、折旧、盘点等相关内容，便于固定资产的有效识别						
	固定资产目录和卡片是否定期或不定期复核						
固定资产维护	是否将资产日常维护流程制度化、程序化、标准化，定期检查，及时消除风险，提高固定资产的使用效率，切实消除安全隐患					物资部	孙××
	固定资产使用部门及管理部门是否建立固定资产运行管理档案，并据以制定合理的日常维修和大修理计划，并经主管领导审批						
	固定资产管理部门是否审核施工单位资质和资信，并建立管理档案						
	修理项目是否分类						
	明确需要招投标的项目，修理完成，是否由施工单位出具交工验收报告，经资产使用和管理部门审批						
	重大项目是否进行专项审计						
	企业生产线等关键设备操作人员上岗前是否由具有资质的技术人员对其进行充分的岗前培训						
	对特殊设备是否实行岗位许可制度，是否对资产运转进行实时监控，保证资产使用流程与既定操作流程相符，确保安全运行，提高使用效率						

（续表）

控制要点	调查内容	调查结果			证据名称	被调查部门	被调查人
		是	否	不适应			
固定资产升级	是否根据发展战略，充分利用国家有关自主创新政策，加大技改投入，不断促进固定资产技术升级，淘汰落后设备，切实做到保持本企业固定资产技术的先进性和企业发展的可持续性						
	是否定期对固定资产技术先进性进行评估，结合盈利能力和企业发展可持续性，资产使用部门根据需要提出技改方案，与财务部门一起进行预算可行性分析，并且经过管理部门的审核批准						
	管理部门对技改方案实施过程是否适时监控、加强管理						
	有条件的企业是否建立技改专项资金并定期或不定期审计						
固定资产投保	是否严格执行固定资产投保政策						
	对应投保的固定资产项目是否按规定程序进行审批，及时办理投保手续						
固定资产抵押	是否规范固定资产抵押的管理，确定固定资产抵押程序和审批权限等					物资部	孙××
	企业将固定资产用作抵押的，是否由相关部门提出申请，经企业授权部门或人员批准后，由资产管理部门办理抵押手续						
	是否加强对接收的抵押资产的管理，编制专门的资产目录，合理评估抵押资产的价值						
固定资产清查	财务部门是否组织固定资产使用部门和管理部门定期进行清查，明确资产权属，确保实物与卡、财务账表相符						
	在清查作业实施之前编制清查方案，是否经过管理部门审核后进行相关的清查作业						
	在清查结束后，清查人员是否编制清查报告						
	管理部门是否就清查报告进行审核，确保真实、可靠						
	清查过程中发现的盘盈（盘亏），是否分析原因，追究责任，妥善处理						
	报告审核通过后是否及时调整固定资产账面价值，确保账实相符，并上报备案						

（续表）

控制要点	调查内容	调查结果			证据名称	被调查部门	被调查人
		是	否	不适应			
固定资产处置	是否建立健全固定资产处置的相关制度，区分固定资产不同的处置方式，采取相应控制措施，确定固定资产处置的范围、标准、程序和审批权限，保证固定资产处置的科学性，使企业的资源得到有效的运用						
	对使用期满、正常报废的固定资产，是否由固定资产使用部门或管理部门填制固定资产报废单，经企业授权部门或人员批准后对该固定资产进行报废清理						
	对使用期限未满、非正常报废的固定资产，是否由固定资产使用部门提出报废申请，注明报废理由、估计清理费用和可回收残值、预计处置价格等；企业是否组织有关部门进行技术鉴定，按规定程序审批后进行报废清理						
	对拟出售或投资转出及非货币交换的固定资产，是否由有关部门或人员提出处置申请，对固定资产价值进行评估，并出具资产评估报告，报经企业授权部门或人员批准后予以出售或转让；企业是否特别关注固定资产处置中的关联交易和处置定价；固定资产的处置是否由独立于固定资产管理部门和使用部门的相关授权人员办理；固定资产处置价格是否报经企业授权部门或人员审批后确定；对于重大固定资产处置，是否考虑聘请具有资质的中介机构进行资产评估，采取集体审议或联签制度，涉及产权变更的，是否及时办理产权变更手续					物资部	孙××
	对出租的固定资产是否由相关管理部门提出出租或出借的申请，写明申请的理由和原因，并由相关授权人员和部门就申请进行审核；审核通过后是否签订出租或出借合同，包括合同双方的具体情况，出租的原因和期限等内容						

表 5-4　乌亥公司无形资产管理内部控制调查问卷

被审计单位名称	乌亥公司	被审计单位编码	001	索引编号	A-3	页次	1
业务流程名称	无形资产管理	业务流程编号	08.03	审计人	王××	审计时间	20××/4/16
审计期间	上年度	截止日期	20××/12/31	复核人	董××	复核时间	20××/4/23

控制要点	调查内容	调查结果			证据名称	被调查部门	被调查人
		是	否	不适应			
无形资产取得	是否建立严格的无形资产交付使用验收制度						
无形资产验收	是否全面梳理外购、自行开发及以其他方式取得的各类无形资产的权属关系，加强无形资产权益保护，防范侵权行为和法律风险						
	是否采取严格保密措施，严防泄露商业秘密						
	企业购入或者以支付土地出让金等方式取得的土地使用权，是否取得土地使用权有效证明文件						
无形资产使用	是否强化无形资产使用过程的风险管控，充分发挥无形资产对提升企业产品质量和市场影响力的重要作用						
	是否建立健全无形资产核心技术保密制度，严格限制未经授权人员直接接触技术资料，对技术资料等无形资产的保管及接触应保有记录，实行责任追究，保证无形资产的安全与完整						
	对侵害本企业无形资产的，是否积极取证并形成书面调查记录，提出维权对策，按规定程序审核并上报，等等					物资部	孙××
无形资产更新	是否定期对专利、专有技术等无形资产的先进性进行评估，淘汰落后技术						
	是否加大研发投入，促进技术更新换代，不断提升自主创新能力，努力做到核心技术处于同行业领先水平						
无形资产处置	是否建立无形资产处置的相关管理制度，明确无形资产处置的范围、标准、程序和审批权限等要求						
	无形资产的处置是否由独立于无形资产管理部门和使用部门的其他部门或人员按照规定的权限和程序办理						
	是否选择合理的方式确定处置价格						
	无形资产处置是否报经企业授权部门或人员审批						
	重大的无形资产处置，是否委托具有资质的中介机构进行资产评估						

从上述乌亥公司存货、固定资产、无形资产情况调查问卷内容来说，符合《企业内部控制基本规范》《企业内部控制应用指引第 8 号——资产管理》等有关规定。

二、风险评估

审计组编制的乌亥公司资产管理风险评估表如表 5-5 所示。

表 5-5　乌亥公司资产管理风险评估表

被审计单位名称	乌亥公司	被审计单位编码	001		索引编号	C	页次	1
业务流程名称	资产管理	业务流程编号	08		审计人	张××	审计时间	20××/4/27
审计期间	上年度	截止日期	20××/12/31		复核人	周××	复核时间	20××/5/1

流程编号	一级流程	二级流程	风险描述	可能性	影响程度	风险排序
08	资产管理		存货积压或短缺，可能导致流动资金占用过量、存货价值贬损或生产中断			
			固定资产更新改造不够、使用效能低下、维护不当，产能过剩，可能导致企业缺乏竞争力、资产价值贬损、安全事故频发或资源浪费			
			无形资产缺乏核心技术、权属不清、技术落后，存在重大技术安全隐患，可能导致企业法律纠纷、缺乏可持续发展能力			
08.01		存货管理				
08.02		固定资产管理				
08.03		无形资产管理				

本案例描述了乌亥公司资产管理这个一级流程的风险，但未对二级流程风险进行描述，也未对风险大小进行排序，不利于审计人员以此风险评估表为基础选择拟测试的控制。在资产管理内部控制审计中，审计人员应重点关注资产管理方面的以下风险点。

- 购置固定资产不符合实际需要。
- 采购程序违反规定，新增固定资产规格型号、质量不合格，价格不合理。
- 折旧率的运用不合理，不能真实反映固定资产的价值。
- 投保方案未经有效批准。
- 资产发生损失未及时上报，导致投保失去效果。
- 固定资产盘点流程不清晰；盘点报告不翔实，处理建议不可行。
- 资产报废、处置依据不充分，固定资产报废、处置意见未履行审批流程。

- 存货采购不符合实际需要、未经相关审批。
- 入库存货的质量、数量、规格不合格，出库手续不合规，存货存在账实不符。
- 无形资产不符合实际需求。
- 无形资产购置程序不符合规定，无形资产不合格，影响日常工作。

三、控制测试

本案例对乌亥公司资产管理内部控制设计和运行有效性的测试采取一并进行的方式。

（一）存货管理业务流程测试

审计人员通过与各部室的主管领导、相关科室负责人及业务人员交谈，了解他们对流程各控制点要求及与流程匹配的相关制度的熟悉程度；通过抽查会议纪要、相关记录情况表、单据、凭证、账簿及报表对流程进行符合性测试。

存货管理业务流程主要要求对企业在日常生产经营过程中持有的原材料、消耗材料等和以备出售的产成品进行合理的保管储存，正确计量储量及损耗量，规范存货处置，使存货成本计价准确，核算数据真实。

存货管理共9个业务流程步骤45个控制点。与该流程匹配使用的相关制度有16个，涉及的部门分别为物供中心、机动部、生调部、财务部及各使用单位，涉及的岗位及责任人主要有出入库审批由仓储室主任负责、采购由计划员负责、保管由仓管员负责、记账由仓管及财务人员分别负责，请领由使用单位人员负责。

（二）固定资产管理业务流程测试

固定资产管理业务流程是一个针对固定资产从建账、日常保管、修理、更新改造，到资产清查、处置、财务核算、运营分析进行全过程管理的内控流程。该流程分9个控制段，共19个控制点。

通过审计抽查、问卷调查、电话查询、实地观察方式，审计人员对固定资产管理流程进行了调查了解与符合性测试。审计人员认为，该流程的职责划分清楚，不相容岗位已相分离，能起到内部牵制作用；相关的内控制度与流程相配套，具有可行性，符合成本效益原则，但部分职能部室未能明确该室的固定资产管理岗位职责，岗位考核奖惩制度未能起到应有的作用；财务部、机动部的相关人员对内控流程较熟悉，使用单位的固定资产管理人员对内控流程的熟悉程度较差；在固定资产的保管、清查、处置环节，内部控制有偏差，有违规操作的现象发生，导致控制风险的存在。

（三）无形资产管理业务流程测试

审计组采用了问卷调查，审阅了《无形资产管理制度》等相关管理制度；询问了企业管理部综合室主任、业务经办人和财务部资产室相关岗位会计人员；查阅了财务7月、8月无形资产摊销会计凭证和相关资料，并通过技术开发部对乌亥公司自有发明专利的管理情况进行了了解。

无形资产管理业务流程是乌亥公司对无形资产进行归口管理，制定安全防范措施；明确规定无形资产清查、处置及核算、摊销处理方法的业务管理流程。

该流程有 4 个控制段（无形资产管理、无形资产安全防范、无形资产清查处置、无形资产的核算与摊销），共设 18 个控制点，乌亥公司全部适用，涉及的责任部门主要是企管部、财务部及办理权证转移手续的有关部门负责人。

四、评价缺陷

（一）存货管理控制缺陷

经审计测试存货管理流程基本能够对乌亥公司存货管理起到全面控制的作用，乌亥公司针对存货管理可能发生的存储量不足、保管不善、存货处置不规范、擅自变更合同等经营风险；财务账目记录有误、存货计价错误、账实不符等财务风险，制定了 45 个控制点。乌亥公司存货管理控制缺陷如下。

- 对经常发生的剩余存货退料、不合格品，例如采购运输过程中稍有碰损但不影响其质量的让步接收、产成品包装过程中的落地料等残次品的出入库管理等问题，没有提出具体操作的控制点。
- 对清查中发现的盘盈、盘亏、毁损及报废的存货，在授权范围内的由乌亥公司经理批准处置问题，该控制点应针对合同金额的大小范围，合理地授权各级批准权限，而不是无论合同金额大小均由乌亥公司经理批准；另外，就仓库盘点应有使用部门参加的问题，乌亥公司存货物资种类繁多，牵涉的使用部门多，若使用部门也参与现场盘点，会造成混乱而不利于盘点工作的进行。

（二）固定资产管理控制缺陷

经审计，乌亥公司固定资产管理内部控制存在以下问题。

- 管理人员内控意识淡薄，未严格执行内控程序。乌亥公司存在在遭受保险责任范围内的责任灾害和意外事故造成保险财产损失时，未进行索赔的现象。
- 内部制度不健全，削弱了内控的执行力度。乌亥公司部分职能部室未明确固定资产管理的岗位职责，易导致固定资产无人管理或账实不符的控制风险发生。乌亥公司工作考核奖惩由各部室自行考核，固定资产管理部门不参与其中，容易使固定资产管理部门的监控无法起到应有的作用。乌亥公司资产保全制度仍在拟制中，尚未建立。

（三）无形资产管理控制缺陷

通过对无形资产业务管理流程审计测试，审计人员认为，无形资产管理办法制定滞后，主管部门未设无形资产管理岗位，相关部门职责分工不明确，造成该业务流程除了核算与摊销得到执行外，其余控制段（无形资产管理、无形资产安全防范、无形资产清查处置等）目前仍未按流程规定执行，此次审计无法测试该控制点的实际执行情况，无法判断所存在的风险，起不到防范经营风险的作用。

- 乌亥公司未按流程要求进行归口管理，岗位职责不明确，使得具体业务处理与流程控制点要求部分不符。
- 缺乏相应的制度约束，造成实际工作完全不符合流程对应控制点要求。

五、审计评价

审计组对乌亥公司资产管理内部控制进行审计评价的主要审计工作底稿如表 5-6、表 5-7 和表 5-8 所示。

表 5-6　乌亥公司存货管理内部控制审计评价表

被审计单位名称	乌亥公司	被审计单位编码	001	索引编号	F-1	页次	1
业务流程名称	存货管理	业务流程编号	08.01	审计人	夏××	审计时间	20××/5/8
审计期间	上年度	截止日期	20××/12/31	复核人	关××	复核时间	20××/5/10

关键控制名称	评价标准	分值	权重	判断依据	实际得分
存货取得	根据各种存货采购间隔期和当前库存，综合考虑企业生产经营计划、市场供求等因素，充分利用信息系统，合理确定存货采购日期和数量，确保存货处于最佳库存状态				
	考虑到存货取得的风险管控措施主要体现在预算编制和采购环节，由相关的预算和采购内部控制加以规范				
存货验收	重视存货验收工作，规范存货验收程序和方法，对入库存货的数量、质量、技术规格等方面进行查验，验收无误方可入库				
	外购存货的验收，重点关注合同、发票等原始单据与存货的数量、质量、规格等核对一致				
	涉及技术含量较高的货物，必要时委托具有检验资质的机构或聘请外部专家协助验收				
	自制存货的验收，重点关注产品质量，检验合格的半成品、产成品才能入库，出现不合格品应及时查明原因、落实责任、报告处理				
	对以其他方式取得的存货的验收，重点关注存货来源、质量状况、实际价值是否符合有关合同或协议的约定				

（续表）

关键控制名称	评价标准	分值	权重	判断依据	实际得分
存货保管	存货在不同仓库之间流动时办理出入库手续				
	按仓储物资所要求的储存条件贮存，并健全防火、防洪、防盗、防潮、防病虫害和防变质等管理规范				
	加强生产现场的材料、周转材料、半成品等物资的管理，防止其浪费、被盗和流失				
	对代管、代销、暂存、受托加工的存货，单独存放和记录，避免与本单位存货混淆				
	结合企业的实际情况，加强存货的保险投保，保证存货安全，合理降低存货意外损失风险				
存货发出	明确存货发出和领用的审批权限				
	大批存货、贵重商品或危险品的发出实行特别授权				
	仓储部门根据经审批的销售（出库）通知单发出货物				
存货记录	仓储部门详细记录存货入库、出库及库存情况				
	做到存货记录与实际库存相符				
	仓储部门定期与财会部门、存货管理部门对相关数据进行核对				
存货库存	根据各种存货采购间隔期和当前库存，综合考虑企业生产经营计划、市场供求等因素，充分利用信息系统，合理确定存货采购日期和数量，确保存货处于最佳库存状态				
存货清查	建立存货盘点清查制度，结合本企业的实际情况确定盘点周期、盘点流程等相关内容，核查存货数量，及时发现存货减值迹象				
	至少应当于每年年度终了开展全面盘点清查，盘点清查结果应当形成书面报告				
	盘点清查中发现的盘盈、盘亏、毁损、闲置及需要报废的存货，查明原因、落实并追究责任，按照规定权限批准后处置				
存货处置	定期对存货进行检查，及时、充分了解存货的存储状态				
	对于存货变质、毁损、报废或流失的处理分清责任、分析原因、及时处理				

表 5-7　乌亥公司固定资产管理内部控制审计评价表

被审计单位名称	乌亥公司	被审计单位编码	001	索引编号	F-2	页次	1
业务流程名称	固定资产管理	业务流程编号	08.02	审计人	夏××	审计时间	20××/5/8
审计期间	上年度	截止日期	20××/12/31	复核人	关××	复核时间	20××/5/10

（续表）

关键控制名称	评价标准	分值	权重	判断依据	实际得分
固定资产取得	建立严格的固定资产交付使用验收制度				
	重视和加强固定资产的投保工作				
固定资产登记	制定适合本企业的固定资产目录，列明固定资产编号、名称、种类、所在地点、使用部门、责任人、数量、账面价值、使用年限、损耗等内容，有利于企业了解固定资产使用情况的全貌				
	按照单项资产建立固定资产卡片，资产卡片应在资产编号上与固定资产目录保持对应关系，详细记录各项固定资产的来源、验收、使用地点、责任单位和责任人、运转、维修、改造、折旧、盘点等相关内容，便于固定资产的有效识别				
	固定资产目录和卡片是否定期或不定期复核				
固定资产维护	将资产日常维护流程体制化、程序化、标准化，定期检查，及时消除风险，提高固定资产的使用效率，切实消除安全隐患				
	固定资产使用部门及管理部门建立固定资产运行管理档案，并据以制定合理的日常维修和大修理计划，并经主管领导审批				
	固定资产管理部门审核施工单位资质和资信，并建立管理档案				
	修理项目分类				
	明确需要招投标的项目，修理完成，由施工单位出具交工验收报告，经资产使用和管理部门核对工程质量并审批				
	重大项目进行专项审计				
	企业生产线等关键设备操作人员上岗前应由具有资质的技术人员对其进行充分的岗前培训				
	对特殊设备实行岗位许可制度，对资产运转进行实时监控，保证资产使用流程与既定操作流程相符，确保安全运行，提高使用效率				
固定资产升级	根据发展战略，充分利用国家有关自主创新政策，加大技改投入，不断促进固定资产技术升级，淘汰落后设备，切实做到保持本企业固定资产技术的先进性和企业发展的可持续性				
	定期对固定资产技术先进性进行评估，结合盈利能力和企业发展可持续性，资产使用部门根据需要提出技改方案，与财务部门一起进行预算可行性分析，并且经过管理部门的审核批准				
	管理部门需对技改方案实施过程适时监控、加强管理				
	有条件的企业建立技改专项资金并定期或不定期审计				
固定资产投保	严格执行固定资产投保政策				
	对应投保的固定资产项目按规定程序进行审批，及时办理投保手续				

关键控制名称	评价标准	分值	权重	判断依据	实际得分
固定资产抵押	规范固定资产抵押的管理，确定固定资产抵押程序和审批权限等				
	企业将固定资产用作抵押的，由相关部门提出申请，经企业授权部门或人员批准后，由资产管理部门办理抵押手续				
	加强对接收的抵押资产的管理，编制专门的资产目录，合理评估抵押资产的价值				
固定资产清查	财务部门组织固定资产使用部门和管理部门定期进行清查，明确资产权属，确保实物与卡、财务账表相符				
	在清查作业实施之前编制清查方案，经过管理部门审核后进行相关的清查作业				
	在清查结束后，清查人员编制清查报告				
	管理部门就清查报告进行审核，确保真实、可靠				
	针对清查过程中发现的盘盈（盘亏），应分析原因，追究责任，妥善处理				
	报告审核通过后及时调整固定资产账面价值，确保账实相符，并上报备案				
固定资产处置	建立健全固定资产处置的相关制度，区分固定资产不同的处置方式，采取相应控制措施，确定固定资产处置的范围、标准、程序和审批权限，保证固定资产处置的科学性，使企业的资源得到有效的运用				
	对使用期满、正常报废的固定资产，由固定资产使用部门或管理部门填制固定资产报废单，经企业授权部门或人员批准后，对该固定资产进行报废清理				
	对使用期限未满、非正常报废的固定资产，由固定资产使用部门提出报废申请，注明报废理由、估计清理费用和可回收残值、预计处置价格等；企业应组织有关部门进行技术鉴定，按规定程序审批后进行报废清理				
	对拟出售或投资转出及非货币交换的固定资产，由有关部门或人员提出处置申请，对固定资产价值进行评估，并出具资产评估报告，报经企业授权部门或人员批准后予以出售或转让；企业应特别关注固定资产处置中的关联交易和处置定价；固定资产的处置应由独立于固定资产管理部门和使用部门的相关授权人员办理；固定资产处置价格应报经企业授权部门或人员审批后确定；对于重大固定资产处置，应当考虑聘请具有资质的中介机构进行资产评估，采取集体审议或联签制度，涉及产权变更的，应及时办理产权变更手续				
	对出租的固定资产由相关管理部门提出出租或出借的申请，写明申请的理由和原因，并由相关授权人员和部门就申请进行审核，审核通过后应签订出租或出借合同，包括合同双方的具体情况，出租的原因和期限等内容				

表 5-8　乌亥公司无形资产管理内部控制审计评价表

被审计单位名称	乌亥公司	被审计单位编码	001	索引编号	F-3	页次	1
业务流程名称	无形资产管理	业务流程编号	08.03	审计人	夏××	审计时间	20××/5/8
审计期间	上年度	截止日期	20××/12/31	复核人	关××	复核时间	20××/5/10

关键控制名称	评价标准	分值	权重	判断依据	实际得分
无形资产取得	建立严格的无形资产交付使用验收制度				
无形资产验收	全面梳理外购、自行开发及以其他方式取得的各类无形资产的权属关系，加强无形资产权益保护，防范侵权行为和法律风险				
	采取严格保密措施，严防泄露商业秘密				
	企业购入或者以支付土地出让金等方式取得土地使用权，应取得土地使用权有效证明文件				
无形资产使用	强化无形资产使用过程的风险管控，充分发挥无形资产对提升企业产品质量和市场影响力的重要作用				
	建立健全无形资产核心技术保密制度，严格限制未经授权人员直接接触技术资料，对技术资料等无形资产的保管及接触应保有记录，实行责任追究，保证无形资产的安全与完整				
	对侵害本企业无形资产的，积极取证并形成书面调查记录，提出维权对策，按规定程序审核并上报，等等				
无形资产更新	定期对专利、专有技术等无形资产的先进性进行评估，淘汰落后技术				
	加大研发投入，促进技术更新换代，不断提升自主创新能力，努力做到核心技术处于同行业领先水平				
无形资产处置	建立无形资产处置的相关管理制度，明确无形资产处置的范围、标准、程序和审批权限等要求				
	无形资产的处置由独立于无形资产管理部门和使用部门的其他部门或人员按照规定的权限和程序办理				
	选择合理的方式确定处置价格				
	无形资产处置报经企业授权部门或人员审批				
	重大的无形资产处置，委托具有资质的中介机构进行资产评估				

六、形成意见

（一）梳理了资产管理现状，编制了资产管理业务流程目录

经审计，乌亥公司在设计资产管理内部控制时，整理了资产管理控制流程图、资产管理内部管理制度及相关文件，并对资产管理方面业务进行了认真梳理，按业务特点和

复杂程度，划分业务流程，编制了资产管理业务流程目录（见表 5-9）。

表 5-9　乌亥公司资产管理业务流程目录

流程编号	一级流程	二级流程
08	资产管理	
08.01		存货
08.02		固定资产
08.03		无形资产

（二）评估了资产管理风险，编制了资产管理风险点及风险描述表

经审计，乌亥公司在设计资产管理内部控制时，评估了资产管理风险，编制了资产管理风险点及风险描述表，具体如表 5-10、表 5-11 和表 5-12 所示。

表 5-10　乌亥公司存货管理风险点及风险描述表

风险点	风险描述
职责分工	存货管理机构设置和人员配备不合理，职责分工不清晰，不相容岗位未分离
存货入库	未对存货进行有效验收，可能导致入库存货数量、质量不符
存货保管	存货出入库手续不全，可能导致存货记录不完整 存货保管条件不合格，可能导致存货霉变或损毁 生产现场存货管理不善，可能导致存货浪费、被盗或流失 非自有存货与自有存货混存，可能导致存货管理混乱
存货出库	存货发出和领用未经有效批准，可能导致存货损失
库存控制	存货库存过多或过少，可能导致资金浪费或生产中断

表 5-11　乌亥公司固定资产管理风险点及风险描述表

风险点	风险描述
记录、维护与监控	固定资产记录不完整，可能导致账实不符 固定资产维护保养不当，可能导致生产中断，甚至发生安全事故 生产设备操作缺乏培训，可能导致设备损坏或发生安全事故
更新改造	固定资产技术落后，可能影响企业的可持续发展
投保	固定资产未按规定投保，可能加大资产损失风险
抵押、质押	固定资产的抵押与质押未经有效批准，可能导致资产损失
清查与处置	固定资产清查流于形式，可能导致无法及时发现和处理固定资产管理中存在的问题 固定资产随意处置，可能导致资产损失

表 5-12　乌亥公司无形资产管理风险点及风险描述表

风险点	风险描述
制度建设	无形资产制度不健全，责任不落实，可能导致无形资产不能有效利用
权属关系	无形资产权属不清，可能导致侵权行为或法律风险 商业秘密泄露，可能损害企业利益
技术更新	技术落后，可能导致企业缺乏核心竞争力
品牌建设	品牌建设不落实，可能导致企业品牌不被认可

（三）设计了资产管理内部控制，确定了控制目标及措施，编制了资产管理控制矩阵

经审计，乌亥公司内部控制建设组，在资产管理业务流程描述和风险评估的基础上，设计了资产管理内部控制，确定了控制目标及措施，编制了资产管理控制矩阵，具体如表 5-13 至表 5-15 所示。

表 5-13　乌亥公司存货管理控制目标及控制措施表

控制目标	控制措施
保证存货管理机构设置和人员配备合理，职责分工科学清晰	企业应当建立存货岗位责任制，明确内部相关部门和岗位的职责权限 企业应当实行不相容岗位相互分离，不相容岗位一般包括：存货的请购、审批与执行，存货的采购、验收与付款，存货的保管与相关记录，存货发出的申请、审批与记录，存货处置的申请、审批与记录等。对于一般性的不相容岗位职务实施岗位职责分离，对于重要的不相容岗位职务实施部门职责分离 企业应当对存货管理部门及仓储人员外的其他部门和人员接触存货进行限制，确有必要时应经过企业相关部门的特别授权
保证存货入库数量真实、质量合格	企业应当建立规范的存货验收程序和方法，明确对各种存货的验收组织和要求 在外购存货的验收中，应当重点关注合同、发票等原始单据与实物核对一致。查验无误的可以入库，否则应当及时查明原因，根据情况履行内部审批程序后处理。企业自身有检验能力的，由企业内部检验部门会同采购、仓储等部门进行联合验收，确定外购存货无误后入库；企业自身没有检验能力的，根据外购存货的重要程度，选择具有检验资质的机构或聘请外部专家协助检验 在自制存货的验收中，应当重点关注产品质量，针对不合格品应查明原因、落实责任、报告处理。此外，存货验收也应当完整记录存货数量情况 其他方式取得存货的验收，应当重点关注存货来源、质量状况、实有价值是否符合有关合同或协议的约定

（续表）

控制目标	控制措施
保证存货保管安全、完整	企业仓储部门应当会同财会部门、存货管理部门等定期对存货进行检查，包括： （1）存货在不同仓库之间流动时是否办理了完整的出入库手续； （2）存货储存条件是否符合库存存货要求，建立和健全防火、防盗、防潮、防病虫害和防变质等管理规范的情况； （3）生产现场的材料、低值易耗品、半成品等物资是否管理有序、记录清晰； （4）代管、代销、暂存、受托加工的存货是否单独存放和记录 企业仓储部门应当详细记录存货入库、出库及库存情况，做到存货记录与实际库存相符，并定期与财会部门、存货管理部门进行核对，并妥善保管对账记录。出现核对不一致的情况，应当及时查明原因，经企业内部批准后处理 企业应当建立存货盘点清查制度，结合本企业的实际情况确定盘点周期、盘点组织、盘点程序、盘点要求等相关内容。企业至少应当于每年年度终了开展全面盘点清查，盘点清查结果应当形成书面报告，由参加盘点的人员签字确认。盘点清查中发现盘盈、盘亏、毁损、冷背呆滞及需要报废的存货，应当查明原因、落实责任，按照规定权限批准后处置
保证存货出库经过有效批准	企业应当明确存货发出和领用的审批权限，大批存货、贵重商品或危险品的发出应当实行特别授权 仓储部门应当根据经审批的销售（出库）通知单发出货物，发现异常情况时，应当拒绝执行出库指令，并向有关部门报告和处理
库存控制	企业应当根据各种存货采购间隔期和当前库存，综合考虑企业的生产经营计划、市场供求等因素，充分利用信息系统，合理确定存货采购日期和数量，实现对物流运转的自动调节，确保存货处于最佳库存状态

表 5-14　乌亥公司固定资产管理控制目标及控制措施表

控制目标	控制措施
保证固定资产记录完整	企业应当制定固定资产目录，对每项固定资产进行编号，按照单项资产建立固定资产卡片，详细记录各项固定资产的来源、验收、运转、维修、改造、折旧、盘点等相关内容，并在具体固定资产上标示固定资产标签
保证固定资产使用状态良好	企业应当严格执行固定资产日常维修和大修理计划，定期对固定资产进行维护保养 企业应当强化对生产线等关键设备运转的监控，严格操作流程，实行岗前培训和岗位许可制度
保证固定资产技术的先进性	企业应当充分利用国家有关自主创新政策，加大技改投入，不断促进固定资产技术升级，淘汰落后设备
保证固定资产损失得到有效补偿	企业应当严格执行固定资产投保政策，对应投保的固定资产项目按规定程序进行审批，由专门的部门或人员负责投保事宜，及时足额办理投保手续 重大固定资产项目的投保，应当采取招标方式确定保险人
保证固定资产抵押、质押合理有效	企业应当建立固定资产抵押、质押管理制度，明确固定资产抵押、质押的条件、程序、审批权限和要求等，建立规范的固定资产抵押、质押管理流程 企业相关部门根据生产经营需要，提出固定资产抵押、质押申请，由企业有权部门或人员审核批准后，由企业资产管理部门办理抵押、质押手续。固定资产抵押、质押应当按规定进行登记备案

（续表）

控制目标	控制措施
保证及时发现和处理固定资产管理中存在的问题	企业应当建立固定资产清查制度，明确固定资产清查的组织、程序、频率和要求等内容，至少每年进行全面清查。对清查中发现的固定资产盘盈、盘亏、损毁、丢失、被盗等情况，清查人员应当及时查明原因，由全体清查人员签字确认清查报告，报企业内部批准后追究相关部门和人员的管理责任，妥善处理盘点差异
保证固定资产处置合理有效	企业应当加强对固定资产处置的控制，关注固定资产处置中的关联交易和处置定价。重要资产处置应当实行集体审议或联签制度，指定部门集中管理固定资产的处置，采取招投标或拍卖等公开化手段，保证固定资产处置行为的规范性

表 5-15　乌亥公司无形资产管理控制目标及控制措施表

控制目标	控制措施
保证无形资产制度健全、责任落实	企业应当加强对品牌、商标、专利、专有技术、土地使用权等无形资产的管理，分类制定无形资产管理办法，对无形资产的取得、培育、推广、保护、清查、处置等内容进行明确和规范，对相关部门和人员的职责权限进行明确
保证无形资产权属清晰、完整	企业应当全面梳理外购、自行开发及以其他方式取得的各类无形资产的权属关系，妥善保管无形资产权属证明，建立无形资产清册
保证商业秘密安全	企业应当采取有效措施，严守企业商业秘密。企业在保守商业秘密方面的一般措施包括建立保密制度、资料密级标示、加强保密教育、签订保密合同、订立保密协议、加强保卫措施、限制外人参观生产技术过程、安装监控、派专人封存和保管有关资料等
保证企业技术先进	企业应当定期对专利、专有技术等无形资产的先进性进行评估，淘汰落后技术，加大研发投入，促进技术更新换代，不断提升自主创新能力
保证企业品牌形象维护和提升	企业应当重视和加强品牌建设，通过提供高质量产品和优质服务更新品牌市场形象、创新品牌运营模式、注重品牌的法律维护等多种方式，不断打造和培育主业品牌，切实维护和提升企业品牌的社会认可度

第 6 章

销售业务内部控制审计实务及案例

第 1 节　基本概念

一般来说，销售主要是指组织销售商品并取得货款的行为。销售涉及可供销售的商品和劳务的所有权转让的各项业务和过程。它由客户提出订货要求开始，将商品或劳务转化为应收账款，并以最终收回现金结束。

《企业内部控制应用指引第 9 号——销售业务》第二条规定："本指引所称销售，是指企业出售商品（或提供劳务）及收取款项等相关活动。"审计界，把销售与收款作为一个业务循环，是指企业从接受顾客订单开始，直到货款收回（或货物退回）为止，所经过的整个业务活动过程。

销售是经营的主要环节，是实现商品价值、增加收入、获取利润的主要途径。销售是一种商品交易，涉及现金与商品的进出，次数频繁，极易产生错弊，使企业遭受损失，因此，必须加强管理和控制。

销售业务内部控制审计，就是对被审计单位销售业务内部控制设计与运行的有效性的审查和评价活动，对促使被审计单位加强销售业务内部控制建设、防范销售业务风险具有重要意义。

企业应当建立对销售业务内部控制的审计制度，明确审计机构或人员的职责权限，定期或不定期地进行检查。内部审计部门或人员应检查销售与收款业务内部控制制度是否健全，各项规定是否得到有效执行。

第 2 节　内容和要点

一般认为销售业务内部控制审计的内容和要点包括以下几点。

一是销售策略和政策的审计，评估企业销售策略和政策的制定和实施情况，包括销售目标和指标的设定、销售渠道和方式的选择，以确保销售活动的合规性和有效性。

二是销售流程的审计，评估企业的销售流程的规范和监控措施，包括销售订单的接收和处理、产品交付和服务提供、销售合同的签订和履行，以确保销售活动的合规性和有效性。

三是销售风险管理的审计，评估企业的销售风险管理体系和控制措施，包括销售风险的识别、评估和应对，以确保销售活动的合规性和有效性。

我们认为销售业务内部控制审计内容，因审计组织、审计要求及审计方式的不同而不同。采用传统的全面审计方式，销售业务内部控制审计审查和评价销售业务内部控制设计和运行的有效性，范围包括销售、收款等。采用现代以风险为导向的审计方式，审计人员应以销售业务风险为导向，审计已经设计完成的销售业务内部控制及其相关的管理制度是否有效执行，是否有效控制了销售业务风险；已经设计的销售业务各控制点的控制措施是否有效实施，是否有效防止了各控制环节的风险；组织是否根据业务、环境等的变化持续改进销售业务内部控制等。

第 3 节　程序和方法

一般认为销售业务内部控制审计的程序和方法包括以下内容。

一是销售策略和政策分析与评估。对企业销售策略和政策进行分析与评估，了解其制定和实施情况，以确保销售活动的合规性和有效性。

二是销售流程的审计追踪。对企业销售流程的实施情况进行审计追踪，了解销售订单的接收和处理情况、产品交付和服务提供情况、销售合同的签订和履行情况，以确保销售活动的合规性和有效性。

三是销售风险管理的审计追踪。对企业销售风险管理体系和控制措施的实施情况进行审计追踪，了解销售风险的识别、评估和应对情况，以确保销售活动的合规性和有效性。

我们认为销售业务内部控制审计一般程序包括销售业务内部控制有效性调查了解、风险评估、控制测试、评价缺陷、审计评价、形成意见等。销售业务的审计，通常可以独立于其他业务循环进行，然后随着证据的积累再与其他业务循环的审计结合起来。

一、调查了解

调查了解，就是调查了解销售业务内部控制设计和运行的基本情况，是销售业务内部控制审计实施阶段的首要环节。

销售业务调查了解这项工作是在内部控制审计总体工作的准备阶段的基础上进行的，涉及具体内容很多，也因单位的不同而不同。

对销售业务内部控制调查了解的方法有文字叙述法、调查表法、流程图法、控制矩阵法等。这些方法各有其特点，经常综合运用。

在实际审计工作中，为提高销售业务内部控制审计效率，调查了解工作应同销售业务现场测试工作一并进行，不宜为满足调查需求而走形式。

二、风险评估

按照风险导向审计理论，审计人员进行销售业务内部控制审计应当以风险评估为基础，选择拟测试的控制，确定测试所需要收集的证据。

（一）销售业务风险识别

评估销售业务风险，首先要把销售业务具体风险识别出来，然后整理出整体层面的风险。销售业务具体风险是多种多样的，也因组织的不同而不同。

销售业务风险一般有以下几种。

一是经营风险，包括：随意降价导致收入减少；擅自提价导致市场丢失；赊销失控导致坏账或货款不能及时回笼；货物发出不符合销售管理规定；未经审核，擅自变更产品销售合同标准文本中涉及权利、义务的条款导致的风险。

二是财务风险，包括：虚增或截留收入；多计或少计应收账款；销售收入计算错误；会计科目核算错误；货款回笼误入账户；应收账款核算及账龄分析不准确。

三是合规风险，包括：违反相关规定和市场规律，导致遭受处罚或损失；产品销售合同不符合国家法律、法规和公司内部规章制度的要求，造成损失。

按照《企业内部控制应用指引第9号——销售业务》的要求，在评估销售业务风险时，评估人员至少应当关注以下风险：销售政策和策略不当，市场预测不准确，销售渠道管理不当等，可能导致销售不畅、库存积压、经营难以为继；客户信用管理不到位，结算方式选择不当，账款回收不力等，可能导致销售款项不能收回或遭受欺诈；销售过程存在舞弊行为，可能导致企业利益受损。

【案例分享】

根据我们长期从事内部控制审计的经验，销售业务中存在的主要风险有：

销售行为违反国家销售法规，可能遭受外部处罚、经济损失和信誉损失；

销售未经适当审批或超越授权审批，可能因重大差错、舞弊、欺诈而导致损失；

销售政策和信用政策管理不规范、不科学，可能导致资产损失或资产运营效率低下；

合同或协议签订未经正确授权，可能导致资产损失、舞弊和销售诉讼；

应收账款和应收票据管理不善，账龄分析不准确，可能由于未能收回或未能及时收回欠款而导致收入流失和销售诉讼等方面的风险。

在销售业务内部控制构建与实施过程中，组织应根据内部控制应用指引中有关销售业务风险的提示，结合销售业务的实际情况，识别并具体描述销售业务方面存在的风险，以便完善销售业务的内部控制，有效地控制销售业务风险。销售业务具体风险描述因所识别风险的不同而不同，将具体销售业务风险与销售业务流程结合是个比较好的做法。

（二）销售业务风险分析

销售业务风险分析的内容很多，一般应从成因和结果两个方面进行销售业务风险分析，并编制销售业务风险分析表。

（三）销售业务风险评价

销售业务风险评价应从可能性和影响程度两个维度进行，根据评价结果进行风险排序、划分风险等级，并编制销售业务风险评价表。

（四）销售业务风险应对

销售业务风险应对是根据风险评价的结果，针对不同等级风险选择销售业务风险应对策略的过程。针对不同等级的销售业务风险采取的应对策略不一样，一般有规避、降低、转移、接受等策略。不论选择哪种策略应对销售业务风险，都需要编制销售业务风险应对表。

（五）构建销售业务风险数据库或绘制风险图谱

依据销售业务风险评价的结果构建销售业务层面的风险数据库或绘制风险图谱。销售业务层面数据的基本要素包括业务流程、风险描述、风险分析、风险排序、应对策略、剩余风险等，也可以加上内部控制设计完成后的控制措施、控制部门或岗位等。风险图谱一般适用于整体层面的风险描述。

三、控制测试

销售业务内部控制测试，就是审计人员现场测试销售业务内部控制设计和运行的有效性。

对销售业务内部控制设计有效性进行测试时，审计人员应当综合运用询问适当人员、观察经营活动和检查相关文件等程序。

对销售业务内部控制运行有效性进行测试时，审计人员应当综合运用询问适当人员、观察经营活动、检查相关文件及重新执行控制等程序。

在审计实践中，审计人员对销售业务内部控制设计有效性和运行有效性是一并进行测试的，测试重点是销售业务关键控制。

（一）销售业务关键控制

组织在构建与实施销售业务内部控制过程中，要针对销售业务风险评估的结果，确定销售业务的一般控制点和关键控制点，并编制销售业务控制要点表。确定销售业务的一般控制点和关键控制点是很困难的事，要根据实际情况确定，也因人们的专业判断的不同而不同。审计界，一般将销售业务按照业务处理流程划分为订单处理、信用审查、折扣和折让、供货、装运、开具发票、记录销售、收款、销售退回、坏账处理 10 个控制环节。《企业内部控制应用指引第 9 号——销售业务》重点对客户开发与信用管理、销售合同、销售发货、销售记录、客户服务、应收账款、商业票据管理和会计系统等环节进行规范。

（二）销售业务控制目标

销售业务控制目标就是要保证销售业务合法、安全、有效、可靠，从而有效控制可能发生的销售政策和策略不当，市场预测不准确，销售渠道管理不当等，可能导致销售不畅、库存积压、经营难以为继；客户信用管理不到位，结算方式选择不当，账款回收不力等，可能导致销售款项不能收回或遭受欺诈；销售过程存在舞弊行为，可能导致企业利益受损等方面的风险。在实际工作中，销售业务控制目标应根据识别出来的销售业务可能存在的具体风险来设计，不能固定化、模式化。一般来说，销售业务控制目标包括：保证销售业务均经适当审批；保证销售业务及销售收入的真实性、完整性及会计处理的合理性；保证应收账款的真实性及可收回性及会计处理的合理性；保证应收票据的真实性、合法性、完整性及会计处理的合理性；保证应收账款收回货币资金的完整性及相关处理的及时性、合理性；保证销货折扣与销货折让的适度性及处理的恰当性；保证销货退回处理的合理性及揭示的充分性；保证坏账准备提取的充分性及坏账处理的合理性等。

（三）销售业务控制措施

组织在构建与实施销售业务内部控制过程中，要强化对销售业务的控制点，尤其是关键控制点的风险控制，并采取相应的控制措施。企业销售业务控制措施要与销售业务相融合，嵌入销售业务流程当中。

组织应当结合实际情况，全面梳理销售业务流程，完善销售业务相关管理制度，确定适当的销售政策和策略，明确销售、发货、收款等环节的职责和审批权限，按照规定的权限和程序办理销售业务，定期检查分析销售过程中的薄弱环节，采取有效控制措施，确保实现销售目标。

（四）销售业务控制证据

为了销售业务控制制度能够有效实施，需要制定必要的表单，为销售业务过程留下控制证据。销售业务相关表单很多，包括客户订货单、销货单、销货合同、发运单、销货发票、销货日记账或明细账、销货退回及折让日记账或明细账、应收账款明细账、收款凭证、坏账审批表、客户对账单等。

（五）销售业务控制制度

组织销售业务控制制度不是独立建立一套新的制度，而是将内部控制思想嵌入销售业务控制制度中去。销售业务控制制度到底制定多少个，内容到底包括哪些，这因组织的不同而不同。从务实的角度考虑，销售业务控制制度并非越多越好，可制定一个统一的销售业务控制制度，内容至少应明确客户开发与信用管理、销售合同、销售发货、销售记录、客户服务、应收账款、商业票据管理和会计系统等环节的职责和审批权限。从内部控制视角看，针对控制点制定相应的控制制度是中天恒多年咨询经验的总结。

不论销售业务控制制度采取什么样的形式制定，企业应认真学习领会《企业内部控制基本规范》《企业内部控制应用指引第 9 号——销售业务》等法律法规的精神实质和原则要求，并以此为起点构建和实施销售业务内部控制。《企业内部控制应用指引第 9 号——销售业务》界定了销售业务的定义，描述了销售业务中的风险，明确了销售、收款方面的控制措施，对优化企业销售业务制度具有重要意义。

（六）销售业务控制流程图

销售业务控制流程图大多是一般业务流程图，未标注销售业务风险点和控制点。笔者主张销售业务控制流程图要根据销售业务流程、风险点、控制点及其相关的控制措施，结合具体单位的实际情况来绘制。特别要强调的是，应把销售业务内部控制流程和销售业务流程整合在一起，并在图上标示风险点和控制点。

（七）销售业务控制矩阵

销售业务控制矩阵是对销售业务控制流程图中风险点、控制措施和控制证据等的详细说明与描述，是销售业务内部控制设计结果的集中体现，也是内部控制管理手册的重要组成部分。销售业务控制矩阵实际上是上述工作的汇总。

四、评价缺陷

评价销售业务内部控制缺陷，就是对销售业务内部控制存在的设计和运行有效性方面的缺陷进行分析和评价。

对已发现的销售业务内部控制重大缺陷，审计人员应当及时以书面形式与被审计单位进行沟通，核对测试结果和数据，确认销售业务内部控制缺陷事实并在缺陷认定底稿上签章。

第 4 节　实务案例

20××年4月15日至5月10日，乌亥集团内审部委托中天恒会计师事务所（以下简称"中天恒"），组成联合内部控制审计组（以下简称"审计组"），依据《企业内部控制基本规范》《企业内部控制应用指引第9号——销售业务》等有关规定，对乌亥公司销售业务内部控制进行了审计。其审计程序如表6-1所示。

表 6-1　乌亥公司销售业务内部控制审计程序

被审计单位名称	乌亥公司	被审计单位编码	001	索引编号	O	页次	1
业务流程名称	销售业务	业务流程编号	09	审计人	蒋××	审计时间	20××/4/15
审计期间	上年度	截止日期	20××/12/31	复核人	王××	复核时间	20××/5/10

序号	审计程序	细分程序	执行情况说明	工作底稿索引号
1	调查了解	销售业务内部控制有效性调查了解		A
2	初步评价	销售业务内部控制初步评价		B
3	风险评估	销售业务内部控制风险评估		C
4	控制测试	销售业务内部控制有效性测试		D
5	评价缺陷	销售业务内部控制缺陷评价		E
6	审计评价	销售业务内部控制审计评价		F
7	形成意见	销售业务内部控制审计结果汇总		H
说明	1. 每一个审计程序可细分为若干具体程序； 2. 上述审计程序可结合进行，以提高审计工作效率； 3. 在执行每一步骤后，应填写"执行情况说明"一栏			

一、调查了解

审计组从乌亥公司销售、收款两个维度设计了销售业务内部控制情况调查问卷，具体如表 6-2、表 6-3 所示。

表 6-2　乌亥公司销售内部控制调查问卷

被审计单位名称	乌亥公司	被审计单位编码	001		索引编号	A-1	页次	1
业务流程名称	销售	业务流程编号	09.01		审计人	李××	审计时间	20××/4/16
审计期间	上年度	截止日期	20××/12/31		复核人	张××	复核时间	20××/4/23

控制要点	调查内容	调查结果			证据名称	被调查部门	被调查人
		是	否	不适应			
销售计划	是否根据发展战略和年度生产经营计划，结合本企业实际情况，制定年度销售计划，在此基础上，结合客户订单情况，制定月度销售计划，并按规定的权限和程序审批后下达执行					销售部门	李××
	是否定期对各产品（商品）的区域销售额、进销差价、销售计划与实际销售情况等进行分析，结合生产现状，及时调整销售计划						
	调整后的销售计划是否履行相应的审批程序						
客户开发与信用管理	是否加强市场调查						
	是否合理确定定价机制和信用方式						
	是否根据市场变化及时调整销售策略						
	是否灵活运用销售折扣、销售折让、信用销售、代销和广告宣传等多种策略和营销方式						
	是否促进销售目标实现，不断提高市场占有率						
	是否健全客户信用档案，关注重要客户资信变动情况，采取有效措施，防范信用风险						
	企业对于境外客户和新开发客户，是否建立严格的信用保证制度						
销售定价	是否根据有关价格政策，综合考虑企业财务目标、营销目标、产品成本、市场状况及竞争对手情况等多方面因素，确定产品基准定价						
	是否定期评价产品基准价格的合理性						
	定价或调价是否经具有相应权限人员的审核批准						
	在执行基准定价的基础上，是否针对某些商品授予销售部门一定限度的价格浮动权						

（续表）

控制要点	调查内容	调查结果			证据名称	被调查部门	被调查人
		是	否	不适应			
销售定价	销售部门是否结合产品市场特点，将价格浮动权向下实行逐级递减分配，同时明确权限执行人					销售部门	李××
	价格浮动权限执行人是否严格遵守规定的价格浮动范围						
	销售折扣、销售折让等政策的制定是否由具有相应权限人员审核批准						
	销售折扣、销售折让授予的实际金额、数量、原因及对象是否予以记录，并归档备查						
销售合同	企业在销售合同订立前，是否与客户进行业务洽谈、磋商或谈判，关注客户信用状况、销售定价、结算方式等相关内容						
	重大的销售业务谈判是否吸收财会、法律等专业人员参加，并形成完整的书面记录						
	销售合同是否明确双方的权利和义务						
	销售合同审批人员是否对销售合同草案进行严格审核						
	重要的销售合同，是否征询法律顾问或专家的意见						
销售发货	企业销售部门是否按照经批准的销售合同开具相关销售通知						
	发货和仓储部门是否对销售通知进行审核，严格按照所列项目组织发货，确保货物的安全发运						
	企业是否加强销售退回管理，分析销售退回原因，及时妥善处理						
	是否严格按照发票管理规定开具销售发票						
	是否严禁开具虚假发票						
销售记录	是否做好销售业务各环节的记录，填制相应的凭证，设置销售台账						
	是否实行全过程的销售登记制度						
客户服务	是否完善客户服务制度						
	是否加强客户服务和跟踪						
	是否提升客户的满意度和忠诚度						
	是否不断提高产品质量和服务水平						

表 6-3　乌亥公司收款内部控制调查问卷

被审计单位名称	乌亥公司	被审计单位编码	001	索引编号	A-2	页次	1
业务流程名称	收款	业务流程编号	09.02	审计人	李××	审计时间	20××/4/16
审计期间	上年度	截止日期	20××/12/31	复核人	张××	复核时间	20××/4/23

控制要点	调查内容	调查结果			证据名称	被调查部门	被调查人
		是	否	不适应			
应收账款	是否完善应收款项管理制度，严格考核，实行奖惩					财务部门	赵××
	销售部门是否负责应收款项的催收						
	催收记录（包括往来函电）是否妥善保存						
	财会部门是否负责办理资金结算并监督款项回收						
商业票据	是否加强商业票据管理						
	是否明确商业票据的受理范围						
	是否严格审查商业票据真实性和合法性，防止票据欺诈						
	是否关注商业票据取得、贴现和背书，对已贴现但仍承担收款风险的票据及逾期票据进行追索监控和跟踪管理						
会计系统控制	是否加强对销售、发货、收款业务的会计系统控制，详细记录销售客户情况、销售合同、销售通知、发运凭证、商业票据、款项收回等情况，确保会计记录、销售记录与仓储记录核对一致						
	是否指定专人通过函证等方式，定期与客户核对应收账款、应收票据、预收账款等往来款项						
	是否加强应收款项坏账的管理						
	应收款项全部或部分无法收回的，是否查明原因，明确责任，并严格履行审批程序，按照国家统一的会计准则制度进行处理						

　　从上述销售、收款情况调查问卷内容来说，符合《企业内部控制基本规范》《企业内部控制应用指引第9号——销售业务》等有关规定。

二、风险评估

　　审计组编制的乌亥公司销售业务风险评估表如表6-4所示。

表 6-4　乌亥公司销售业务风险评估表

被审计单位名称	乌亥公司	被审计单位编码	001		索引编号	C	页次		1
业务流程名称	销售业务	业务流程编号	09		审计人	蒋××	审计时间		20××/4/27
审计期间	上年度	截止日期	20××/12/31		复核人	王××	复核时间		20××/5/1

流程编号	一级流程	二级流程	风险描述	可能性	影响程度	风险排序
09	销售业务		销售政策和策略不当，市场预测不准确，销售渠道管理不当等，可能导致销售不畅、库存积压、经营难以为继			
			客户信用管理不到位，结算方式选择不当，账款回收不力等，可能导致销售款项不能收回或遭受欺诈			
			销售过程存在舞弊行为，可能导致企业利益受损			
09.01		销售计划制定与执行				
09.02		投标管理				

　　本案例描述了乌亥公司销售业务这个一级流程的风险，但未对二级流程风险进行描述，也未对风险大小进行排序，不利于审计人员以此风险评估表为基础选择拟测试的控制。

　　从我们从事内部控制审计的实践看，销售业务中存在的主要风险如下。

- 销售计划未经有效审批。
- 发货没有根据有效的发货指令。
- 交接凭证记录数据不完整、不准确（数量、质量），交接记录未经双方确认。
- 预收账款余额不正确；预收账款被错误地确认为销售收入，或将预收款项长期挂账，不及时确认销售收入。
- 现金收款没有及时、安全存入银行。
- 现金收款情况未及时进行审核。
- 定期结算未签订有效协议。
- 欠款未及时确认。

三、控制测试

　　审计组同时进行乌亥公司销售业务内部控制设计和运行有效性的测试。在审计现场测试过程中，审计人员一方面通过现场询问的方式，了解各岗位具体经办人员对流程的熟知程度；另一方面采取问卷调查、随机抽查具体业务档案资料等方式，对该业务的主要业务环节及相关控制点进行了符合性测试。

审计测试结果表明，乌亥公司销售业务有 14 个具体业务流程步骤、38 个控制点。乌亥公司执行的控制点有 37 个，其中部分未执行的控制点有 3 个。

四、评价缺陷

经审计，乌亥公司销售业务内部控制缺陷如下。

- 未按流程要求完善内部管理，制度执行不力。销售中心目前开发了"客户资料"软件，制定了信用等级评定标准，成立了销售部门业务室负责人参加的档案工作小组，定期检查档案管理工作。经测试，目前"客户资料"软件运行未完全正常，客户信用资料不全，客户动态录入不及时，信用等级评定标准未经审核评定。

- 实际操作及现行制度与流程要求不一致。按照乌亥公司《存货管理制度》中存货管理责任分工："实物存货的采购、运输、保管由物资供应中心、计划部、贮运部和相关生产作业部、车间等专项负责。财务部参与存货采购计划的制定、存货计价方法的确定、存货成本控制、存货盘点时间和方法的确定及存货盘盈盘亏处理等。"销售及生产部门不参加产品的盘点。这与该业务流程所要求的"月末，各分（子）公司生产、营销、仓储、财务等部门进行盘点核对"相矛盾。测试结果显示：财务部门每半年参加一次存货盘点，生产部门、销售部门均未参与盘点。

五、审计评价

审计组对乌亥公司销售业务内部控制进行审计评价的主要工作底稿如表 6-5、表 6-6 所示。

表 6-5　乌亥公司销售内部控制审计评价表

被审计单位名称	乌亥公司	被审计单位编码	001	索引编号	F-1	页次	1
业务流程名称	销售	业务流程编号	09.01	审计人	夏××	审计时间	20××/5/8
审计期间	上年度	截止日期	20××/12/31	复核人	关××	复核时间	20××/5/10

关键控制名称	评价标准	分值	权重	判断依据	实际得分
销售计划	根据发展战略和年度生产经营计划，结合企业的实际情况，制定年度销售计划，在此基础上，结合客户订单情况，制定月度销售计划，并按规定的权限和程序审批后下达执行				
	定期对各产品（商品）的区域销售额、进销差价、销售计划与实际销售情况等进行分析，结合生产现状，及时调整销售计划				
	调整后的销售计划履行相应的审批程序				

关键控制 名称	评价标准	分值	权重	判断 依据	实际 得分
客户开发 与信用 管理	加强市场调查				
	合理确定定价机制和信用方式				
	根据市场变化及时调整销售策略				
	灵活运用销售折扣、销售折让、信用销售、代销和广告宣传等 多种策略和营销方式				
	促进销售目标实现，不断提高市场占有率				
	健全客户信用档案，关注重要客户资信变动情况，采取有效措 施防范信用风险				
	企业对于境外客户和新开发客户，建立严格的信用保证制度				
销售定价	根据有关价格政策，综合考虑企业财务目标、营销目标、产品成 本、市场状况及竞争对手情况等多方面因素，确定产品基准定价				
	定期评价产品基准价格的合理性				
	定价或调价经具有相应权限人员的审核批准				
	在执行基准定价的基础上，针对某些商品授予销售部门一定限 度的价格浮动权				
	销售部门结合产品市场特点，将价格浮动权向下实行逐级递减 分配，同时明确权限执行人				
	价格浮动权限执行人严格遵守规定的价格浮动范围，不得擅自 突破				
	对销售折扣、销售折让等政策的制定由具有相应权限人员审核批准				
	对销售折扣、销售折让授予的实际金额、数量、原因及对象予 以记录，并归档备查				
销售合同	企业在销售合同订立前，与客户进行业务治谈、磋商或谈判， 关注客户信用状况、销售定价、结算方式等相关内容				
	重大的销售业务谈判吸收财会、法律等专业人员参加，并形成 完整的书面记录				
	销售合同明确双方的权利和义务				
	销售合同审批人员对销售合同草案进行严格审核				
	重要的销售合同，征询法律顾问或专家的意见				
销售发货	企业销售部门按照经批准的销售合同开具相关销售通知				
	发货和仓储部门对销售通知进行审核，严格按照所列项目组织 发货，确保货物的安全发运				
	企业加强销售退回管理，分析销售退回原因，及时妥善处理				
	严格按照发票管理规定开具销售发票				
	严禁开具虚假发票				

（续表）

关键控制名称	评价标准	分值	权重	判断依据	实际得分
客户服务	完善客户服务制度				
	加强客户服务和跟踪				
	提升客户的满意度和忠诚度				
	不断提高产品质量和服务水平				

表 6-6　乌亥公司收款内部控制审计评价表

被审计单位名称	乌亥公司	被审计单位编码	001	索引编号	F-2	页次	1
业务流程名称	收款	业务流程编号	09.02	审计人	夏××	审计时间	20××/5/8
审计期间	上年度	截止日期	20××/12/31	复核人	关××	复核时间	20××/5/10

关键控制名称	评价标准	分值	权重	判断依据	实际得分
应收账款	完善应收款项管理制度，严格考核，实行奖惩				
	销售部门负责应收款项的催收				
	催收记录（包括往来函电）妥善保存				
	财会部门负责办理资金结算并监督款项回收				
商业票据	加强商业票据管理				
	明确商业票据的受理范围				
	严格审查商业票据真实性和合法性，防止票据欺诈				
	关注商业票据取得、贴现和背书，对已贴现但仍承担收款风险的票据及逾期票据，应当进行追索监控和跟踪管理				
会计系统控制	加强对销售、发货、收款业务的会计系统控制，详细记录销售客户情况、销售合同、销售通知、发运凭证、商业票据、款项收回等情况，确保会计记录、销售记录与仓储记录核对一致				
	指定专人通过函证等方式，定期与客户核对应收账款、应收票据、预收账款等往来款项				
	加强应收款项坏账的管理				
	应收款项全部或部分无法收回的，查明原因，明确责任，并严格履行审批程序，按照国家统一的会计准则制度进行处理				

六、形成意见

（一）梳理了销售业务现状，编制了销售业务流程目录

经审计，乌亥公司在设计销售业务内部控制时，整理了销售业务控制流程图、销售

业务内部管理制度及相关文件，并对销售业务进行了认真梳理，按业务特点和复杂程度，划分业务流程，编制了销售业务流程目录（见表 6-7）。

表 6-7　乌亥公司销售业务流程目录

流程编号	一级流程	二级流程	三级流程	四级流程
09	销售业务			
09.01		销售计划的制定与执行		
09.02		投标管理		
09.03		订单与收款管理		
09.03.01			零售业务管理	
09.03.02			合同客户管理	
09.04		发货与结算		
09.05		应收账款管理		
09.06		售后服务管理		
09.07		客户管理		
09.07.01			客户档案管理	
09.07.02			客户信用评价	
09.08		经销商管理		

（二）评估了销售业务风险，编制了销售业务风险点及风险描述表

经审计，乌亥公司在设计销售业务内部控制时，评估了销售业务风险，编制了销售业务风险点及风险描述表（见表 6-8）。

表 6-8　乌亥公司销售业务风险点及风险描述表

风险点	风险描述
销售	销售行为违反国家销售法规，可能遭受外部处罚、经济损失和信誉损失
	销售未经适当审批或超越授权审批，可能因重大差错、舞弊、欺诈而导致损失
	销售政策和信用政策管理不规范、不科学，可能导致资产损失或资产运营效率低下
	合同或协议签订未经正确授权，可能导致资产损失、舞弊和销售诉讼
收款	应收账款和应收票据管理不善，账龄分析不准确，可能由于未能收回或未能及时收回欠款而导致收入流失和销售诉讼等方面的风险

（三）设计了销售业务内部控制，确定了控制目标及措施，编制了销售业务控制矩阵

经审计，乌亥公司内部控制建设组，在销售业务流程描述和风险评估的基础上，设计了销售业务内部控制，确定了控制目标及措施，编制了销售业务关键控制点及控制措施表（见表 6-9）。

表 6-9 乌亥公司销售业务关建控制点及控制措施表

关键控制点	控制措施
职责分工与授权批准	企业应当建立销售与收款业务的岗位责任制,明确相关部门和岗位的职责权限,确保办理销售与收款业务的不相容岗位相互分离、制约和监督。 销售与收款不相容岗位至少应当包括:客户信用管理与销售合同或协议的审批、签订;销售合同或协议的审批、签订与办理发货;销售货款的确认、回收与相关会计记录;销售退回货品的验收、处置与相关会计记录;销售业务经办与发票开具、管理;坏账准备的计提与审批、坏账的核销与审批。 有条件的企业可以设立专门的信用管理部门或岗位,负责制定企业信用政策,监督各部门信用政策的执行情况。 信用政策应当明确规定定期(或至少每年)对客户资信情况进行评估,并就不同的客户明确信用额度、回款期限、折扣标准及违约情况下应采取的应对措施等。 企业应当合理采用科学的信用管理技术,不断收集、健全客户信用资料,建立客户信用档案或者数据库。 有条件的企业可以运用计算机信息网络技术集成企业分公司、子公司或业务分部的销售发货信息与授信情况,防止向未经信用授权客户发出货品,并防止客户以较低的信用条件同时与企业两个或两个以上的分公司、子公司进行交易而损害企业利益。 有条件的企业可以利用国家政策性出口信用保险机构的政策支持,防范风险。 企业应当建立销售业务授权制度和审核批准制度,并按照规定的权限和程序办理销售业务。 企业应当根据具体情况对办理销售业务的人员进行岗位轮换或者管区、管户调整
销售与发货	企业在销售合同或协议订立前,应当指定专人就销售价格、信用政策、发货及收款方式等具体事项与客户进行谈判。对谈判中涉及的重要事项,应当有完整的书面记录。 企业应当建立健全销售合同或协议审批制度,明确说明具体的审批程序及所涉及的部门人员,并根据企业的实际情况明确界定不同合同或协议金额审批的具体权限分配等。 审批人员应当对销售合同或协议草案中提出的销售价格、信用政策、发货及收款方式等严格审查并建立客户信息档案。 重要的销售合同或协议,应当征询销售顾问或专家的意见。 销售合同或协议草案经审批同意后,企业应当授权有关人员与客户签订正式销售合同或协议。签订合同或协议应当符合《民法典》的规定。 企业销售部门应当按照经批准的销售合同或协议编制销售计划,向发货部门下达销售通知单,同时编制销售发票通知单,并经审批后下达财会部门,由财会部门或经授权的有关部门在开具销售发票前对客户信用情况及实际出库记录凭证进行审查无误后,根据销售发票通知单向客户开出销售发票。 企业发货部门应当对销售发货单据进行审核,严格按照销售通知单所列的发货品种和规格、发货数量、发货时间、发货方式、接货地点组织发货,并建立货物出库、发运等环节的岗位责任制,确保货物的安全发运。 企业的销售退回必须经销售主管审批后方可执行。 销售退回的货物应当由质检部门检验和仓储部门清点后方可入库。 质检部门应当对客户退回的货物进行检验并出具检验证明。 仓储部门应当在清点货物、注明退回货物的品种和数量后填制退货接收报告。 财会部门应当对检验证明、退货接收报告,以及退货方出具的退货凭证等进行审核后办理相应的退款事宜。 企业应对退货原因进行分析并明确有关部门和人员的责任。

（续表）

关键控制点	控制措施
销售与发货	企业应当在销售与发货各环节做好相关记录，填制相应的凭证，建立完整的销售登记制度，并加强销售订单、销售合同或协议、销售计划、销售通知单、发货凭证、运货凭证、销售发票等文件和凭证的相互核对工作。 销售部门应当设置销售台账，及时反映各种商品、劳务等销售的开单、发货、收款情况，并由相关人员对销售合同或协议执行情况进行定期跟踪审阅。 销售台账应当附有客户订单、销售合同或协议、客户签收回执等相关购货单据
收款	企业应当及时办理销售收款业务，对以银行转账方式办理的销售收款，应当通过企业核定的账户进行结算。 企业应当将销售收入及时入账，不得账外设账，不得擅自坐支现金，企业应当避免销售人员直接接触销售现款。 企业应当建立应收账款账龄分析制度和逾期应收账款催收制度，销售部门应当负责应收账款的催收，催收记录（包括往来函电）要妥善保存，财会部门应当督促销售部门加紧催收，对催收无效的逾期应收账款可通过销售程序予以解决。 应收账款应分类管理，针对不同性质的应收款项，采取不同方法和程序，应严格区分并明确收款责任，建立科学、合理的清收奖励制度及责任追究和处罚制度，以有利于及时清理催收欠款，保证企业营运资产的周转效率。 企业应当按客户设置应收账款台账，及时登记并评估每一位客户应收账款余额增减变动情况和信用额度使用情况。 企业对于可能成为坏账的应收账款，应当按照国家统一的会计准则制度规定计提坏账准备，并按照权限范围和审批程序进行审批。 对确定发生的各项坏账，应当查明原因，明确责任，并在履行规定的审批程序后做出会计处理。 企业核销的坏账应当进行备查登记，做到账销案存，已核销的坏账又收回时应当及时入账，防止形成账外款。 企业应当结合销售政策和信用政策，明确应收票据的受理范围和管理措施。 企业应当加强对应收票据合法性、真实性的审查，防止购货方以虚假票据进行欺诈，企业应收票据的贴现必须经由保管票据以外的主管人员的书面批准。 企业应当有专人保管应收票据，对于即将到期的应收票据，应当及时向付款人提示付款。 已贴现但仍承担收款风险的票据应当在备查簿中登记，以便日后追踪管理。 企业应当制定逾期票据追索监控和冲销管理制度。 企业应当定期抽查、核对销售业务记录、销售收款会计记录、商品出库记录和库存商品实物记录，及时发现并处理销售与收款中存在的问题。 企业应当定期对库存商品进行盘点。 企业应当定期与往来客户通过函证等方式，核对应收账款、应收票据、预收账款等往来款项

销售业务是企业的主要经营业务之一，也是决定企业收入的重要环节。为了保证销售业务的有序进行，防止和揭露错误和舞弊，保证销售业务会计记录的真实可靠，企业有必要建立健全销售业务的内部控制，加强销售业务风险管理。《企业内部控制应用指引第 9 号——销售业务》要求企业结合实际情况，全面梳理销售业务流程，完善销售业

务相关管理制度，确定适当的销售政策和策略，明确销售、发货、收款等环节的职责和审批权限，按照规定的权限和程序办理销售业务，定期检查分析销售过程中的薄弱环节，采取有效控制措施，确保实现销售目标。

乌亥公司正是基于上述要求，把销售业务作为该公司内部控制建设的重要工作内容来抓，设计了销售业务方面的内部控制。乌亥公司识别了销售业务方面的风险点，并对主要风险进行简单归类，但对主要风险的描述不具体，没有针对性。乌亥公司销售业务方面的关键控制点及控制措施，细化了企业内部控制基本规范和应用指引的要求，具有可操作性。

第 7 章

工程项目内部控制审计 实务及案例

第 1 节 基本概念

《企业内部控制应用指引第 11 号——工程项目》第二条规定："本指引所称工程项目，是指企业自行或者委托其他单位所进行的建造、安装工程。"

工程项目一般工期相对较长、投资数额大，专业技术要求较高，如不加强管理和控制，往往容易发生舞弊行为。事实上，工程项目由于投入资源多、占用资金大、建设工期长、涉及环节多、多种利益关系错综复杂，已经构成了经济犯罪和腐败问题的"高危区"。

工程项目内部控制审计，就是对被审计单位工程项目内部控制设计与运行的有效性的审查和评价工作，对促使被审计单位加强工程项目内部控制建设、防范工程项目建设风险具有重要意义。

第 2 节 内容和要点

一般来说，工程项目内部控制审计的内容和要点有以下几点。

一是项目计划和目标，审查项目的计划和目标，包括项目的范围、时间、成本和质量等，以确保项目目标的合理性和可行性。

二是组织和管理，评估项目的组织结构和管理体系，包括项目团队的组建、职责和权限等，以确保项目的有效管理和协调。

三是风险管理，审查项目的风险管理措施，包括风险识别、评估和应对等，以降低项目的风险和不确定性。

四是资金和资源管理，评估项目的资金和资源管理情况，包括预算控制、采购管理和资源利用等，以确保项目的资金和资源的有效利用。

五是进度和质量控制，审查项目的进度和质量控制措施，包括进度计划、工作安排和质量标准等，以确保项目按时按质完成。

第3节　程序和方法

一般认为，工程项目内部控制审计程序和方法包括以下内容。

一是文档审查。审查工程项目的相关文件和记录，包括项目计划、合同、报告和会议记录等，了解项目的内部控制框架和管理情况。

二是访谈和观察。与项目管理人员、项目团队和其他利益相关者进行面对面的访谈，观察项目的运作和内部控制情况，了解他们对内部控制的认识和应对措施。

三是抽样测试。抽取一定数量的样本，对项目的内部控制和运作情况进行测试，验证其有效性和合规性。

四是风险评估。评估项目的风险管理和控制措施，包括风险的识别、评估和应对，以降低项目的风险和不确定性。

我们认为工程项目内部控制审计程序和方法，包括工程项目内部控制有效性调查了解、风险评估、控制测试、评价缺陷、审计评价、形成意见等，其中调查了解、控制测试、认定缺陷是主要程序。

一、调查了解

调查了解，就是调查了解工程项目内部控制设计和运行的基本情况，是工程项目部控制审计实施阶段的首要环节。

对工程项目内部控制进行调查了解，这项工作涉及的内容很多，其因工程项目的不同而不同，也因管理要求及工程建设所在地域的不同而不同。一般来说，工程项目内部控制调查了解的范围和内容包括工程项目内部控制设计和执行两个方面，具体如表7-1所示。

表 7-1　工程项目内部控制调查了解范围和内容

调查了解范围	调查了解环节	调查了解内容
内控设计	现状梳理	是否进行了工程项目现状梳理
		工程项目现状梳理是否有效
	风险评估	是否进行了工程项目风险评估
		工程项目风险评估是否有效
	控制要点	是否进行了工程项目控制要点及关键控制的确定
		工程项目控制要点及关键控制的确定是否有效
	控制目标	是否进行了工程项目控制目标的确定及其分解
		工程项目控制目标的确定及其分解是否有效
	控制措施	是否进行了工程项目控制措施的确定
		工程项目控制措施的确定是否有效
	控制证据	是否进行了工程项目控制证据的设计
		工程项目控制证据的设计是否有效
	制度优化	是否进行了工程项目管理制度的优化
		工程项目管理制度的优化是否有效
	控制流程图	是否绘制了工程项目控制流程图
		绘制的工程项目控制流程图是否有效
	控制矩阵	是否编制了工程项目控制矩阵
		编制的工程项目控制矩阵是否有效
内控运行	岗位设置	是否设置了必要的工程项目岗位
		设置的工程项目岗位是否有效
	职责分工	是否有明确的工程项目职责分工
		工程项目职责分工是否有效
	制度执行	是否颁布实施了工程项目控制制度
		工程项目控制制度执行是否有效
	措施落实	是否实施了工程项目控制措施
		工程项目控制措施执行是否有效
	内控监督	是否进行工程项目内控监督检查
		工程项目内控监督结果是否有效
	信息系统	是否进行工程项目内控信息化建设
		工程项目内控信息化建设结果是否有效
	内控考核	是否进行工程项目内控考核
		工程项目内控考核结果是否有效
	管理融合	工程项目内控是否与工程项目业务和管理相融合
	持续改进	是否根据业务、监管要求或法律法规等的变化持续维护工程项目内部控制
		工程项目内控持续改进结果是否有效

对工程项目内部控制调查了解的方法有文字叙述法、调查表法、流程图法、控制矩阵法等。这些方法各有其特点，经常综合运用。

就工程项目内部控制审计而言，在实际审计工作中，为提高工程项目内部控制审计效率，调查了解工作应同工程项目现场测试工作一并进行，不宜为满足调查而走形式。

二、控制测试

工程项目内部控制测试，就是审计人员现场测试工程项目内部控制设计和运行的有效性。

对工程项目内部控制设计有效性进行测试时，审计人员应当综合运用询问适当人员、观察经营活动和检查相关文件等程序。

对工程项目内部控制运行有效性进行测试时，审计人员应当综合运用询问适当人员、观察经营活动、检查相关文件及重新执行控制等程序。

在审计实践中，审计人员对工程项目内部控制设计有效性和运行有效性一般是一并进行测试的，测试重点是工程项目关键控制。一般来说，工程项目建设立项、招标、施工、验收等重要环节，其关键控制需要根据具体的工程项目进行风险评估后确定。工程立项关键控制如表 7-2 所示。

表 7-2　工程立项关键控制

关键控制	测试要点
项目建议	是否指定专门机构归口管理工程项目，根据发展战略和年度投资计划，提出项目建议书
	项目建议书的主要内容是否包括项目的必要性和依据、产品方案、拟建规模、建设地点、投资估算、资金筹措、项目进度安排、经济效果和社会效益的估计、环境影响的初步评价等
项目可研	是否指定专门机构归口管理工程项目，开展可行性研究，编制可行性研究报告
	可行性研究报告的内容是否包括：项目概况，项目建设的必要性，市场预测，项目建设选址及建设条件论证，建设规模和建设内容，项目外部配套建设，环境保护，劳动保护与卫生防疫，消防、节能、节水情况，总投资及资金来源，经济、社会效益，项目建设周期及进度安排，招投标法规定的相关内容，等等
	是否委托具有相应资质的专业机构开展可行性研究，并按照有关要求形成可行性研究报告
项目评审	是否组织规划、工程、技术、财会、法律等部门的专家对项目建议书和可行性研究报告进行充分论证和评审，发表评审意见，作为项目决策的重要依据
	在项目评审过程中，是否重点关注项目投资方案、投资规模、资金筹措、生产规模、投资效益、布局选址、技术、安全、设备、环境保护等方面，核实相关资料是否真实、可靠和完整
	是否委托具有相应资质的专业机构对可行性研究报告进行评审，发表评审意见
	从事项目可行性研究的专业机构是否从事可行性研究报告的评审

（续表）

关键控制	测试要点
项目决策	是否按照规定的权限和程序对工程项目进行决策
	决策过程是否有完整的书面记录
	重大工程项目的立项，是否报经董事会或类似权力机构集体审议批准
	总会计师或分管会计工作的负责人是否参与项目决策
	任何个人是否单独决策或者擅自改变集体决策意见
项目许可	在工程项目立项后、正式施工前，是否依法取得建设用地、城市规划、环境保护、安全、施工等方面的许可

三、评价缺陷

评价工程项目内部控制缺陷，就是对工程项目内部控制存在的设计和执行有效性方面的缺陷进行分析和评价。

一般把工程项目内部控制缺陷分为重大缺陷、重要缺陷和一般缺陷。

对已发现的工程项目内部控制重大缺陷，审计人员应当及时以书面形式与被审计单位进行沟通，核对测试结果和数据，确认工程项目内部控制缺陷事实并在缺陷认定底稿上签章。

第 4 节　实务案例

20××年 4 月 15 日至 5 月 10 日，乌亥集团内审部委托中天恒会计师事务所（以下简称"中天恒"），组成联合内部控制审计组（以下简称"审计组"），依据《企业内部控制基本规范》《企业内部控制应用指引第 11 号——工程项目》等有关规定，对乌亥公司工程项目内部控制进行了审计。其审计程序如表 7-3 所示。

表 7-3　乌亥公司工程项目内部控制审计程序

被审计单位名称	乌亥公司	被审计单位编码	001	索引编号	O	页次	1
业务流程名称	工程项目	业务流程编号	11	审计人	文××	审计时间	20××/4/15
审计期间	上年度	截止日期	20××/12/31	复核人	张××	复核时间	20××/5/10

序号	审计程序	细分程序	执行情况说明	工作底稿索引号
1	调查了解	工程项目内部控制有效性调查了解		A
2	初步评价	工程项目内部控制初步评价		B
3	风险评估	工程项目内部控制风险评估		C

（续表）

序号	审计程序	细分程序	执行情况说明	工作底稿索引号
4	控制测试	工程项目内部控制有效性测试		D
5	评价缺陷	工程项目内部控制缺陷评价		E
6	审计评价	工程项目内部控制审计评价		F
7	形成意见	工程项目内部控制审计结果汇总		H
说明	1. 每一个审计程序可细分为若干具体程序； 2. 上述审计程序可结合进行，以提高审计工作效率； 3. 在执行每一步骤后，应填写"执行情况说明"一栏			

一、调查了解

审计组从乌亥公司工程立项、工程招标、工程造价、工程建设、工程验收、项目后评价六个维度设计了工程项目内部控制情况调查问卷。

二、风险评估

审计组编制的乌亥公司工程项目风险评估表如表 7-4 所示。

表 7-4　乌亥公司工程项目风险评估表

被审计单位名称	乌亥公司	被审计单位编码	001	索引编号	C	页次	1
业务流程名称	工程项目	业务流程编号	11	审计人	文××	审计时间	20××/4/27
审计期间	上年度	截止日期	20××/12/31	复核人	张××	复核时间	20××/5/1

流程编号	一级流程	二级流程	风险描述	可能性	影响程度	风险排序
11	工程项目		• 立项缺乏可行性研究或者可行性研究流于形式，决策不当，盲目上马，可能导致难以实现预期效益或项目失败。 • 项目招标存在暗箱操作、商业贿赂，可能导致中标人实质上难以承担工程项目、中标价格失实及相关人员涉案。 • 工程造价信息不对称，技术方案不落实，概、预算脱离实际，可能导致项目投资失控。 • 工程物资质次价高，工程监理不到位，项目资金不落实，可能导致工程质量低劣、进度延迟或中断。 • 竣工验收不规范，最终把关不严，可能导致工程交付使用后存在重大隐患			

（续表）

流程编号	一级流程	二级流程	风险描述	可能性	影响程度	风险排序
11.01		工程立项				
11.02		工程招标				
11.03		工程造价				
11.04		工程建设				
11.05		工程验收				
11.06		项目后评价				

　　本案例描述了工程项目这个一级流程的风险，但未对工程立项、工程招标、工程造价、工程建设、工程验收等二级流程风险进行描述，也未对风险大小进行排序，不利于审计人员以此风险评估表为基础选择拟测试的控制。

三、控制测试

　　审计组同时进行乌亥公司工程项目内部控制设计和运行有效性的测试，测试重点是工程项目关键控制。

四、评价缺陷

　　经审计，乌亥公司工程项目内部控制评价如下。

- 内部组织。在内控设计方面，乌亥公司建立了《岗位职责及适应要求》，对基建相关职责界定比较明确，不相容职务已适当分离，岗位设置比较健全合理。在内控执行方面，乌亥公司能够按照岗位职责要求，配备适当的人员，严格遵循制度规定，执行比较有效。

- 项目决策。在内控设计方面，乌亥公司建立了《投资管理规定》，对基建项目的投资决策程序和要求进行了明确规定。在内控执行方面，乌亥公司二期、三期工程均能够按制度规定，履行可行性研究、独立评估、申报核准等程序，制度执行有效。

- 勘察设计。在内控设计方面，乌亥公司建立了《基本建设和技术改造项目管理规定》，对勘察设计及设计变更的程序和要求进行了规定，但未明确设计审查的要求。在内控执行方面，乌亥公司能够按制度规定执行，但也存在边设计边施工现象。

- 招投标管理。在内控设计方面，乌亥公司建立了《招标、比价、议价管理规定》，对招标、比价、议价的条件、程序、职责分工及要求进行了详细规定，制度规定比较健全合理。在内控执行方面，乌亥公司应该采用公开招投标时基本上采用邀请招标，未严格履行规定程序。

- 合同管理。在内控设计方面，乌亥公司建立了《合同管理规定》，对合同的签订、履行、保管等进行了规定，制度规定健全合理。在内控执行方面，乌亥公司对合同的审核不够严格，对合同台账的管理还不够完善。

- 甲供材管理。在内控设计方面，乌亥公司尚未建立相应的管理制度。在内控执行方面，乌亥公司主要参照生产物资管理相关规定执行，但甲供材管理比较混乱，突出表现在收、发、存资料的不健全。

- 工程管理。在内控设计方面，乌亥公司建立了《基本建设和技术改造项目管理规定》，但在工程进度管理、质量管理、安全管理上还缺少具体规定。在内控执行方面，乌亥公司主要依靠监理对工程进行进度、质量、造价、安全控制，通过监理月报和每周的协调会进行调控，能够实现对工程的管理目标。

- 工程造价。在内控设计方面，乌亥公司建立了《基本建设和技术改造项目管理规定》《工程建设项目审计工作管理办法》等制度，制度设计比较健全。在内控执行方面，乌亥公司总体能够按制度规定进行造价控制。

- 竣工验收。在内控设计方面，乌亥公司建立了《基本建设和技术改造项目管理规定》，对验收的规定比较具体。在内控执行方面，乌亥公司能够按制度规定进行验收。

- 财务管理。在内控设计方面，乌亥公司建立了《财务管理规定》《资金支付管理规定》，核算上主要执行《乌亥集团企业会计制度》，但缺少工程竣工决算方面的管理规定。在内控执行方面，乌亥公司能够严格按会计制度的规定进行核算，资金支付总体符合制度规定，但也存在个别合同超约定付款的情况。

- 档案管理。在内控设计方面，乌亥公司建立了《基本建设和技术改造项目管理规定》，明确了基建档案的归档程序和要求。在内控执行方面，乌亥公司基建档案未按制度规定及时进行归档，已归档的档案存在不完整的情况。

- 内部监督。在内控设计方面，乌亥公司建立了《基本建设项目监督审计操作程序》《工程建设项目审计工作管理办法》等审计规定，但对审计报告及问题整改方面的制度规定尚不明确。在内控执行方面，公司监督部能够按制度规定，及时对基建工程进行监督。

五、审计评价

工程项目内部控制审计评价是工程项目内部控制审计工作的一个重要环节。

在本案例中，工程项目内部控制评价基本上是以工程项目配套指引的规范为基本标准的，具体应用时，可结合具体工程项目实际情况确定标准。

六、形成意见

（一）梳理了工程项目业务流程目录，绘制了工程项目业务流程图

经审计，乌亥公司在设计工程项目内部控制时，梳理了工程项目业务流程目录（见表 7-5）。

表 7-5　乌亥公司工程项目业务流程目录

流程编号	一级流程	二级流程	三级流程	四级流程
11	工程项目			
11.01		工程立项		
11.01.01			项目建议	
11.01.02			项目可研	
11.01.03			项目评审	
11.01.04			项目决策	
11.01.05			项目许可	
11.01.05.01				建设用地许可
11.01.05.02				城市规划许可
11.01.05.03				环境保护许可
11.01.05.04				安全许可
11.01.05.05				施工许可
11.02		工程招标		
11.02.01			招标	
11.02.01.01				前期准备
11.02.01.02				招标公告
11.02.01.03				资格预审公告
11.02.01.04				资格审查
11.02.01.05				发售招标文件
11.02.02			投标	
11.02.02.01				现场考察
11.02.02.02				投标预备会
11.02.02.03				投标文件接收
11.02.03			开标	
11.02.04			评标	
11.02.05			定标	

（续表）

流程编号	一级流程	二级流程	三级流程	四级流程
11.02.05.01				发中标通知书
11.02.05.02				签订书面合同
11.03		工程造价		
11.03.01			工程设计	
11.03.01.01				初步设计
11.03.01.02				施工图设计
11.03.01.03				设计变更
11.03.02			工程概预算	
11.03.02.01				初步设计概算编制
11.03.02.02				施工图预算编制
11.03.02.03				工程概预算审核
11.04		工程建设		
11.04.01			工程施工	
11.04.01.01				施工准备
11.04.01.02				现场施工
11.04.02			工程物资	
11.04.02.01				工程物资采购
11.04.02.02				工程物资管理
11.04.03			工程监理	
11.04.03.01				施工质量监督
11.04.03.02				施工工期监督
11.04.03.03				施工进度监督
11.04.03.04				施工安全监督
11.04.03.05				资金使用监督
11.04.04			工程价款	
11.04.04.01				预付工程款
11.04.04.02				拨付工程进度款
11.04.05			工程变更	
11.04.05.01				工程量变更
11.04.05.02				项目内容变更
11.04.05.03				进度计划变更
11.04.05.04				施工条件的变更
11.05		工程验收		
11.05.01			竣工决算	

（续表）

流程编号	一级流程	二级流程	三级流程	四级流程
11.05.01.01				编制竣工决算
11.05.01.02				审核竣工决算
11.05.01.03				审计竣工决算
11.05.02			竣工验收	
11.05.02.01				签署竣工验收报告
11.05.02.02				办理竣工验收备案
11.05.02.03				编制交付使用财产清单
11.05.02.04				办理交付使用手续
11.05.02.05				办理工程价款清算
11.05.03			工程档案	
11.06		项目后评价		

（二）评估了工程项目风险，编制了工程项目风险点及风险描述表

经审计，乌亥公司在设计工程项目内部控制时，评估了工程项目风险，编制了工程项目风险点及风险描述表（见表 7-6）。

表 7-6　乌亥公司工程项目风险点及风险描述表

风险点	风险描述
工程立项	立项不充分和立项无审批等
施工准备	新建工程预算不准确和施工队的选择存在暗箱操作
施工管理	预付的工程款与合同规定不相符，预付款、进度款会计记录不正确，施工过程中质量不合格，进度款与工程进度、合同规定不一致
竣工验收	确定工程造价的方法、依据和程序不合理，导致工程造价不准确；工程决算没有领导审批；固定资产转资的原始依据不完整、不充分、不合规；等等

本案例确定了乌亥公司工程项目的风险点，包括工程立项、施工准备、施工管理、竣工验收，并对主要风险进行简单归类，但对主要风险的描述不具体，没有针对性。

（三）设计了工程项目关建控制点及控制措施，编制了工程项目关键控制点及控制措施表

经审计，乌亥公司内部控制建设组，在工程项目业务流程描述和风险评估的基础上，设计了工程项目内部控制，确定了工程项目关建控制点及控制措施，编制了工程项目关键控制点及控制措施表（见表 7-7）。

表 7-7　乌亥公司工程项目关建控制点及控制措施表

关键控制点	控制措施
职责分工与授权批准控制	企业应当建立工程项目业务的岗位责任制，明确相关部门和岗位的职责权限，确保办理工程项目业务的不相容岗位相互分离、制约和监督。 工程项目业务不相容岗位一般包括：项目建议、可行性研究与项目决策，概预算编制与审核，项目决策与项目实施，项目实施与价款支付，项目实施与项目验收，竣工决算与竣工决算审计。 企业应当根据工程项目的特点，配备合格的人员办理工程项目业务。办理工程项目业务的人员应当具备良好的业务素质和职业道德。企业应当配备专门的会计人员办理工程项目会计核算业务，办理工程项目会计业务的人员应当熟悉国家法律法规及工程项目管理方面的专业知识。对于重大项目，企业应当考虑聘请具备规定资质和胜任能力的中介机构（如招标代理、工程监理、财务监理等机构）和专业人士（如工程造价专家、质量控制专家等），协助企业进行工程项目业务的实施和管理。企业应建立适当的程序对所聘请的中介机构和专业人士的工作进行必要的督导。 企业应当建立工程项目授权制度和审核批准制度，并按照规定的权限和程序办理工程项目业务。 企业应当制定工程项目业务流程，明确项目决策、概预算编制、价款支付、竣工决算等环节的控制要求，并设置相应的记录或凭证，如实记载工程项目各环节业务的开展情况，确保工程项目全过程得到有效控制
项目决策控制	企业应当建立工程项目决策环节的控制制度，对项目建议书和可行性研究报告的编制、项目决策程序等做出明确规定，确保项目决策科学、合理。 企业应当组织工程、技术、财会、法律等部门的相关专业人员对项目建议书和可行性研究报告的完整性、客观性进行技术经济分析和评审，发表评审意见，作为项目决策的重要参考依据。 企业应当根据职责分工和审批权限对工程项目进行决策，决策过程应有完整的书面记录。重大的工程项目，应当报经董事会或者类似决策机构集体审议批准。严禁任何个人单独决策工程项目或者擅自改变集体决策意见。 企业应当建立工程项目决策及实施的责任制度，明确相关部门及人员的责任，定期或不定期地进行检查。 企业应当根据国家有关规定和企业实际情况，合理确定工程项目建设方式。对需要委托其他单位承担的工程项目，应当区别不同的发包方式（如包工包料、包工不包料等），制定相应的控制程序。按规定应进行招标的，应当按照相关法律法规的规定建立健全并有效实施相应的控制程序
概预算控制	企业应当建立工程项目概预算环节的控制制度，对概预算的编制、审核等做出明确规定，确保概预算编制科学、合理。 企业应当组织工程、技术、财会等方面的相关专业人员对编制的概预算进行审核，重点审查编制依据，工程量的估计、定额、参数、模型等的采用是否合理，项目内容是否完整，计算是否准确。审核人员应出具审核意见书面文件，并签章确认

（续表）

关键控制点	控制措施
价款支付与工程实施控制	企业应当建立工程进度价款支付环节的控制制度，对价款支付的条件、方式及会计核算程序做出明确规定，确保价款支付及时、正确。 企业会计人员应当对工程合同或协议约定的价款支付方式、有关部门提交的价款支付申请及凭证、审批人的批准意见等进行审查和复核。复核无误后，方可办理价款支付手续。工程进度款的支付要按工程项目进度或者合同或协议约定进行，不得随意提前支付。企业会计人员在办理价款支付业务过程中发现拟支付的价款与合同或协议约定的价款支付方式及金额不符，或与工程实际完工进度不符等异常情况，应当及时报告。 对于自行建造的工程项目，以及以包工不包料方式委托其他单位承担的工程项目，企业应当建立针对材料采购、收发、保管和记录的控制程序。 企业应当严格控制项目变更，对于必要的项目变更，应经过相关部门或中介机构（如工程监理、财务监理等）的审核。重大的项目变更应比照项目决策和概预算控制的有关程序严格加以控制。因工程变更等造成价款支付方式及金额发生变动的，应当提供完整的书面文件和其他相关资料。企业会计人员应当对工程变更所涉及的价款支付进行审核。 企业应当加强对工程项目资金筹集与运用、物资采购与使用、财产清理与变现等业务的会计核算，以真实、完整地反映工程项目成本费用发生情况、资金流入流出情况及财产物资的增减变动情况。 企业应当加强对在建工程项目减值情况的定期检查和归口管理，建立健全和严格执行减值准备的计提标准和审批程序。 企业应当针对工程项目质量、安全、进度等方面建立健全和有效实施相应的控制程序
竣工决算控制	企业应当建立竣工决算环节的控制制度，对竣工清理、竣工决算、决算审计、竣工验收等做出明确规定，确保竣工决算真实、完整、及时。 企业应当建立竣工清理制度，明确竣工清理的范围、内容和方法，如实填写并妥善保管竣工清理清单。 企业应当加强对工程剩余物资的管理，对需处置的剩余物资，应当明确处置权限和审批程序，并将处置收入及时入账。 企业应当依据国家法律法规的规定及时编制竣工决算。企业应当组织有关部门及人员对竣工决算进行审核，重点审查决算依据是否完备，相关文件资料是否齐全，竣工清理是否完成，决算编制是否正确。 企业应当建立竣工决算审计制度，及时组织竣工决算审计。未实施竣工决算审计的工程项目，原则上不得办理竣工验收手续。因生产经营急需确需组织竣工验收的，应同时组织竣工决算审计。 企业应当及时组织工程项目竣工验收，确保工程质量符合设计要求。企业应当对竣工验收进行审核，重点审查验收人员、验收范围、验收依据、验收程序等是否符合国家有关规定，并可聘请专业人士或中介机构帮助企业验收。 针对验收合格的工程项目，应当及时编制财产清单，办理资产移交手续，并加强对资产的管理。 企业应当建立工程项目后评价制度，对完工工程项目的经济性与项目建议书和可行性研究报告提出的预期经济目标进行对比分析，并作为绩效考核和责任追究的基本依据。 工程项目内部控制证据主要包括可行性研究报告（或项目建议书）、总体（初步）设计、年度投资计划、工程结算书、支付审批单、工程进度分析表、财务结算报告等

　　《企业内部控制应用指引第 11 号——工程项目》要求企业建立和完善工程项目各项管理制度，全面梳理各个环节可能存在的风险点，规范工程立项、招标、造价、建设、验收等环节的工作流程，明确相关部门和岗位的职责权限，做到可行性研究与决策、概预算编制与审核、项目实施与价款支付、竣工决算与审计等不相容职务相互分离，强化工程建设全过程的监控，确保工程项目的质量、进度和资金安全。乌亥公司正是基于上述要求，把工程项目作为该公司内部控制建设的重要工作内容来抓，设计了工程项目方面的内部控制；经过对识别出来的风险点的认真分析和评估，确定了工程项目方面的关键控制点；针对关键控制点，确定了工程项目方面的控制措施等，控制措施具有针对性和可操作性。

第 8 章

财务报告内部控制审计实务及案例

第 1 节　基本概念

《企业内部控制应用指引第 14 条——财务报告》第二条规定："本指引所称财务报告，是指反映企业某一特定日期财务状况和某一会计期间经营成果、现金流量的文件。"财务报告包括资产负债表、损益表及现金流量表等。

为了发挥财务报告的作用，规范财务报告行为，防范财务报告风险，组织应当通过设计内部控制手册，使全体员工了解财务报告的内部机构设置、岗位职责、业务流程等情况，明确权责分配，正确行使职权，从而保证财务报告的真实、完整。

财务报告内部控制审计，就是对组织财务报告内部控制设计与运行的有效性的审查和评价工作，对促使组织加强财务报告内部控制建设、防范财务报告风险具有重要意义。

组织应当建立对财务报告内部控制的审计制度，明确内部审计机构或人员的职责权限，定期或不定期地进行检查。内部审计机构或人员应检查与财务报告的编制、财务报告的对外提供相关的内部控制制度是否健全，各项规定是否得到有效执行。

第 2 节　内容和要点

一般认为财务报告内部控制审计的内容和要点包括以下几点。

一是财务报告编制过程的审计，审查企业财务报告编制过程中的内部控制措施，包括财务报告的准备、审核和报告等，以确保财务报告的可靠性和完整性。

二是财务报告内部控制措施的评估，评估企业财务报告内部控制措施的设计和执行情况，包括财务报告的授权和审批、财务报告的核算和监督等，以确保财务报告的合规性和有效性。

三是财务报告的记录和报告，审查企业财务报告的记录和报告，包括财务报告的凭证和账务处理、财务报告的报表和分析等，以确保财务报告的准确性和及时性。

我们认为财务报告内部控制审计内容，因审计组织、审计要求及审计方式的不同而不同。采用传统的全面审计方式，财务报告内部控制审计审查和评价财务报告内部控制设计和运行的有效性，范围包括财务报告的编制、财务报告的对外提供等。采用现代以风险为导向的审计方式，审计人员应以财务报告风险为导向，审计已经设计完成的财务报告内部控制及其相关的管理制度是否有效执行，是否有效控制了财务报告风险；已经设计的财务报告各控制点的控制措施是否有效实施，是否有效防止了各控制环节的风险；组织是否根据业务、环境等的变化持续改进财务报告内部控制等。

第 3 节　程序和方法

一般认为财务报告内部控制审计的程序和方法包括以下内容。

一是文档审查。审查企业的相关文件和记录，包括财务报告编制的规程等，了解财务报告的内部控制框架和管理情况。

二是访谈和观察。与企业的财务人员和内部控制人员进行面对面的访谈，观察财务报告编制过程的运作和内部控制情况，了解他们对内部控制的认识和应对措施。

三是抽样测试。抽取一定数量的样本，对财务报告编制过程进行测试，验证其可靠性和完整性。

四是风险评估。评估企业的财务报告风险管理和控制措施，包括风险的识别、评估和应对，以降低财务报告的风险和不确定性。

根据我们的研究和实践，财务报告内部控制审计程序和方法包括财务报告内部控制有效性调查了解、风险评估、控制测试、评价缺陷、审计评价、形成意见等。

在实践中，财务报告内部控制审计程序和方法主要包括财务报告内部控制调查了解、风险评估、控制测试、评价缺陷等。

一、调查了解

调查了解，就是调查了解财务报告内部控制设计和运行的基本情况，是财务报告内部控制审计实施阶段的首要环节。

财务报告调查了解这项工作是在内部控制审计总体工作的准备阶段的基础上进行的，涉及具体内容很多，也因单位的不同而不同。

　　对财务报告内部控制调查了解的方法有文字叙述法、调查表法、流程图法、控制矩阵法等。这些方法各有其特点，经常综合运用。

　　在实际审计工作中，为提高财务报告内部控制审计效率，调查了解工作应同财务报告现场测试工作一并进行，不宜为满足调查需求而走形式。

二、风险评估

　　风险评估，是财务报告内部控制审计前期阶段的重要环节，包括财务报告风险识别、风险分析、风险评价、风险应对、风险图谱绘制等工作。

　　评估财务报告风险，首先要把财务报告具体风险识别出来，然后整理出整体层面的风险。财务报告具体风险是多种多样的，也因组织的不同而不同。关于财务报告风险，按照《企业内部控制应用指引第 14 号——财务报告》的要求，在评估财务报告风险时，评估人员至少应当关注以下风险：编制财务报告违反会计法律法规和国家统一的会计准则制度，可能导致企业承担法律责任和声誉受损；提供虚假财务报告，误导财务报告使用者，造成其决策失误，干扰市场秩序；不能有效利用财务报告，难以及时发现企业经营管理中存在的问题，可能导致企业财务和经营风险失控。

　　财务报告风险分析的内容很多，风险分析一般应从成因和结果两个方面进行，并编制财务报告风险分析表。财务报告风险评价应从可能性和影响程度两个维度进行，根据评价结果进行风险排序、划分风险等级，并编制财务报告风险评价表。

　　财务报告风险应对是根据风险评价的结果，针对不同等级风险选择财务报告风险应对策略的过程。针对不同等级的财务报告风险采取的应对策略不一样，一般有规避、降低、转移、接受等策略。不论选择哪种策略应对财务报告风险，都需要编制财务报告风险应对表。

　　依据财务报告风险评价的结果构建财务报告层面的风险数据库或绘制风险图谱。财务报告层面数据的基本要素包括业务流程、风险描述、风险分析、风险排序、应对策略、剩余风险等，也可以加上内部控制设计完成后的控制措施、控制部门或岗位等。风险图谱一般适用于整体层面的风险描述。

三、控制测试

　　财务报告内部控制测试，就是审计人员现场测试财务报告内部控制设计和运行的有效性。

　　根据规范要求和实践，组织在构建与实施财务报告内部控制的过程中，要针对财务报告风险评估的结果，确定财务报告的一般控制点和关键控制点，并编制财务报告控制要点表。《企业内部控制应用指引第 14 号——财务报告》重点对财务报告的编制、财务报告的对外提供、财务报告的分析利用环节进行规范。

　　组织在构建与实施财务报告内部控制的过程中，要强化对财务报告控制点，尤其是关键控制点的风险控制，并采取相应的控制措施。财务报告控制措施要与财务报告相融合，嵌入财务报告流程当中。按照企业内部控制应用指引的要求，企业应当严格执行会计法律法规和国家统一的会计准则制度，加强对财务报告编制、对外提供和分析利用全过程的管理，明确相关工作流程和要求，落实责任制，确保财务报告合法合规、真实完整和有效利用。总会计师或分管会计工作的负责人组织领导财务报告的编制、对外提供和分析利用等相关工作。企业负责人对财务报告的真实性、完整性负责。财务报告总体方面的控制措施是重要的，但更重要的是要针对关键控制点采取具体的控制措施。

为了财务报告制度能够有效实施，需要制定必要的表单，作为财务报告制度的附件，为财务报告过程留下控制证据。财务报告相关文件资料很多，包括会计政策、会计估计、会计凭证、会计账簿、财务分析报告、财务报告结果传递记录等。

财务报告控制矩阵是对财务报告流程图中风险点、控制措施和控制证据等的详细说明与描述，是财务报告内部控制设计结果的集中体现，也是内部控制管理手册的重要组成部分。

对财务报告内部控制设计有效性进行测试时，审计人员应当综合运用询问适当人员、观察经营活动和检查相关文件等程序。

对财务报告内部控制运行有效性进行测试时，审计人员应当综合运用询问适当人员、观察经营活动、检查相关文件及重新执行控制等程序。

在审计实践中，审计人员对财务报告内部控制设计有效性和运行有效性是一并进行测试的，测试重点是财务报告关键控制。

四、评价缺陷

评价财务报告内部控制缺陷，就是对财务报告内部控制存在的设计和执行有效性方面的缺陷进行分析和评价。

对已发现的财务报告内部控制重大缺陷，审计人员应当及时以书面形式与被审计单位进行沟通，核对测试结果和数据，确认财务报告内部控制缺陷事实并在缺陷认定底稿上签章。

第 4 节　实务案例

20××年4月15日至5月10日，乌亥集团内审部委托中天恒会计师事务所（以下简称"中天恒"），组成联合内部控制审计组（以下简称"审计组"），依据《企业内部控制基本规范》《企业内部控制应用指引第14号——财务报告》等有关规定，对乌亥公司财务报告内部控制进行了审计。其审计程序如表8-1所示。

表 8-1　乌亥公司财务报告内部控制审计程序

被审计单位名称	乌亥公司	被审计单位编码	001		索引编号	O	页次	1
业务流程名称	财务报告	业务流程编号	14		审计人	江 × ×	审计时间	20 × ×/4/15
审计期间	上年度	截止日期	20 × ×/12/31		复核人	于 × ×	复核时间	20 × ×/5/10

序号	审计程序	细分程序	执行情况说明	工作底稿索引号
1	调查了解	财务报告内部控制有效性调查了解		A
2	初步评价	财务报告内部控制初步评价		B
3	风险评估	财务报告内部控制风险评估		C
4	控制测试	财务报告内部控制有效性测试		D
5	评价缺陷	财务报告内部控制缺陷评价		E
6	审计评价	财务报告内部控制审计评价		F
7	形成意见	财务报告内部控制审计结果汇总		H
说明		1. 每一个审计程序可细分为若干具体程序； 2. 上述审计程序可结合进行，以提高审计工作效率； 3. 在执行每一步骤后，应填写"执行情况说明"一栏		

一、调查了解

审计组从乌亥公司财务报告编制、对外提供、分析利用三个维度设计了财务报告内部控制情况调查问卷。

二、风险评估

审计组编制的乌亥公司财务报告风险评估表如表 8-2 所示。

表 8-2　乌亥公司财务报告风险评估表

被审计单位名称	乌亥公司	被审计单位编码	001	索引编号	C	页次	1
业务流程名称	财务报告	业务流程编号	14	审计人	江 × ×	审计时间	20 × ×/4/27
审计期间	上年度	截止日期	20 × ×/12/31	复核人	于 × ×	复核时间	20 × ×/5/1

流程编号	一级流程	二级流程	风险描述	可能性	影响程度	风险排序
14	财务报告		编制财务报告违反会计法律法规和国家统一的会计准则制度，可能导致企业承担法律责任和声誉受损。 提供虚假财务报告，误导财务报告使用者，造成其决策失误，干扰市场秩序。 不能有效利用财务报告，难以及时发现企业经营管理中存在的问题，可能导致企业财务和经营风险失控			

（续表）

流程编号	一级流程	二级流程	风险描述	可能性	影响程度	风险排序
14.01		财务报告编制				
14.02		财务报告对外提供				
14.03		财务报告分析利用				

　　本案例描述了乌亥公司财务报告这个一级流程的风险，但未对二级流程风险进行描述，也未对风险大小进行排序，不利于审计人员以此风险评估表为基础选择拟测试的控制。一般来说，对财务报告内部控制进行审计，需要关注以下风险点。

- 资金计划不切合实际，影响公司资金流。
- 资金计划不能有效执行。
- 调拨资金拨出、投入单位、金额、依据与资金计划不符。
- 资金支付申请未经审批、相关原始凭单不合规。
- 存在长期未收回款项且原因不明。
- 库存现金账实不符或超限额。
- 银行存款核对不及时，未达账项未及时关注和处理，导致资金被挪用，引发资金风险。
- 票据结算未经审批、票据不真实合法。
- 费用报销未经有效审批、相关原始凭单不合规。
- 费用不合理降低、不能有效控制费用支出。
- 应收款项坏账计提不合理，依据不充分或未经有效审批。
- 账务处理不正确，导致相关财务信息失真。
- 坏账损失确认依据不充分，不能真实反映应收账款的实际情况。
- 坏账损失确认的账务处理不正确，导致相关财务信息失真。
- 财务报表数据不真实、钩稽关系不准确。
- 财务报告编制不符合公司报告编制要求、内容不完整、数据存在差异；未定期进行审计。
- 财务报告未能被充分利用，信息资源浪费，不利于揭示经营管理中的问题，可能导致企业财务和经营风险失控。
- 财务信息发展计划制定不合理，与公司整体信息发展脱节。
- 用户权限授予不合理、不科学。
- 财务信息系统操作不合规，财务数据库未备份保存，杀毒软件未定期更新，等等，引发财务信息风险。
- 会计资料损坏或丢失，移交程序不合规。

三、控制测试

审计组同时进行乌亥公司财务报告内部控制设计和运行有效性的测试。测试结果表明，乌亥公司财务报告业务流程有 9 个具体业务流程步骤、38 个控制点。乌亥公司执行的控制点有 34 个，其中完全未执行的控制点有 4 个、部分未执行的控制点有 5 个、流程以外问题有 1 个。除此之外，乌亥公司的财务报告业务流程基本能够按照内控制度的要求执行。

四、评价缺陷

经审计，乌亥公司财务报告方面存在对重大事项会计处理审核不到位的控制缺陷。

缺陷描述：乌亥公司制度对除资产减值以外的其他重大事项（会计政策与会计估计变更、重要的交易事项等）未能明确界定，对于会计处理的方式及审批权限也没有明确规定；日常执行未按照制度规定对下属企业的资产减值准备计提、转回、核销进行审核，公司长期股权投资、应收账款的减值准备计提缺乏相关审批手续。以上缺陷可能导致公司对重大事项关注度不足，不能及时关注重大事项的变化情况，影响公司财务数据的准确性、合规性。

改进建议：建议完善制度，明确重大事项的范围、处理方式、审批权限等，监控重大事项会计处理操作业务；严格按制度规定对下属企业资产减值业务进行审核。

五、形成意见

（一）梳理了财务报告现状，编制了财务报告业务流程目录

经审计，乌亥公司在设计财务报告内部控制时，整理了财务报告控制流程图、财务报告内部管理制度或相关文件，并对财务报告方面业务进行了认真梳理，按业务特点和复杂程度，划分业务流程，编制了财务报告业务流程目录（见表 8-3）。

表 8-3　乌亥公司财务报告业务流程目录

流程编号	一级流程	二级流程	三级流程	四级流程
14	财务报告			
14.01		财务报告编制		
14.02		财务报告对外提供		
14.03		财务报告分析利用		

（二）评估了财务报告风险，编制了财务报告风险点及风险描述表

经审计，乌亥公司在设计财务报告内部控制时，评估了财务报告风险，编制了财务报告风险点及风险描述表（见表 8-4）。

表 8-4　乌亥公司财务报告风险点及风险描述表

风险点	风险描述
编制财务报告	报告数据不完整、不准确；种类不齐全、不完整（全部控制点）
编制审批授权	财务报告编制未经恰当审批、授权（控制点 14.02）
报表格式与内容	财务报告格式和内容不符合相关法律法规的要求（控制点 14.01）
期末截止和关账	财务报告编制错误（如取数错误、公式错误、报表间数据钩稽关系有错误等），合并调整事项不完整、数据不准确。 会计信息截止不正确，没有恰当分类到正确的会计期间（控制点 14.01、控制点 14.04）
合并范围	纳入合并范围的单位和报表内容不完整，导致报表合并基础不准确（控制点 14.01）
关联交易及抵销	内部往来和交易无法正确抵销，导致合并会计报表不正确（控制点 14.05、控制点 14.06、控制点 14.07）
财务报告对外提供	合并会计报告编制不及时，导致信息披露的延误和未能满足各方信息需要（控制点 14.03）
财务报告使用	财务报告未经审批而不恰当使用（控制点 14.08）

（三）设计了财务报告内部控制，确定了控制目标及措施，编制了财务报告控制矩阵

经审计，乌亥公司内部控制建设组，在财务报告业务流程描述和风险评估的基础上，设计了财务报告内部控制，确定了控制目标及措施，编制了财务报告控制目标及控制措施表（见表 8-5）。

表 8-5　乌亥公司财务报告控制目标及控制措施表

控制目标	控制措施
保证及时满足公司会计信息使用者的需要	1　制定财务报告编制方案和工作日程表
	1.1　编报单位财务部门制定财务报告方案和工作日程表，由编报单位财务部门负责人审核
保证财务报告的真实、完整、准确与适当披露	1.2　编报单位财务部门负责督促并考核纳入合并范围内各单位编报财务报告的工作进度
	2　制定重大事项的会计核算方法
	2.1　在会计期末的一个月之前，财务部及分（子）公司财务部门应当关注主要会计事项变化情况，并将对当期产生影响的报上级部门
保证财务报告的编制符合国家规定及上市地监管部门要求	2.2　财务部对于需要专业判断的重大会计事项，制定合理合法的会计核算办法，经财务部主任审核，报总裁班子审批后下达各相关单位执行

第 9 章

全面预算内部控制审计
实务及案例

第 1 节　基本概念

《企业内部控制应用指引第 15 号——全面预算》第二条规定："本指引所称全面预算，是指企业对一定期间经营活动、投资活动、财务活动等做出的预算安排。"这可以从以下几个方面理解。一是该指引将全面预算定义为一种预算安排。二是该指引明确了全面预算活动包括经营活动、投资活动、财务活动等。三是该指引明确了全面预算期间范围。

全面预算对企业决策科学化、民主化，综合提高企业经济效益；明确目标，调动员工的积极性；改变企业的管理方式；强化企业内部控制；正确评价各级、各部门的绩效；现代企业制度的建设等方面具有十分重要的意义。

为了发挥全面预算管理的作用，规范全面预算行为，防范全面预算风险，组织应当通过设计内部控制手册，使全体员工了解全面预算的内部机构设置、岗位职责、业务流程等情况，明确权责分配，让员工正确行使职权，从而促进企业实现发展战略。

全面预算内部控制审计，就是对被审计单位全面预算内部控制设计与运行的有效性的审查和评价工作，对促使被审计单位加强全面预算内部控制建设、防范全面预算风险具有重要意义。

组织应当建立对全面预算内部控制的审计制度，明确内部审计机构或人员的职责权限，定期或不定期地进行检查。内部审计部门或人员应检查与预算编制、预算执行相关的内部控制制度是否健全，各项规定是否得到有效执行。

第 2 节　内容和要点

一般认为全面预算内部控制审计的内容和要点包括以下几点。

一是预算编制的审计，评估企业预算编制的流程和控制措施，包括预算编制的授权和程序、预算编制的基础和假设、预算编制的核算和分析等，以确保预算的合规性和有效性。

二是预算执行和监督的审计，评估企业预算执行和监督的流程和控制措施，包括预算执行的授权和程序、预算执行的监督和管理、预算执行的记录和跟踪等，以确保预算的执行情况和风险管理。

三是预算变更和调整的审计，评估企业预算变更和调整的流程和控制措施，包括预算变更的授权和程序、预算调整的合规性和有效性、预算变更和调整的记录和审计追踪等，以确保预算的变更和调整的合规性和风险管理。

我们认为全面预算内部控制审计内容，因审计组织、审计要求及审计方式的不同而不同。采用传统的全面审计方式，全面预算内部控制审计审查和评价全面预算内部控制设计和运行的有效性，范围包括预算编制、预算执行等。采用现代以风险为导向的审计方式，审计人员应以全面预算风险为导向，审计已经设计完成的全面预算内部控制及其相关的管理制度是否有效执行，是否有效控制了全面预算风险；已经设计的全面预算各控制点的控制措施是否有效实施，是否有效防止了各控制环节的风险；组织是否根据业务、环境等的变化持续改进全面预算内部控制等。

第 3 节　程序和方法

一般认为全面预算内部控制审计的程序和方法包括以下内容。

一是管理流程分析和评估。对企业预算管理流程进行分析和评估，了解预算编制、执行、监督、变更和调整的流程和控制措施。

二是文件和记录审查。审查企业预算文件和记录，验证预算编制、执行、监督、变更和调整的合规性和有效性。

三是执行情况抽样测试。抽取一定数量的样本，对预算的执行情况进行测试，验证预算的执行情况和风险管理。

四是预算变更和调整审计追踪。对企业预算变更和调整的过程进行审计追踪，了解预算变更和调整的授权和程序，确保预算变更和调整的合规性和风险管理。

我们认为全面预算内部控制审计一般程序包括全面预算内部控制有效性调查了解、风险评估、控制测试、评价缺陷、审计评价、形成意见等。

一、调查了解

调查了解，就是调查了解全面预算内部控制设计和运行的基本情况，是全面预算内部控制审计实施阶段的首要环节。

全面预算调查了解这项工作是在内部控制审计总体工作的准备阶段的基础上进行的，涉及具体内容很多，也因单位的不同而不同。

对全面预算内部控制调查了解的方法有文字叙述法、调查表法、流程图法、控制矩阵法等。这些方法各有其特点，经常综合运用。

在实际审计工作中，为提高全面预算内部控制审计效率，调查了解工作应同全面预算现场测试工作一并进行，不宜为满足调查需求而走形式。

二、风险评估

按照风险导向审计理论，审计人员进行全面预算内部控制审计应当以风险评估为基础，选择拟测试的控制，确定测试所需要收集的证据。

关于全面预算风险，按照《企业内部控制应用指引第 15 号——全面预算》的要求，在评估全面预算风险时，评估人员至少应当关注以下风险：不编制预算或预算不健全，可能导致企业经营缺乏约束或盲目经营；预算目标不合理、预算编制不科学，可能导致企业资源浪费或发展战略难以实现；预算缺乏刚性、执行不力、考核不严，可能导致预算管理流于形式。

【案例分享】

从我们长期从事内部控制审计的实践看，应识别和描述以下全面预算风险。

预算体系不健全，岗位职责分工不合理，可能造成资源浪费和管理效率低下。

预算管理未经适当审批或超越授权审批，可能因重大差错、舞弊、欺诈而产生损失。

预算目标不合理、预算项目不完整、预算标准不科学、预算编制程序不规范、预算分解和预算调整不合理，可能造成预算管理体系缺乏科学性和准确性。

预算的下达和执行不力，可能造成预算失去其应有的权威性和严肃性。

预算分析不正确，预算监控和预算考核不力，对考核结果的奖惩不公平、不合理，可能造成预算管理流于形式。

在全面预算内部控制构建与实施的过程中，组织应根据内部控制应用指引中有关全面预算风险的提示，结合全面预算的实际情况，识别并具体描述全面预算方面存在的风险，以便完善全面预算内部控制，有效地控制全面预算风险。全面预算具体风险描述因所识别的风险的不同而不同，将具体全面预算风险与全面预算流程结合是个比较好的做法。

全面预算风险分析的内容很多，风险分析一般应从成因和结果两个方面进行，并编制全面预算风险分析表。

全面预算风险评估应从可能性和影响程度两个维度进行，根据评价结果进行风险排序、划分风险等级，并编制全面预算风险评价表。

全面预算风险应对是根据风险评价的结果，针对不同等级风险选择全面预算风险应对策略的过程。针对不同等级的全面预算风险采取的应对策略不一样，一般有规避、降低、转移、接受等策略。不论选择哪种策略应对全面预算风险，都需要编制全面预算风险应对表。

依据全面预算风险评估的结果构建全面预算层面的风险数据库或绘制风险图谱。全面预算层面数据的基本要素包括业务流程、风险描述、风险分析、风险排序、应对策略、剩余风险等，也可以加上内部控制设计完成后的控制措施、控制部门或岗位等。

三、控制测试

全面预算内部控制测试，就是审计人员现场测试全面预算内部控制设计和运行的有效性。

组织在构建与实施全面预算内部控制过程中，要针对全面预算风险评估的结果，确定全面预算的一般控制点和关键控制点，并编制全面预算控制要点表。确定全面预算的一般控制点和关键控制点是件很困难的事，要根据实际情况确定，也因人们的专业判断的不同而不同。《企业内部控制应用指引第 15 号——全面预算》重点对预算编制、预算执行、预算考核环节进行了规范。

组织在构建与实施全面预算内部控制过程中，要强化对全面预算控制点，尤其是关键控制点的风险控制，并采取相应的控制措施。全面预算控制措施要与全面预算相融合，嵌入全面预算流程当中。按照企业内部控制应用指引的要求，企业应当加强全面预算工作的组织领导，明确预算管理体制及各预算执行单位的职责权限、授权批准程序和工作协调机制。企业应当设立预算管理委员会履行全面预算管理职责，其成员由企业负责人及内部相关部门负责人组成。预算管理委员会主要负责拟定预算目标和预算政策，制定预算管理的具体措施和办法，组织编制、平衡预算草案，下达经批准的年度预算，协调解决预算编制和执行中的问题，考核预算执行情况，督促完成预算目标。预算管理委员会下设预算管理工作机构，由其履行日常管理职责，预算管理工作机构一般设在财会部门。总会计师或分管会计工作的负责人应当协助企业负责人负责企业全面预算管理工作的组织领导。全面预算整体方面的控制措施是十分重要的，但更重要的是要针对关键控制点采取具体的控制措施。

为了全面预算制度能够有效实施，需要制定必要的表单，作为全面预算制度的附件，为全面预算过程留下控制证据。全面预算相关文件资料很多，包括预算目标、预算政策、预算草案、批准预算文件、预算分析报告、预算考核记录等。

全面预算控制流程图要根据全面预算流程、风险点、控制点及其相关的控制措施，结合具体单位的实际情况来绘制。

全面预算控制矩阵是对全面预算控制流程图中风险点、控制措施和控制证据等的详细说明与描述，是全面预算内部控制设计结果的集中体现，也是内部控制管理手册的重要组成部分。

对全面预算内部控制设计有效性进行测试时，审计人员应当综合运用询问适当人员、观察经营活动和检查相关文件等程序。

对全面预算内部控制运行有效性进行测试时，审计人员应当综合运用询问适当人员、观察经营活动、检查相关文件及重新执行控制等程序。

事实上，在审计实践中，审计人员对全面预算内部控制设计有效性和运行有效性是一并进行测试的，测试重点是全面预算关键控制。

四、评价缺陷

评价全面预算内部控制缺陷，就是对全面预算内部控制存在的设计和执行有效性方面的缺陷进行分析和评价。

对已发现的全面预算内部控制重大缺陷，审计人员应当及时以书面形式与被审计单位进行沟通，核对测试结果和数据，确认全面预算内部控制缺陷事实并在缺陷认定底稿上签章。

第 4 节　实务案例

20××年4月15日至5月10日，乌亥集团内审部委托中天恒会计师事务所（以下简称"中天恒"），组成联合内部控制审计组（以下简称"审计组"），依据《企业内部控制基本规范》《企业内部控制应用指引第15号——全面预算》等有关规定，对乌亥公司全面预算内部控制进行了审计。其审计程序如表9-1所示。

表 9-1　乌亥公司全面预算内部控制审计程序

被审计单位名称	乌亥公司	被审计单位编码	001	索引编号	O	页次	1
业务流程名称	全面预算	业务流程编号	15	审计人	张××	审计时间	20××/4/15
审计期间	上年度	截止日期	20××/12/31	复核人	张××	复核时间	20××/5/10

序号	审计程序	细分程序	执行情况说明	工作底稿索引号
1	调查了解	全面预算内部控制有效性调查了解		A
2	初步评价	全面预算内部控制初步评价		B
3	风险评估	全面预算内部控制风险评估		C
4	控制测试	全面预算内部控制有效性测试		D
5	评价缺陷	全面预算内部控制缺陷评价		E
6	审计评价	全面预算内部控制审计评价		F

（续表）

序号	审计程序	细分程序	执行情况说明	工作底稿索引号
7	形成意见	全面预算内部控制审计结果汇总		H
说明		1. 每一个审计程序可细分为若干具体程序； 2. 上述审计程序可结合进行，以提高审计工作效率； 3. 在执行每一步骤后，应填写"执行情况说明"一栏		

一、调查了解

审计组从乌亥公司预算编制、预算执行、预算考核三个维度设计了全面预算内部控制情况调查问卷。

二、风险评估

审计组编制的乌亥公司全面预算风险评估表如表 9-2 所示。

表 9-2 乌亥公司全面预算风险评估表

被审计单位名称	乌亥公司	被审计单位编码	001	索引编号	C	页次	1
业务流程名称	全面预算	业务流程编号	15	审计人	张 ××	审计时间	20××/4/27
审计期间	上年度	截止日期	20××/12/31	复核人	张 ××	复核时间	20××/5/1

流程编号	一级流程	二级流程	风险描述	可能性	影响程度	风险排序
15	全面预算		不编制预算或预算不健全，可能导致企业经营缺乏约束或盲目经营。 预算目标不合理、预算编制不科学，可能导致企业资源浪费或发展战略难以实现。 预算缺乏刚性、执行不力、考核不严，可能导致预算管理流于形式			
15.01		预算编制				
15.02		预算执行				
15.03		预算考核				

本案例描述了乌亥公司全面预算这个一级流程的风险，但未对二级流程风险进行描述，也未对风险大小进行排序，不利于审计人员以此风险评估表为基础选择拟测试的控制。

三、控制测试

审计组同时进行乌亥公司全面预算内部控制设计和运行有效性的测试，主要的审计工作底稿如表 9-3 至表 9-8 所示。

表 9-3　乌亥公司预算编制内部控制有效性测试矩阵表

被审计单位名称	乌亥公司	索引编号	001	D-1	页次	1
业务流程名称	预算编制	业务流程编号	15.01	审计人	吴××	审计时间	20××/5/3
审计期间	上年度	截止日期	20××/12/31	复核人	陆××	复核时间	20××/5/7

关键控制名称	关键控制点	控制方式	控制频率	样本总体	样本数量	测试要点	证据名称	测试程序	测试结果	交叉索引
预算编制						企业是否根据发展战略和年度生产经营计划，综合考虑预算期内经济政策、市场环境等因素，按照上下结合、分级编制、逐级汇总的程序，编制年度全面预算				
						企业是否选择或综合运用固定预算、弹性预算、滚动预算等方法编制预算				
预算审核						企业董事会审核全面预算草案，是否重点关注预算科学性和可行性，确保全面预算与企业发展战略、年度生产经营计划相协调				
预算批准						企业全面预算是否按照相关法律法规及企业章程的规定报经审议批准				
预算下达						企业全面预算经审议批准后是否及时以文件形式下达执行				

测试结论

设计有效性

	控制薄弱环节说明					
有效	控制不符合实际	应有的控制不存在	风险识别不准确	未设计控制证据	控制矩阵编制不规范	其他

运行有效性

	控制薄弱环节说明					
有效	制度未执行	措施未落实	控制证据不足	设计不适应	监控不力	其他

表 9-4　乌亥公司预算执行内部控制有效性测试矩阵表

被审计单位名称	乌亥公司	被审计单位编码	001	索引编号	D-2	页次	1	交叉索引
业务流程名称	预算执行	业务流程编号	15.02	审计人	吴××	审计时间	20××/5/3	
审计期间	上年度	截止日期	20××/12/31	复核人	陆××	复核时间	20××/5/7	

关键控制点名称	关键控制点	控制方式	控制频率	样本总体	样本数量	测试要点	证据名称	测试程序	测试结果	交叉索引
预算指标分解和责任落实						企业全面预算一经批准下达，各预算执行单位是否认真组织实施				
						是否将预算指标层层分解，从横向和纵向落实到企业内部各部门、各环节和各岗位，形成全方位的预算执行责任体系				
						企业是否以年度预算作为组织、协调各项经营活动的基本依据				
						是否将年度预算细分为半年度、月度预算，通过实施分期预算控制，实现年度预算目标				
预算执行控制						企业是否根据全面预算管理要求，组织各项生产经营活动和投资活动，严格执行预算执行控制流程				
						企业是否加强资金收付业务的预算控制，及时组织资金收入，严格控制资金支付，调节资金收付平衡，防范支付风险				
						对超预算或预算外的资金支付，是否实行严格的审批制度				
						企业办理采购与付款、销售与收款、成本费用、工程项目、对外投融资、研发与开发、信息系统、人力资源、安全环保、资产购置与维护等业务事项，是否均符合预算要求				
						涉及生产过程和成本费用的，是否执行相关计划、定额标准、定率标准				
						对于工程项目、对外投融资等重大预算项目，企业是否密切跟踪其实施进度和完成情况，实行严格监控				

（续表）

关键控制名称	关键控制点	控制方式	控制频率	样本总体	样本数量	测试要点	证据名称	测试程序	测试结果	交叉索引
预算执行情况沟通						企业预算管理工作机构是否加强与各预算执行单位的沟通 企业预算管理工作机构是否运用财务资料和其他相关资料监控预算执行情况 企业预算管理工作机构是否采用恰当方式及时向决策机构和各预算执行单位报告，反馈预算执行进度，执行差异及其对预算目标的影响，促进企业全面预算目标的实现				
预算执行情况分析						企业预算管理工作机构和各预算执行单位是否建立预算执行情况分析制度 企业预算管理工作机构和各预算执行单位是否定期召开预算执行分析会议，通报预算执行情况，研究、解决预算执行中存在的问题，提出改进措施 企业分析预算执行情况，是否充分收集有关财务、业务、市场、技术、政策、法律等方面的信息资料，根据不同情况分别采用比率分析、比较分析、因素分析等方法，从定量与定性两个层面充分反映预算执行的现状、发展趋势及其存在的潜力				
预算调整						企业批准下达的预算是否保持稳定，未随意调整 市场环境、国家政策或不可抗力等客观因素，导致预算执行发生重大差异确需调整预算的，是否履行严格的审批程序				

测试结论

设计有效性

有效	控制不符合实际	应有的控制不存在	控制薄弱环节说明			
			风险识别不准确	未设计控制证据	控制矩阵编制不规范	其他

运行有效性

有效	制度未执行	措施未落实	控制薄弱环节说明			
			控制证据不足	设计不适应	监控不力	其他

表 9-5　乌亥公司预算考核内部控制有效性测试矩阵表

被审计单位名称	乌亥公司	被审计单位编码	001	索引编号	D-3	页次	1
业务流程名称	预算考核	业务流程编码	15.03	审计人	吴××	审计时间	20××/5/3
审计期间	上年度	截止日期	20××/12/31	复核人	陆××	复核时间	20××/5/7

关键控制名称	关键控制点	控制方式	控制频率	样本总体	样本数量	测试要点	证据名称	测试程序	测试结果	交叉索引
预算考核组织						企业预算管理委员会是否定期组织预算执行情况考核				
						企业预算管理委员会是否将各预算执行单位负责人签字上报的预算执行报告和已掌握的预算执行动态监控监督信息进行核对，确认各执行单位预算完成情况				
						必要时是否实行预算执行情况内部审计制度				
						企业预算执行情况考核工作是否坚持公开、公平、公正的原则				
预算考核记录						企业预算执行情况考核过程及结果是否有完整的记录				

设计有效性

测试结论	有效	控制薄弱环节说明					
		控制不符合实际	应有的控制不存在	风险识别不准确	未设计控制证据	控制矩阵编制不规范	其他

运行有效性

测试结论	有效	控制薄弱环节说明					
		制度未执行	措施未落实	控制证据不足	设计不适应	监控不力	其他

表 9-6　乌亥公司预算编制内部控制有效性测试表（示例 1）

被审计单位名称	乌亥公司	被审计单位编码	001	索引编号	D-1-K1-1	页次	1
业务流程名称	预算编制	业务流程编号	15.01	审计人	吴 × ×	审计时间	20 × ×/5/3
关键控制名称	预算编制	关键控制编号	K1	复核人	陆 × ×	复核时间	20 × ×/5/7
审计期间	上年度			截止日期	20 × ×/12/31		

审阅文件资料名称	审阅内容	审阅结果
预算编制管理控制办法	预算编制工作不相容职务一般包括： • 预算编制（含预算调整）与预算审批； • 业务预算编制与财务预算编制。 财务预算编制的内容：涉及预算总指标的分解下达，部门预算草案的上报、汇总，财务预算草案的编制和审批，等等。 部门预算包括：销售收入预算、销售费用预算等。 财务预算包括：预算资产负债表、预算损益表、预算现金流量表等。 财务预算编制管理的业务要求： • 做好各项预算指标的定额管理工作； • 年度预算应根据管理需要，细分为月度或季度预算，以分期预算控制确保年度财务预算目标的实现； • 企业预算管理部门应当加强对各部门预算编制的指导、监督和服务，对预算编制不及时或编制不符合规定的单位，应当及时做出报告	仅仅是财务预算编制的规范，没有业务预算编制的相关规范

表 9-7　乌亥公司预算编制内部控制有效性测试表（示例 2）

被审计单位名称	乌亥公司	被审计单位编码	001	索引编号	D-1-K1-2	页次	1
业务流程名称	预算编制	业务流程编号	15.01	审计人	吴 × ×	审计时间	20 × ×/5/3
关键控制名称	预算编制	关键控制编号	K1	复核人	陆 × ×	复核时间	20 × ×/5/7
审计期间	上年度			截止日期	20 × ×/12/31		

| 访谈对象岗位及姓名 | 财务总监尚 × × | 访谈时间 | 20 × ×/5/6 | 访谈地点 | 乌亥公司办公室 |

访谈内容及结果如下。

- 乌亥公司下达年度预算编制的总体要求和预算总指标。
- 财务预算管理委员会根据乌亥公司下达的预算编制总体要求，部署预算编制工作，确定预算编制原则、指导思想。
- 财务预算管理办公室主任（财务负责人兼任）安排预算编制工作，负责制定预算编制具体要求及预算指标分解原则。
- 财务预算管理办公室预算管理员（财务部业务经理兼任）根据预算总体指标分解原则，将预算总指标按责任中心分解，形成分部门预算指标。
- 财务负责人对预算总指标分解为各部门预算指标的过程和结果进行审核。
- 各业务部门依据分解至本部门的预算指标，结合本部门特点及业务预测情况，经过认真测试后，提出本部门的预算草案。
- 主管副总经理审核各部门预算草案内容是否完整。
- 财务负责人对各部门提交的部门预算草案进行审核，审核内容是否完整，对发现的问题和偏差，提出初步调整意见，并反馈给各部门予以修正。

（续表）

• 业务经理负责汇总各部门预算草案，与财务负责人共同平衡协调各部门预算指标。 • 业务经理根据部门预算草案汇总结果，编制财务预算草案。 • 财务负责人审核财务预算草案内容是否完整、编制基础是否合理等。 • 财务负责人审查财务预算草案是否满足乌亥公司下达的预算总指标要求，如果不能实现公司财务预算平衡，那么提出修改意见，要求部门修正财务预算草案，重新上报。 • 将财务预算草案逐级提交至预算管理委员会、总经理或董事会审批。 • 财务预算获得有效审批后下达至各部门，各部门签订预算目标责任书。 被访谈人签字：尚×× 签字时间：20××年5月6日

表 9-8　乌亥公司全面预算内部控制有效性测试结果汇总分析表

被审计单位名称	乌亥公司	被审计单位编码	001	索引编号	D	页次	1
业务流程名称	全面预算	业务流程编号	15	审计人	吴××	审计时间	20××/5/3
审计期间	上年度	截止日期	20××/12/31	复核人	陆××	复核时间	20××/5/7

二级流程	关键控制	样本总体	应抽样本	实抽样本	设计有效性							运行有效性						
					有效	控制薄弱环节说明						有效	控制薄弱环节说明					
						控制不符合实际	应有的控制不存在	风险识别不准确	未设计控制证据	控制矩阵编制不规范	其他		制度未执行	措施未落实	控制证据不足	设计不适应	监控不力	其他
预算编制																		
预算执行																		
预算考核																		

四、评价缺陷

　　审计组对乌亥公司全面预算内部控制缺陷进行评价的主要审计工作底稿如表 9-9、表 9-10 所示。

表 9-9　乌亥公司全面预算内部控制缺陷评价矩阵表

被审计单位名称	乌亥公司	被审计单位编码	001		索引编号	E	页次	1
业务流程名称	全面预算	业务流程编号	15		审计人	张 ××	审计时间	20××/5/3
审计期间	上年度	截止日期	20××/12/31		复核人	张 ××	复核时间	20××/5/7

二级流程	关键控制	缺陷类型	缺陷描述	缺陷来源	缺陷性质			评价程序	评价索引	对报表的影响	补偿性控制	整改意见
					一般缺陷	重要缺陷	重大缺陷					
预算编制												
预算执行												
预算考核												

表 9-10　乌亥公司全面预算内部控制缺陷评价认定表

被审计单位名称	乌亥公司	被审计单位编码	001	索引编号	E-1	页次	1
业务流程名称	全面预算	业务流程编号	15	审计人	张 ××	审计时间	20××/5/3
审计期间	上年度	截止日期	20××/12/31	复核人	张 ××	复核时间	20××/5/7

缺陷类型	缺陷描述	评价标准	审计组初步认定意见	被审计单位（或当事人）意见及相关说明
缺陷事项证据资料				

五、审计评价

审计组对乌亥公司全面预算内部控制进行审计评价的主要审计工作底稿如表 9-11 至表 9-14 所示。

表 9-11　乌亥公司预算编制内部控制审计评价表

被审计单位名称	乌亥公司	被审计单位编码	001	索引编号	F-1	页次	1
业务流程名称	预算编制	业务流程编号	15.01	审计人	夏 ××	审计时间	20××/5/8
审计期间	上年度	截止日期	20×× 12/31	复核人	关 ××	复核时间	20××/5/10

（续表）

关键控制名称	评价标准	分值	权重	判断依据	实际得分
预算编制	企业应当根据发展战略和年度生产经营计划，综合考虑预算期内经济政策、市场环境等因素，按照上下结合、分级编制、逐级汇总的程序，编制年度全面预算				
	企业可以选择或综合运用固定预算、弹性预算、滚动预算等方法编制预算				
预算审核	企业董事会审核全面预算草案，应当重点关注预算科学性和可行性，确保全面预算与企业发展战略、年度生产经营计划相协调				
预算批准	企业全面预算应当按照相关法律法规及企业章程的规定报经审议批准				
预算下达	企业全面预算经审议批准后应及时以文件形式下达执行				

表 9-12　乌亥公司预算执行内部控制审计评价表

被审计单位名称	乌亥公司	被审计单位编码	001	索引编号	F-2	页次	1
业务流程名称	预算执行	业务流程编号	15.02	审计人	夏××	审计时间	20××/5/8
审计期间	上年度	截止日期	20××/12/31	复核人	关××	复核时间	20××/5/10

关键控制名称	评价标准	分值	权重	判断依据	实际得分
预算指标分解和责任落实	企业全面预算一经批准下达，各预算执行单位应当认真组织实施，将预算指标层层分解，从横向和纵向落实到企业内部各部门、各环节和各岗位，形成全方位的预算执行责任体系				
	企业应当以年度预算作为组织、协调各项生产经营活动的基本依据，将年度预算细分为季度、月度预算，通过实施分期预算控制，实现年度预算目标				
预算执行控制	企业应当根据全面预算管理要求，组织各项生产经营活动和投资活动，严格执行预算执行和控制流程				
	企业应当加强资金收付业务的预算控制，及时组织资金收入，严格控制资金支付，调节资金收付平衡，防范支付风险。对超预算或预算外的资金支付，应当实行严格的审批制度				
	企业办理采购与付款、销售与收款、成本费用、工程项目、对外投融资、研发与开发、信息系统、人力资源、安全环保、资产购置与维护等业务和事项，均应符合预算要求。涉及生产过程和成本费用的，还应执行相关计划、定额标准、定率标准				
	对于工程项目、对外投融资等重大预算项目，企业应当密切跟踪其实施进度和完成情况，实行严格监控				

（续表）

关键控制 名称	评价标准	分值	权重	判断 依据	实际 得分
预算执行 情况沟通	企业预算管理工作机构应当加强与各预算执行单位的沟通，运用财务信息和其他相关资料监控预算执行情况，采用恰当方式及时向决策机构和各预算执行单位报告、反馈预算执行进度、执行差异及其对预算目标的影响，促进企业全面预算目标的实现				
预算执行 情况分析	企业预算管理工作机构和各预算执行单位应当建立预算执行情况分析制度，定期召开预算执行分析会议，通报预算执行情况，研究、解决预算执行中存在的问题，提出改进措施				
	企业分析预算执行情况，应当充分收集有关财务、业务、市场、技术、政策、法律等方面的信息资料，根据不同情况分别采用比率分析、比较分析、因素分析等方法，从定量与定性两个层面充分反映预算执行的现状、发展趋势及其存在的潜力				
预算调整	企业批准下达的预算应当保持稳定，不得随意调整。市场环境、国家政策或不可抗力等客观因素，导致预算执行发生重大差异确需调整预算的，应当履行严格的审批程序				

表 9-13　乌亥公司预算考核内部控制审计评价表

被审计单位名称	乌亥公司	被审计单位编码	001	索引编号	F-3	页次	1
业务流程名称	预算考核	业务流程编号	15.03	审计人	夏 × ×	审计时间	20 × ×/5/8
审计期间	上年度	截止日期	20 × ×/12/31	复核人	关 × ×	复核时间	20 × ×/5/10

关键控制 名称	评价标准	分值	权重	判断 依据	实际 得分
预算考核 组织	企业预算管理委员会应当定期组织预算执行情况考核，将各预算执行单位负责人签字上报的预算执行报告和已掌握的动态监控信息进行核对，确认各执行单位预算完成情况，必要时实行预算执行情况内部审计制度				
预算考核 记录	企业预算执行情况考核工作，应当坚持公开、公平、公正的原则，考核过程及结果应有完整的记录				

表 9-14　乌亥公司全面预算考核内部控制审计评价结果汇总表

被审计单位名称	乌亥公司	被审计单位编码	001	索引编号	F	页次	1
业务流程名称	全面预算	业务流程编号	15	审计人	夏 × ×	审计时间	20 × ×/5/8
审计期间	上年度	截止日期	20 × ×/12/31	复核人	关 × ×	复核时间	20 × ×/5/10

（续表）

流程编号	一级流程	二级流程	自我评价得分	审计评价得分
15	全面预算			
15.01		预算编制		
15.02		预算执行		
15.03		预算考核		

六、形成意见

（一）梳理了全面预算现状，编制了全面预算业务流程目录

经审计，乌亥公司在设计全面预算内部控制时，整理了全面预算控制流程图、全面预算内部管理制度及相关文件，并对全面预算方面业务进行了认真梳理，按业务特点和复杂程度，划分业务流程，编制了全面预算业务流程目录（见表9-15）。

表 9-15　乌亥公司全面预算业务流程目录

流程编号	一级流程	二级流程	三级流程	四级流程
15	全面预算	☐	☐	☐
15.01		预算编制	☐	☐
15.02		预算执行	☐	☐
15.03		预算调整	☐	☐
15.04		预算考核	☐	☐

（二）评估了全面预算风险，编制了全面预算风险点及风险描述表

经审计，乌亥公司在设计全面预算内部控制时，评估了全面预算风险，编制了全面预算风险点及风险描述表，具体如表9-16、表9-17和表9-18所示。

表 9-16　乌亥公司预算编制风险点及风险描述表

风险点	风险描述
预算编制	乌亥公司编制的预算脱离实际
预算审批	乌亥公司预算未经有效审批
指标分解	乌亥公司预算分解不具体，预算责任组织不明确 乌亥公司预算指标的分解没有与业绩考核指标体系挂钩

表 9-17　乌亥公司预算执行风险点及风险描述表

风险点	风险描述
预算执行	乌亥公司未严格执行销售或营业、生产和成本费用预算

（续表）

风险点	风险描述
预算分析	对预算执行中出现的异常情况，乌亥公司有关部门未及时查明原因，提出解决办法
预算调整	乌亥公司预算调整不符合调整条件 乌亥公司预算调整未经有效审批 乌亥公司预算调整事项偏离企业发展战略和年度财务预算目标 乌亥公司预算调整方案在经济上未能够实现最优化

表 9-18　乌亥公司预算考核风险点及风险描述表

风险点	风险描述
预算考核组织	乌亥公司预算考核未总结预算管理过程中的经验与教训 乌亥公司预算考核未正确评估公司及各单位在预算期的风险水平和经营形势，未寻找公司及各单位与同行业的差距及原因
预算考核记录	乌亥公司预算考核过程没有完整的记录

（三）设计了全面预算内部控制，确定了控制目标及措施，编制了全面预算控制矩阵

经审计，乌亥公司内部控制建设组，在全面预算业务流程描述和风险评估的基础上，设计了全面预算内部控制，确定了控制目标及措施，编制了预算编制、执行、考核方面的控制点及控制措施表，具体如表 9-19、表 9-20 和表 9-21 所示。

表 9-19　乌亥公司预算编制方面的控制点及控制措施表

关键控制点	控制措施
预算编制	乌亥公司应当建立和完善预算编制工作制度，明确编制依据、编制程序、编制方法等内容，确保预算编制依据合理、程序适当、方法科学，避免预算指标过高或过低 乌亥公司应当在预算年度开始前完成全面预算草案的编制工作 乌亥公司预算管理委员会应当对预算管理工作机构在综合平衡基础上提交的预算方案进行研究论证，从企业发展全局角度提出建议，形成全面预算草案，并提交董事会
预算审批	乌亥公司董事会审核全面预算草案，应当重点关注预算科学性和可行性，确保全面预算与企业发展战略、年度生产经营计划相协调 乌亥公司全面预算应当按照《公司法》等相关法律法规及企业章程的规定报经审议批准 乌亥公司全面预算经审议批准后应及时以文件形式下达执行

表 9-20　乌亥公司预算执行方面的控制点及控制措施表

关键控制点	控制措施
预算执行	乌亥公司应当加强对预算执行的管理，明确预算指标分解方式、预算执行审批权限和要求、预算执行情况报告等，落实预算执行责任制，确保预算刚性，严格执行预算

（续表）

关键控制点	控制措施
预算分析	乌亥公司预算管理工作机构和各预算执行单位应当建立预算执行情况分析制度，定期召开预算执行分析会议，通报预算执行情况，研究、解决预算执行中存在的问题，认真分析原因，提出改进措施 乌亥公司应当加强对预算分析流程和方法的控制，确保预算分析结果准确、合理 乌亥公司应当采取恰当措施处理预算执行偏差
预算调整	乌亥公司应明确预算调整条件 乌亥公司应强化预算调整原则 乌亥公司应规范预算调整程序，严格执行审批制度

表 9-21　乌亥公司预算考核方面的控制点及控制措施表

关键控制点	控制措施
预算考核组织	乌亥公司预算管理委员会应当定期组织预算执行情况考核，将各预算执行单位负责人签字上报的预算执行报告和已掌握的动态监控信息进行核对，确认各执行单位预算完成情况 乌亥公司应实行预算执行情况内部审计制度
预算考核记录	乌亥公司预算执行情况考核工作，应当坚持公开、公平、公正的原则 乌亥公司考核过程及结果应有完整的记录

第 10 章

合同管理内部控制审计
实务及案例

第 1 节　基本概念

《企业内部控制应用指引第 16 号——合同管理》第二条规定："本指引所称合同，是指企业与自然人、法人及其他组织等平等主体之间设立、变更、终止民事权利义务关系的协议。企业与职工签订的劳动合同，不适用本指引。"

企业合同管理是指企业对以自身为当事人的合同依法进行订立、履行、变更、解除、转让、终止，以及审查、监督、控制等一系列行为的总称。其中，订立、履行、变更、解除、转让、终止是合同管理的内容；审查、监督、控制是合同管理的手段。合同管理必须是全过程的、系统性的、动态性的。全过程就是由洽谈、草拟、签订、生效开始，直至合同失效；系统性就是凡涉及合同条款内容的各部门都要一起来管理；动态性就是注重履约全过程的情况变化，及时对合同进行修改、变更、补充或中止和终止。

合同管理内部控制审计，就是对被审计单位合同管理内部控制设计与运行的有效性的审查和评价工作，对促使被审计单位加强合同管理内部控制建设、防范合同管理风险具有重要意义。

企业应当建立对合同管理内部控制的审计制度，明确审计机构或人员的职责权限，定期或不定期地进行检查。内部审计部门或人员应检查与合同的订立、履行有关的内部控制制度是否健全，各项规定是否得到有效执行。

第 2 节　内容和要点

一般认为合同管理内部控制审计的内容和要点包括以下几点。

一是合同授权和签订的审计，评估企业合同授权和签订的流程和控制措施，包括权限的分配、合同签订的流程、合同审批和备案的控制等，以确保合同的合规性和有效性。

二是合同执行和履约的审计，评估企业合同执行和履约的流程和控制措施，包括合同履行的监督和管理、履约义务的履行、履约过程的记录和跟踪等，以确保合同的履约情况和风险管理。

三是合同变更和终止的审计，评估企业合同变更和终止的流程和控制措施，包括合同变更的授权和程序、合同终止的程序和合规性、合同变更和终止的记录和审计追踪等，以确保合同的变更和终止的合规性和风险管理。

第 3 节　程序和方法

一般认为合同管理内部控制审计的程序和方法包括以下内容。

一是合同管理流程分析和评估。对企业合同管理流程进行分析和评估，了解合同授权、签订、执行、履约、变更和终止的流程和控制措施。

二是合同文件和记录审查。审查企业合同文件和记录，验证合同授权、签订、执行、履约、变更和终止的合规性和有效性。

三是合同履约情况抽样测试。抽取一定数量的合同样本，对合同的履约情况进行测试，验证合同的履约情况和风险管理。

四是合同变更和终止审计追踪。对企业合同变更和终止的过程进行审计追踪，了解合同变更和终止的授权和程序，确保合同变更和终止的合规性和风险管理。

我们认为合同管理内部控制审计程序应包括合同管理内部控制有效性调查了解、风险评估、控制测试、评价缺陷、审计评价、形成意见等。

一、调查了解

调查了解，就是调查了解合同管理内部控制设计和运行的基本情况，是合同管理内部控制审计实施阶段的首要环节。

合同管理调查了解这项工作是在内部控制审计总体工作的准备阶段的基础上进行的，涉及具体内容很多，也因单位的不同而不同。

对合同管理内部控制调查了解的方法有文字叙述法、调查表法、流程图法、控制矩阵法等。这些方法各有其特点，经常综合运用。

在实际审计工作中，为提高合同管理内部控制审计效率，调查了解工作应同合同管理现场测试工作一并进行，不宜为满足调查需求而走形式。

二、风险评估

按照风险导向审计理论，审计人员进行合同管理内部控制审计应当以风险评估为基础，选择拟测试的控制，确定测试所需要收集的证据。

按照《企业内部控制应用指引第 16 号——合同管理》的要求，在评估合同管理风险时，评估人员至少应当关注以下风险：未订立合同、未经授权对外订立合同、合同对方主体资格未达要求、合同内容存在重大疏漏和欺诈，可能导致企业合法权益受到侵害；合同未全面履行或监控不当，可能导致企业诉讼失败、经济利益受损；合同纠纷处理不当，可能损害企业利益、信誉和形象。

从实践看，组织在合同管理方面面临着一系列的风险，包括前期资信调查不到位导致合同欺诈或者客户没有足够履约能力；合同条款不完善、不合理导致组织利益受损；合同内容不合法导致合同无效；合同风险没有得到识别导致组织利益受损；合同未能按约定全面、适当履行导致组织利益无法实现甚至受损；合同纠纷处理不当导致组织合法权益得不到保护等。一般而言，合同管理风险点至少包括：合同订立阶段的合同调查、合同谈判、合同拟订、合同审批、合同签署、合同印章、合同保密等环节；合同履行阶段的合同履行、合同补充和变更、合同解除、合同结算、合同登记等环节。

在合同管理内部控制构建与实施的过程中，组织应根据内部控制应用指引中有关合同管理风险的提示，结合合同管理的实际情况，识别并具体描述合同管理方面存在的风险，以便完善合同管理内部控制，以有效地控制合同管理风险。

合同管理风险分析的内容很多，风险分析一般应从成因和结果两个方面进行，并编制合同管理风险分析表。

合同管理风险评价应从可能性和影响程度两个维度进行，根据评价结果进行风险排序、划分风险等级，并编制合同管理风险评价表。

合同管理风险应对是根据风险评价的结果，针对不同等级风险选择合同管理风险应对策略的过程。针对不同等级的合同管理风险采取的应对策略不一样，一般有规避、降低、转移、接受等策略。不论选择哪种策略应对合同管理风险，都需要编制合同管理风险应对表。

依据合同管理风险评估的结果构建合同管理层面的风险数据库或绘制风险图谱。合同管理层面数据的基本要素包括业务流程、风险描述、风险分析、风险排序、应对策略、剩余风险等，也可以加上内部控制设计完成后的控制措施、控制部门或岗位等。风险图谱一般适用于整体层面的风险描述。

【案例分享】

从我们长期从事内部控制审计的实践看，应识别和描述以下合同管理风险。

- 未订立合同、未经授权对外订立合同、合同对方主体资格未达要求、合同内容存在重大疏漏和欺诈，可能导致企业合法权益受到侵害。
- 合同未全面履行或监控不当，可能导致企业诉讼失败、经济利益受损。
- 合同纠纷处理不当，可能损害企业利益、信誉和形象。

三、控制测试

合同管理内部控制测试，就是审计人员现场测试合同管理内部控制设计和运行的有效性。

组织在构建与实施合同管理内部控制的过程中，要针对合同管理风险评估的结果，确定合同管理的一般控制点和关键控制点，并编制合同管理控制要点表。一般来说，合同管理的关键控制点至少应当包括合同谈判、合同审核、合同签署、合同履行等关键环节。合同管理的关键控制点并不是越多越好。《企业内部控制应用指引第 16 号——合同管理》重点对合同的订立、合同的履行等环节进行了规范。

组织在构建与实施合同管理内部控制的过程中，要强化对合同管理控制点，尤其是关键控制点的风险控制，并采取相应的控制措施。合同管理控制措施要与合同管理相融合，嵌入合同管理流程当中。按照企业内部控制应用指引的要求，企业应当加强合同管理，确定合同归口管理部门，明确合同拟订、审批、执行等环节的程序和要求，定期检查和评价合同管理中的薄弱环节，采取相应控制措施，促进合同有效履行，切实维护企业的合法权益。合同管理总体方面的控制措施是重要的，但更重要的是要针对关键控制点采取具体的控制措施。

为了合同管理控制制度能够有效实施，需要制定必要的表单，作为合同管理制度的附件，为合同管理过程留下控制证据。合同管理相关文件资料很多，包括合同调查资料、合同授权委托书、谈判记录表、合同审核表、合同会签记录、合同用章申请表、合同文本、法律意见书、合同履行情况统计表、合同补充协议、合同变更协议、合同纠纷处理报告、合同台账、制度执行情况反馈意见等。

组织需要建立一系列制度体系和机制保障，促进合同管理的作用得到有效发挥。建立合同管理控制制度不是独立建立一套新的制度，而是将内部控制思想嵌入合同管理控制制度中去。合同管理控制制度到底制定多少个，内容到底包括哪些，这因组织的不同而不同。从务实的角度考虑，合同管理控制制度并非越多越好，可制定一个统一的合同管理控制制度，内容至少包括合同管理的机构设置及职责分工、授权批准、订立、履行、变更、解除、转让、终止，以及审查、监督、考核与责任追究等一系列行为规范要求。

组织可以根据实际情况指定法律部门等作为合同归口管理部门，对合同实施统一规范管理，具体负责制定合同管理制度，审核合同条款的权利义务对等性，管理合同标准文本，管理合同专用章，定期检查和评价合同管理中的薄弱环节，采取相应控制措施，促进合同的有效履行等。各业务部门作为合同的承办部门负责在职责范围内承办相关合同，并履行合同调查、谈判、订立、履行和终结责任。财会部门侧重于履行对合同的财务监督职责。

组织应当根据经济业务性质、组织机构设置和管理层级安排，建立合同分级管理制度。属于上级管理权限的合同，下级单位不得签署。对于重大投资类、融资类、担保类、知识产权类、不动产类合同，上级部门应加强管理。下级单位认为确有需要签署涉及上级管理权限的合同，应当提出申请，并经上级合同管理机构批准后办理。上级单位应当加强对下级单位合同订立、履行情况的监督检查。

组织应当健全合同管理考核与责任追究制度，开展合同后评估，对合同订立、履行过程中出现的违法违规行为，应当追究有关机构或人员的责任。

合同管理控制流程图要根据合同管理流程、风险点、控制点及其相关的控制措施，结合具体单位的实际情况来绘制。特别要强调的是，应把合同管理内部控制流程和合同管理流程整合在一起，并在图上标示风险点和控制点。

合同管理控制矩阵是对合同管理流程图中风险点、控制措施和控制证据等的详细说明与描述，是合同管理内部控制设计结果的集中体现，也是内部控制管理手册的重要组成部分。

对合同管理内部控制设计有效性进行测试时，审计人员应当综合运用询问适当人员、观察经营活动和检查相关文件等程序。

对合同管理内部控制运行有效性进行测试时，审计人员应当综合运用询问适当人员、观察经营活动、检查相关文件及重新执行控制等程序。

在审计实践中，审计人员对合同管理内部控制设计有效性和运行有效性是一并进行测试的，测试重点是合同管理关键控制。

四、评价缺陷

评价合同管理内部控制缺陷，就是对合同管理内部控制存在的设计和运行有效性方面的缺陷进行分析和评价。

对已发现的合同管理内部控制重大缺陷，审计人员应当及时以书面形式与被审计单位进行沟通，核对测试结果和数据，确认合同管理内部控制缺陷事实并在缺陷认定底稿上签章。

第4节　实务案例

20××年4月15日至5月10日，乌亥集团内审部委托中天恒会计师事务所（以下简称"中天恒"），组成联合内部控制审计组（以下简称"审计组"），依据《企业内部控制基本规范》《企业内部控制应用指引第16号——合同管理》等有关规定，对乌亥公司合同管理内部控制进行了审计。其审计程序如表10-1所示。

表10-1　乌亥公司合同管理内部控制审计程序

被审计单位名称	乌亥公司	被审计单位编码	001	索引编号	O	页次	1
业务流程名称	合同管理	业务流程编号	16	审计人	江××	审计时间	20××/4/15
审计期间	上年度	截止日期	20××/12/31	复核人	于××	复核时间	20××/5/10

序号	审计程序	细分程序	执行情况说明	工作底稿索引号
1	调查了解	合同管理内部控制有效性调查了解		A
2	初步评价	合同管理内部控制初步评价		B
3	风险评估	合同管理内部控制风险评估		C
4	控制测试	合同管理内部控制有效性测试		D
5	评价缺陷	合同管理内部控制缺陷评价		E
6	审计评价	合同管理内部控制审计评价		F
7	形成意见	合同管理内部控制审计结果汇总		H
说明	1. 每一个审计程序可细分为若干具体程序； 2. 上述审计程序可结合进行，以提高审计工作效率； 3. 在执行每一步骤后，应填写"执行情况说明"一栏			

一、调查了解

审计组从乌亥公司合同订立、合同履行两个维度设计了合同管理内部控制情况调查问卷。

二、风险评估

审计组编制的乌亥公司合同管理风险评估表如表 10-2 所示。

表 10-2　乌亥公司合同管理风险评估表

被审计单位名称	乌亥公司	被审计单位编码	001		索引编号	C	页次	1
业务流程名称	合同管理	业务流程编号	16		审计人	江××	审计时间	20××/4/27
审计期间	上年度	截止日期	20××/12/31		复核人	于××	复核时间	20××/5/1

流程编号	一级流程	二级流程	风险描述	可能性	影响程度	风险排序
16	合同管理		未订立合同、未经授权对外订立合同、合同对方主体资格未达要求、合同内容存在重大疏漏和欺诈，可能导致企业合法权益受到侵害； 合同未全面履行或监控不当，可能导致企业诉讼失败、经济利益受损； 合同纠纷处理不当，可能损害企业利益、信誉和形象			
16.01		合同谈判与起草				
16.02		合同评审				

本案例描述了乌亥公司合同管理这个一级流程的风险，但未对二级流程风险进行描述，也未对风险大小进行排序，这不利于审计人员以此风险评估表为基础选择拟测试的控制。

企业在合同管理方面面临一系列的风险，包括前期资信调查不到位导致合同欺诈或者客户没有足够履约能力，合同条款不完善、不合理导致企业利益受损，合同内容不合法导致合同无效，合同风险没有得到识别导致企业利益受损，合同未能按约定全面、适当履行导致企业利益无法实现甚至受损，合同纠纷处理不当导致企业合法权益得不到保护等。

除了即时清算的业务以外，企业与其他单位和个人发生的经济业务往来应当签订合同，以明确权利义务关系。未订立合同意味着双方的权利义务没有法律保障，很容易导致企业的合法权益受到损害；合同内容的不完整或者不合理，特别是一些关键条款存在缺陷，往往容易给对方造成可乘之机，导致企业利益受到损害。

企业合同履行不力，容易引起对方的索赔，或者导致合同诉讼的失败，导致企业经济利益受损；合同监控不当，容易导致企业自身不能全面、适当地履行合同义务，或者没有掌握对方未能全面、适当履行合同义务的足够证据，导致对方合同索赔，或者合同诉讼失败。

合同纠纷处理不当，一方面会导致企业发生不必要的损失，或者致使损失扩大；另一方面企业的信誉和形象受到损害。

三、控制测试

审计组同时进行乌亥公司合同管理内部控制设计和运行有效性的测试。

四、评价缺陷

经审计，乌亥公司合同审核措施未得到严格执行。

缺陷描述：乌亥公司制度规定的合同审核责任部门不明确，规定中的"由风险管理部及有关职能部门负责"，恰恰"有关职能部门"这个概念含糊、不明确，而且各审核部门的审核责任也不明确，不利于相关责任部门把控审核重点，终将会影响合同管理的责任追究落实；经检查，发现合同审核措施确实未得到严格执行，个别非格式合同的文本，未按照规定履行审核程序，个别合同的审核未能形成书面意见，不能实现合同管理的规范化，影响着合同风险的把控。

改进建议：建议完善相关管理制度，明确合同审核参与部门，准确界定各部门审核责任及内容，充分调动各部门的工作责任心；加强合同管理检查，严格合同审核，防范合同风险。

在合同管理制度中，对不同类型的合同，规定由不同的审核部门把控，并明确不同部门各自的审核内容。

五、审计评价

审计组对乌亥公司合同管理内部控制进行审计评价的主要工作底稿如表 10-3、表 10-4 所示。

表 10-3 乌亥公司合同订立内部控制审计评价表

被审计单位名称	乌亥公司	被审计单位编码	001	索引编号	F-1	页次	1
业务流程名称	合同订立	业务流程编号	16.01	审计人	夏××	审计时间	20××/5/8
审计期间	上年度	截止日期	20××/12/31	复核人	关××	复核时间	20××/5/10

（续表）

关键控制 名称	评价标准	分值	权重	判断 依据	实际 得分
合同调查	审查调查对象的身份证件、法人登记证书、资质证明、授权委托书等证明原件，确保合同对方主体资格真实、恰当				
	获取调查对象经审计的财务报告、以往交易记录等财务和非财务信息，分析其获利能力、偿债能力和营运能力，评估其财务风险和信用状况，并在合同履行过程中持续关注其资信变化，建立和及时更新合同对方的商业信用档案				
	对调查对象进行现场调查，实地了解和全面评估其生产能力、技术水平、产品类别和质量等生产经营情况，分析其合同履约能力				
	与调查对象的主要供应商、客户、开户银行、主管税务机关和市场监督管理部门等沟通，了解其生产经营、商业信誉、履约能力等情况				
	为确保合同订立前调查情况的客观公正性，要选派合适调查人员，明确责任，并对其调查工作进行必要的监控				
合同谈判	组织得力合同谈判人员。对于影响重大、涉及较高专业技术或法律关系复杂的合同，应当组织法律、技术、财会等专业人员参与谈判，必要时可聘请外部专家参与相关工作				
	充分利用前期调查资料，并研究国家相关法律法规、行业监管内容、产业政策、同类产品或服务价格等与谈判内容相关的信息，正确制定本企业的谈判策略				
	关注合同核心内容、条款和关键细节，具体包括合同标的的数量、质量或技术标准，合同价格的确定方式与支付方式，履约期限和方式，违约责任和争议的解决方法、合同变更或解除条件等				
	谈判过程中的重要事项和参与谈判人员的主要意见，应当予以记录并妥善保存				
	在谈判过程中要加强保密工作，不能泄露任何商业信息，否则严格追究责任				
合同拟订	根据协商、谈判等的结果拟订合同文本，按照自愿、公平原则，明确双方的权利义务和违约责任，做到条款内容完整、表述严谨准确、相关手续齐备，避免出现重大疏漏				
	通过统一归口管理和授权审批制度，严格合同管理，防止通过化整为零等方式故意规避招标的做法和越权行为				

（续表）

关键控制名称	评价标准	分值	权重	判断依据	实际得分
合同拟订	合同文本一般由业务承办部门起草、法律部门审核。重大合同或法律关系复杂的特殊合同应当由法律部门参与起草。国家或行业有合同示范文本的，可以优先选用，但对涉及权利义务关系的条款应当进行认真审查，并根据实际情况进行适当修改				
	合同文本须报经国家有关主管部门审查或备案的，应当履行相应程序				
合同审核	对合同文本进行严格审核，重点关注合同的组织、内容和形式是否合法，合同内容是否符合企业的经济利益，对方当事人是否具有履约能力，合同权利义务、违约责任和争议解决条款是否明确等				
	建立合同会同审核制度，对影响重大或法律关系复杂的合同文本，应当组织内部相关部门进行审核。相关部门提出不同意见的，应当认真分析研究，慎重对待，并准确无误地加以记录；必要时应对合同条款做出修改。内部相关部门应当认真履行职责				
	严格审核合同需求与国家法律法规、产业政策、企业整体战略目标的关系，保证其协调一致；考察合同是否以生产经营计划、项目立项书等为依据，确保完成具体业务经营目标				
	合同审核部门对合同进行审核后，应当提出书面审核意见，并由审核人和审核部门负责人签字。审核意见应当明确、具体，避免使用模糊性语言。企业应当建立合同退改重审制度。对审核中发现的重大错误、遗漏和不妥之处，审核部门应予以明确并提出修改意见。合同承办人修改之后，应重新提交审核				
合同签署	按照规定的权限和程序与对方当事人签署合同。正式对外订立的合同，应当由企业法定代表人或由其授权的代理人签名或加盖有关印章。授权签署合同的，应当签署授权委托书				
	属于上级管理权限的合同，下级单位不得签署。下级单位认为确有需要签署涉及上级管理权限的合同，应当提出申请，并经上级合同管理机构批准后办理。上级单位应当加强对下级单位合同订立、履行情况的监督检查				
	建立合同专用章保管制度。合同经编号、审批及企业法定代表人或授权的代理人签署后，方可加盖合同专用章				
	加强合同信息安全保密工作，未经批准，不得以任何形式泄露合同订立与履行过程中涉及的商业秘密或国家机密				

表 10-4　乌亥公司合同履行内部控制审计评价表

被审计单位名称	乌亥公司	被审计单位编码	001		索引编号	F-2	页次	1
业务流程名称	合同履行	业务流程编号	16.02		审计人	夏××	审计时间	20××/5/8
审计期间	上年度	截止日期	20××/12/31		复核人	关××	复核时间	20××/5/10

关键控制名称	评价标准	分值	权重	判断依据	实际得分
合同监控	对合同履行实施有效监控，强化对合同履行情况及效果的检查、分析和验收，全面适当执行本企业义务，确保合同全面有效履行				
	对合同对方的合同履行情况实施有效监控，一旦发现有违约可能或违约行为，应当及时提示风险，并立即采取相应措施将合同损失降到最低				
合同补充	合同生效后，企业就质量、价款、履行地点等内容与合同对方没有约定或者约定不明确的，可以协议补充 不能达成补充协议的，按照国家相关法律法规、合同有关条款或者交易习惯确定				
	合同生效后，企业就质量、价款、履行地点等内容与合同对方没有约定或者约定不明确的，可以协议补充 不能达成补充协议的，按照国家相关法律法规、合同有关条款或者交易习惯确定				
合同变更/解除	在合同履行过程中发现有显失公平、条款有误或对方有欺诈行为等情形，或因政策调整、市场变化等客观因素，已经或可能导致企业利益受损，应当按规定程序及时报告，并经双方协商一致，按照规定权限和程序办理合同变更或解除事宜				
合同纠纷	建立合同违约处理制度。针对对方违约的情形，应当按合同条款约定收取违约金；违约金不足以弥补企业损失时，应当要求对方赔偿损失。凡未经批准擅自放弃追索权者，企业应当追究其责任。针对企业自身违约的情形，应当由合同承办部门以书面形式报告企业有关负责人，经批准后履行相应赔偿责任				
	加强合同纠纷管理，在履行合同过程中发生纠纷的，应当依据国家相关法律法规，在规定时效内与对方当事人协商并按规定权限和程序及时报告				
	合同纠纷经协商一致的，双方应当签订书面协议。合同纠纷经协商无法解决的，应当根据合同约定选择仲裁或诉讼方式解决				
合同结算	财会部门应当根据合同条款审核后办理结算业务 未按合同条款履约的，或应签订书面合同而未签订的，财会部门有权拒绝付款，并及时向企业有关负责人报告				
合同登记	合同管理部门应当充分利用信息化手段，加强合同登记管理 定期对合同进行统计、分类和归档，详细登记合同的订立、履行和变更等情况，实行合同的全过程封闭管理				

（续表）

关键控制名称	评价标准	分值	权重	判断依据	实际得分
合同评估	建立合同履行情况评估制度，至少于每年年末对合同履行的总体情况和重大合同履行的具体情况进行分析评估，对分析评估中发现合同履行中存在的不足，应当加以改进				
	健全合同管理考核与责任追究制度。对合同订立、履行过程中出现的违法违规行为，应当追究有关机构或人员的责任				

六、形成意见

（一）梳理了合同管理现状，编制了合同管理业务流程目录

经审计，乌亥公司在设计合同管理内部控制时，整理了合同管理控制流程图、合同管理内部管理制度及相关文件，并对合同管理方面业务进行了认真梳理，按业务特点和复杂程度，划分业务流程，编制了合同管理业务流程目录（见表10-5）。

表10-5　乌亥公司合同管理业务流程目录

流程编号	一级流程	二级流程	三级流程	四级流程
16	合同管理			
16.01		合同谈判与起草		
16.02		合同评审		
16.03		合同订立		
16.04		合同履行与纠纷处理		

（二）评估了合同管理风险，编制了合同管理风险点及风险描述表

经审计，乌亥公司在设计合同管理内部控制时，评估了合同管理风险，编制了合同管理风险点及风险描述表（见表10-6）。

表10-6　乌亥公司合同管理风险点及风险描述表

风险点	风险描述
合同谈判	乌亥公司忽略合同重大问题或在重大问题上做出不当让步 乌亥公司谈判经验不足，缺乏技术、法律和财务知识的支撑，导致企业利益受损
合同签署	乌亥公司超越权限签订合同，合同印章管理不当 乌亥公司签署后的合同被篡改，因手续不全导致合同无效等

（续表）

风险点	风险描述
合同履行	乌亥公司或合同对方当事人没有恰当地履行合同中约定的义务 在合同履行过程中，未能及时发现已经或可能导致乌亥公司利益受损情况，或未能采取有效措施 合同纠纷处理不当，导致乌亥公司遭受外部处罚、诉讼失败，损害乌亥公司利益、信誉和形象等

（三）设计了合同管理内部控制，确定了控制目标及措施，编制了合同管理控制矩阵

经审计，乌亥公司内部控制建设组，在合同管理业务流程描述和风险评估的基础上，设计了合同管理内部控制，确定了控制目标及措施，编制了合同管理关键控制点及其控制措施表（见表 10-7）。

表 10-7　乌亥公司合同管理关键控制点及其控制措施表

关键控制点	控制措施
合同订立	乌亥公司对外发生经济行为，除即时结清方式外，应当订立书面合同。 严格审核合同需求与国家法律法规、产业政策、乌亥公司整体战略目标的关系，保证其协调一致。 考察合同是否以生产经营计划、项目立项书等为依据，确保完成具体业务经营目标。 合同文本一般由业务承办部门起草，法律部门审核，重大合同或法律关系复杂的特殊合同应当由法律部门参与起草。 通过统一归口管理和授权审批制度，严格合同管理，防止通过化整为零等方式故意规避招标的做法和越权行为。 由签约对方起草的合同，乌亥公司应当认真审查，确保合同内容准确反映乌亥公司的诉求和谈判达成的一致意见。 合同文本须报经国家有关主管部门审查或备案的，应当履行相应程序
合同签署	乌亥公司应按照规定的权限和程序与对方当事人签署合同。 乌亥公司应严格执行合同专用章保管制度，合同经编号、审批及企业法定代表人或由其授权的代理人签署后，方可加盖合同专用章。用印后保管人应当立即收回，并按要求妥善保管，以防他人滥用。 乌亥公司应采取恰当措施，防止已签署的合同被篡改，如在合同各页码之间加盖骑缝章、使用防伪印记、使用不可编辑的电子文档格式等。 按照国家有关法律、行政法规规定，需办理批准、登记等手续之后方可生效的合同，乌亥公司应当及时按规定办理相关手续
合同纠纷处理	乌亥公司应当加强合同纠纷管理，在履行合同过程中发生纠纷的，应当依据国家相关法律法规，在规定时效内与对方当事人协商并按规定权限和程序及时报告。 合同纠纷经协商一致的，双方应当签订书面协议。 合同纠纷经协商无法解决的，应当根据合同约定选择仲裁或诉讼方式解决。企业内部授权处理合同纠纷的，应当签署授权委托书。 纠纷处理过程中，未经授权批准，相关经办人员不得向对方当事人做出实质性答复或承诺

第 11 章

信息系统内部控制审计
实务及案例

第 1 节　基本概念

《企业内部控制应用指引第 18 号——信息系统》第二条规定："本指引所称信息系统，是指企业利用计算机和通信技术，对内部控制进行集成、转化和提升所形成的信息化管理平台。"

现代社会，企业都需通过建立一套信息系统基础结构来处理和提炼大量的数据，以形成可支持行动的信息。

信息系统内部控制审计，就是对组织信息系统内部控制设计与运行的有效性的审查和评价活动，对促使组织加强信息系统内部控制建设、防范信息系统风险具有重要意义。

第 2 节　内容和要点

信息系统内部控制审计的内容和要点包括以下几点。

一是信息系统的安全性审计，评估企业信息系统的安全策略和控制措施，包括访问控制、身份认证、数据加密、漏洞管理等，以确保信息系统的安全性和保密性。

二是信息系统的完整性审计，评估企业信息系统的数据完整性和处理过程的完整性，包括数据输入、处理和输出的完整性，数据备份和恢复的完整性等，以确保信息系统的数据完整性和可靠性。

三是信息系统的可用性审计，评估企业信息系统的可用性和可靠性，包括硬件和软件的可用性、网络和系统的稳定性、故障处理和恢复的能力等，以确保信息系统的运行和服务能力正常。

第 3 节　程序和方法

信息系统内部控制审计的程序和方法包括以下几点。

一是系统分析和评估。对企业信息系统进行分析和评估，了解系统的结构和功能、数据流和处理过程、控制措施和安全策略等，了解信息系统的运作和内部控制情况。

二是抽样测试。抽取一定数量的样本，对信息系统的控制措施进行测试，验证其有效性和合规性。

三是安全漏洞扫描和渗透测试。对企业信息系统进行安全漏洞扫描和渗透测试，发现系统的漏洞和弱点，提出改进措施和建议。

四是日志分析和审计追踪。对企业信息系统的日志进行分析和审计追踪，了解系统的使用情况和异常行为，发现潜在的风险和问题。

根据我们的研究和实践，信息系统内部控制审计程序和方法包括信息系统内部控制有效性调查了解、风险评估、控制测试、评价缺陷、审计评价、形成意见等。

在实践中，信息系统内部控制审计程序和方法主要包括信息系统内部控制调查了解、风险评估、控制测试、评价缺陷等。

一、调查了解

调查了解，就是调查了解信息系统内部控制设计和运行的基本情况，是信息系统内部控制审计实施阶段的首要环节。

信息系统调查了解这项工作是在内部控制审计总体工作的准备阶段的基础上进行的，涉及的内容很多，也因单位的不同而不同。

对信息系统内部控制调查了解的方法有文字叙述法、调查表法、流程图法、控制矩阵法等。这些方法各有其特点，经常综合运用。

在实际审计工作中，为提高信息系统内部控制审计效率，调查了解工作应同信息系统现场测试工作一并进行，不宜为满足调查需求而走形式。

二、风险评估

按照风险导向审计理论，审计人员进行信息系统内部控制审计应当以风险评估为基础，选择拟测试的控制，确定测试所需要收集的证据。

关于信息系统风险，按照《企业内部控制应用指引第 18 号——信息系统》的要求，在评估信息系统风险时，评估人员至少应当关注以下风险：信息系统缺乏或规划不合理，可能造成信息孤岛或重复建设，导致企业经营管理效率低下；系统开发不符合内部控制要求，授权管理不当，可能导致无法利用信息技术实施有效控制；系统运行维护和安全措施不到位，可能导致信息泄露或毁损，系统无法正常运行。

信息系统风险主要包括前期规划立项、信息系统开发、后期运行维护与安全三个阶段的风险。

前期规划立项阶段的风险主要包括：规划立项与企业内部控制总体规划不适应，信息系统规划立项不够科学、合理和可行；与企业的行业特点、规模、管理理念、组织结构、核算方法等因素不相适应；信息系统的建设未能起到降低成本、纠正偏差的作用等。企业应重视信息系统建设前期规划的研究，科学、合理规划信息系统建设，既要防范企业形成信息孤岛，又要避免信息系统重复建设，造成资源浪费。

信息系统开发阶段的风险主要包括：信息系统开发与自身内部控制要求不相适应，未按照规定的职责权限和程序审批后实施，企业信息系统开发需求和关键控制点不明确，开发方式选择不规范，信息系统开发过程管理、试运行、上线准备工作不到位而产生的风险与损失。

后期运行维护阶段，要重点关注信息系统运行与维护的不同等级信息的授权使用、安全保密、重要业务系统的访问权限管理，关键信息设备的管理等措施不到位所造成的信息泄露或毁损，系统无法正常运行而产生损失。

在信息系统内部控制构建与实施的过程中，组织应根据内部控制应用指引中有关信息系统风险的提示，结合信息系统的实际情况，识别并具体描述信息系统方面存在的风险，以便完善信息系统的内部控制，有效地控制信息系统风险。信息系统具体风险描述因所识别风险的不同而不同，将具体信息系统风险与信息系统流程结合是比较好的做法。

三、控制测试

信息系统内部控制测试，就是审计人员现场测试信息系统内部控制设计和运行的有效性。

根据规范要求和实践，组织在构建与实施信息系统内部控制的过程中，要针对信息系统风险评估的结果，确定信息系统的一般控制点和关键控制点，并编制信息系统控制要点表。《企业内部控制应用指引第 18 号——信息系统》重点对信息系统的开发、信息系统的运行与维护等环节进行了规范。

组织在构建与实施信息系统内部控制的过程中，要强化对信息系统控制点，尤其是关键控制点的风险控制，并采取相应的控制措施。信息系统控制措施要与信息系统相融合，嵌入信息系统流程当中。

按照企业内部控制应用指引的要求，企业应当重视信息系统在内部控制中的作用，根据内部控制要求，结合组织架构、业务范围、地域分布、技术能力等因素，制定信息系统建设整体规划，加大投入力度，有序组织信息系统开发、运行与维护，优化管理流程，防范经营风险，全面提升企业现代化管理水平。企业应当指定专门机构对信息系统建设实施归口管理，明确相关单位的职责权限，建立有效工作机制。企业可以委托专业机构从事信息系统的开发、运行和维护工作。企业负责人对信息系统建设工作负责。

为了信息系统内部控制能够有效实施，需要制定必要的表单，为信息系统运行过程留下控制证据。信息系统业务相关表单很多，包括信息系统规划、信息系统建设方案、信息系统建设验收报告、信息系统运行与维护记录等。

建立信息系统控制制度不是独立建立一套新的制度，而是将内部控制思想嵌入信息系统控制制度中去。信息系统控制制度内容至少应明确信息系统的开发、信息系统的运行与维护等环节的职责和审批权限。从内部控制视角看，针对控制点制定相应的控制制度是笔者团队多年咨询经验的总结。

信息系统控制矩阵是对信息系统流程图中风险点、控制措施和控制证据等的详细说明与描述，是信息系统内部控制设计结果的集中体现，也是内部控制管理手册的重要组成部分。

对信息系统内部控制设计有效性进行测试时，审计人员应当综合运用询问适当人员、观察经营活动和检查相关文件等程序。

对信息系统内部控制运行有效性进行测试时，审计人员应当综合运用询问适当人员、观察经营活动、检查相关文件及重新执行控制等程序。

事实上，在审计实践中，审计人员对信息系统内部控制设计有效性和运行有效性是一并进行测试的，测试重点是信息系统关键控制。

四、评价缺陷

评价信息系统内部控制缺陷，就是对信息系统内部控制存在的设计和执行有效性方面的缺陷进行分析和评价。

对已发现的信息系统内部控制重大缺陷，审计人员应当及时以书面形式与被审计单位进行沟通，核对测试结果和数据，确认信息系统内部控制缺陷事实并在缺陷认定底稿上签章。

第 4 节　实务案例

20××年 4 月 15 日至 5 月 10 日，乌亥集团内审部委托中天恒会计师事务所（以下简称"中天恒"），组成联合内部控制审计组（以下简称"审计组"），依据《企业内部控制基本规范》《企业内部控制应用指引第 18 号——信息系统》等有关规定，对乌亥公司信息系统内部控制进行了审计。其审计程序如表 11-1 所示。

表 11-1　乌亥公司信息系统内部控制审计程序

被审计单位名称	乌亥公司	被审计单位编码	001	索引编号	O	页次	1
业务流程名称	信息系统	业务流程编号	18	审计人	江××	审计时间	20××/4/15
审计期间	上年度	截止日期	20××/12/31	复核人	于××	复核时间	20××/5/10

序号	审计程序	细分程序	执行情况说明	工作底稿索引号
1	调查了解	信息系统内部控制有效性调查了解		A
2	初步评价	信息系统内部控制初步评价		B
3	风险评估	信息系统内部控制风险评估		C
4	控制测试	信息系统内部控制有效性测试		D
5	评价缺陷	信息系统内部控制缺陷评价		E
6	审计评价	信息系统内部控制审计评价		F
7	形成意见	信息系统内部控制审计结果汇总		H
说明	1. 每一个审计程序可细分为若干具体程序； 2. 上述审计程序可结合进行，以提高审计工作效率； 3. 在执行每一步骤后，应填写"执行情况说明"一栏			

一、调查了解

审计组从乌亥公司信息系统开发、信息系统运行与维护两个维度设计了信息系统内部控制情况调查问卷。

二、风险评估

审计组编制的乌亥公司信息系统风险评估表如表 11-2 所示。

表 11-2　乌亥公司信息系统风险评估表

被审计单位名称	乌亥公司	被审计单位编码	001	索引编号	C	页次	1
业务流程名称	信息系统	业务流程编号	18	审计人	江××	审计时间	20××/4/27
审计期间	上年度	截止日期	20××/12/31	复核人	于××	复核时间	20××/5/1

流程编号	一级流程	二级流程	风险描述	可能性	影响程度	风险排序
18	信息系统		信息系统缺乏或规划不合理，可能造成信息孤岛或信息系统重复建设、资源浪费，导致企业经营管理效率低下。 系统开发不符合内部控制要求，授权管理不当，可能导致无法利用信息技术实施有效控制。 系统运行维护和安全措施不到位，可能导致信息泄露或毁损，系统无法正常运行			
18.01		信息系统开发				
18.02		信息系统运行与维护				

本案例描述了乌亥公司信息系统这个一级流程的风险，但未对二级流程风险进行描述，也未对风险大小进行排序，不利于审计人员以此风险评估表为基础选择拟测试的控制。一般来说，对信息系统内部控制进行审计，需要关注以下风险点。

- 信息化规划制定不合理，与公司总体战略及实际经营工作要求脱节。
- 信息化年度计划与整体规划脱节，且不符合实际。
- 实施的系统开发方案与实际业务需要不符。
- 开发的系统不能满足实际需求；项目未按期完成，影响公司正常工作。
- 信息系统授权不合理、不合规，不能保证信息系统安全。
- 数据录入存在错误，数据丢失或损坏无法恢复。
- 系统操作人员擅自删除、修改系统软件。
- 系统操作人员未严格遵守硬件及系统使用规定，导致出现相应故障或信息安全事故。

三、控制测试

审计组同时进行乌亥公司信息系统内部控制设计和运行有效性的测试。审计组采用问卷调查方法，并审阅《信息化管理办法》《计算机网络应用管理规定》《计算机及网络设备管理办法》等相关管理制度；询问信息中心综合室主任、计算机室主任、业务经办人员；抽查项目建议书、设计委托书、服务商资质评估报告及软件开发合同等资料，对信息系统建设项目的立项、合同签订、实施、验收及维护等方面进行检查。

审计结果表明乌亥公司信息系统业务流程有 8 个具体业务流程步骤、27 个控制点，乌亥公司执行的控制点有 27 个，其中完全未执行的控制点有 4 个、部分未执行的控制点有 5 个、流程以外问题有 1 个。除此之外，分公司的信息资源管理业务流程基本能够按照内控制度的要求执行。

四、评价缺陷

经审计，乌亥公司信息系统内部控制缺陷如下。

- 信息化规划与乌亥公司实际存在偏差。

    缺陷描述：乌亥公司制定的信息化规划不符合公司及下属公司实际管理情况，信息化规划已经失去信息建设指导作用；目前，公司内部各信息系统之间及公司与下属各公司之间的信息系统协同程度较低，使信息传达不畅，信息不能实现合理共享。

    改进建议：建议依据乌亥公司发展战略及公司现状调整信息化规划，建立有效论证、批准控制，确保信息化规划符合公司需求，合理规划公司内部及公司集团整体的信息建设工作，逐步提高信息系统的协同程度，使公司信息能合理、高效传递。

- 未建立需求评审机制。

    缺陷描述：乌亥公司未明确信息需求评审流程及操作要求；日常信息系统开发建设方案无审批记录，对于重大项目未编制可行性分析报告，需求缺乏深入分析，可能导致需求不符合公司实际，使开发的系统不能达到应有的效果。

    改进建议：建议修订《信息管理规划与管理制度》，按照日常项目和重大项目分类，分别制定立项、审批流程，对于重大项目要编制可行性分析报告，进行深入分析；严格执行评审程序，确保信息需求符合公司实际。

- 信息系统开发验收缺乏控制。

    缺陷描述：乌亥公司未明确项目验收责任组织及验收流程；个别项目开发过程中未进行测试检查，未编制技术验收报告；不能有效检验开发的系统是否与需求相符，是否能达到开发目的，不能及时改进信息设计缺陷，影响后期系统使用的效果。

    改进建议：建议完善相关制度，明确项目验收责任组织及验收流程，及时组织专业机构进行验收测试，确保达到开发目的。

- 系统使用权限管控不足。

    缺陷描述：乌亥公司离岗员工的信息系统用户权限未能及时注销，系统管理员密码未按制度规定定期更换；财务系统的系统管理员与操作员未分离，财务系统的权限分配由总账会计负责。以上缺陷可能导致公司信息系统存在不合法用户，影响系统的安全性，权限未分离影响系统运行有效性及数据安全性。

改进建议：建议按制度规定及时进行权限调整、密码变更，合理进行授权，确保系统管理员与操作员相分离。

五、审计评价

审计组对乌亥公司信息系统内部控制进行审计评价的主要工作底稿如表 11-3、表 11-4 所示。

表 11-3　乌亥公司信息系统开发内部控制审计评价表

被审计单位名称	乌亥公司	被审计单位编码	001	索引编号	F-1	页次	1
业务流程名称	信息系统开发	业务流程编号	18.01	审计人	夏××	审计时间	20××/5/8
审计期间	上年度	截止日期	20××/12/31	复核人	关××	复核时间	20××/5/10

关键控制名称	评价标准	分值	权重	判断依据	实际得分
制定战略规划	企业必须制定信息系统开发的战略规划和中长期发展计划，并在每年制定经营计划的同时制定年度信息系统建设计划，促进经营管理活动与信息系统的协调统一				
	企业在制定信息化战略过程中，要充分调动和发挥信息系统归口管理部门与业务部门的积极性，使各部门广泛参与，充分沟通，提高战略规划的科学性、前瞻性和适应性				
	信息系统战略规划要与企业的信息系统、业务范围、地域分布、技术能力等相匹配，避免相互脱节				
软件产品选型和供应商选择	企业应明确自身需求，对比分析市场上的成熟软件产品，合理选择软件产品的模块组合和版本				
	企业在软件产品选型时应广泛听取行业专家的意见				
	企业在选择软件产品和服务供应商时，不仅要评价其现有产品的功能、性能，还要考察其服务支持能力和后续产品的升级能力				
服务提供商选择	在选择服务提供商时，不仅要考核其对软件产品的熟悉、理解程度，还要考核其是否深刻理解企业所处行业的特点、是否理解企业的个性化需求、是否有过相同或相近的成功案例				
选择外包服务商	企业在选择外包服务商时要充分考虑服务商的市场信誉、资质条件、财务状况、服务能力、对本企业业务的熟悉程度、既往承包服务成功案例等因素，对外包服务商进行严格筛选				
	企业可以借助外包业界基准来判断外包服务商的综合实力				
	企业要严格执行外包服务审批及管控流程，对信息系统外包业务，原则上采用公开招标等形式选择外包服务商，并实行集体决策审批				

（续表）

关键控制 名称	评价标准	分值	权重	判断 依据	实际 得分
签订外包 合同	企业在与外包服务商签约之前，应针对外包可能出现的各种风险损失，合理拟订合同条款，对涉及的工作目标、合作范畴、责任划分、所有权归属、付款方式、违约赔偿及合约期限等问题做出详细说明，并由法律部门或法律顾问审查把关				
	开发过程中涉及商业秘密、敏感数据的，企业应当与外包服务商签订详细的保密协定，以保证数据安全				
	在合同中约定付款事宜时，应当选择分期付款方式，尾款应当在系统运行一段时间并经评估验收后再支付				
	应在合同条款中明确要求外包服务商保持专业技术服务团队的稳定性				
持续跟踪 评价外包 服务商的 服务过程	企业应当规范外包服务评价工作流程，明确相关部门的职责权限，建立外包服务质量考核评价指标体系，定期对外包服务商进行考评，并公布服务周期的评估结果，实现外包服务水平的跟踪评价				
	必要时可以引入监理机制，降低外包服务风险				
提出项目 方案	企业应当根据信息系统建设整体规划提出项目建设方案，明确建设目标、人员配备、职责分工、经费保障和进度安排等相关内容，按照规定的权限和程序审批后实施				
	企业信息系统归口管理部门应当组织内部各单位提出开发需求和关键控制点，规范开发流程，明确系统设计、编程、安装调试、验收、上线等全过程的管理要求，严格按照建设方案、开发流程和相关要求组织开发工作				
	企业开发信息系统，可以采取自行开发、外购调试、业务外包等方式。选定外购调试或业务外包方式的，应当采用公开招标等形式择优确定供应商或开发单位				
分析项目 需求	信息系统归口管理部门应当组织企业内部各有关部门提出开发需求，加强系统分析人员和有关部门的管理人员、业务人员的交流，经综合分析提炼后形成合理的需求				
	编制表述清晰、表达准确的需求文档。需求文档是业务人员和技术人员共同理解信息系统的桥梁，必须准确表述系统建设的目标、功能和要求				
	企业应当采用标准建模语言（如 UML），综合运用多种建模工具和表现手段，参照相关标准，提高系统需求说明书的编写质量				
	企业应当建立健全需求评审和需求变更控制流程。依据需求文档进行设计（含需求变更设计）前，应当评审其可行性，由需求提出人和编制人签字确认，并经业务部门与信息系统归口管理部门负责人审批				

（续表）

关键控制名称	评价标准	分值	权重	判断依据	实际得分
设计信息系统	企业开发信息系统，应当将生产经营管理全部业务流程、关键控制点和处理规则嵌入系统程序当中，实现人工环境下难以实现的控制功能				
	企业在系统开发过程中，应当按照不同业务的控制要求，通过信息系统中的权限管理功能控制用户的操作权限，避免将不同职责的处理权限授予同一用户				
	企业应当针对不同数据的输入方式，考虑对进入系统数据的检查和校验功能。对于必需的后台操作，应当加强管理，建立规范的流程制度，对操作情况进行监控或者审计				
	企业应当在信息系统中设置操作日志功能，确保操作的可审计性；对异常的或者违背内部控制要求的交易和数据，应当设计成由系统自动报告，并建立跟踪处理机制				
	企业信息系统归口管理部门应当加强信息系统开发全过程的跟踪管理，组织开发单位与内部各单位的日常沟通和协调，督促开发单位按照建设方案、计划进度和质量要求完成编程工作，对配备的硬件设备和系统软件进行检查验收，组织系统上线运行等				
编程和测试	企业应当组织独立于开发单位的专业机构对开发完成的信息系统进行验收测试，确保在功能、性能、控制要求和安全性等方面符合开发需求				
上线	企业应当切实做好信息系统上线的各项准备工作，培训业务操作和系统管理人员，制定科学的上线计划和新旧系统转换方案，考虑应急预案，确保新旧系统顺利切换和平稳衔接。系统上线涉及数据迁移的，还应制定详细的数据迁移计划				

表 11-4　乌亥公司信息系统运行与维护内部控制审计评价表

被审计单位名称	乌亥公司	被审计单位编码	001	索引编号	F-2	页次	1
业务流程名称	信息系统运行与维护	业务流程编号	18.02	审计人	夏×××	审计时间	20××/5/8
审计期间	上年度	截止日期	20××/12/31	复核人	关××	复核时间	20××/5/10

关键控制名称	评价标准	分值	权重	判断依据	实际得分
日常运行维护	企业应当加强信息系统运行与维护的管理，制定信息系统工作程序、信息管理制度及各模块子系统的具体操作规范，及时跟踪、发现和解决系统运行中存在的问题，确保信息系统按照规定的程序、制度和操作规范持续稳定运行				

（续表）

关键控制名称	评价标准	分值	权重	判断依据	实际得分
日常运行维护	企业应当建立信息系统变更管理流程，信息系统变更应当严格遵照管理流程进行操作。信息系统操作人员不得擅自进行系统软件的删除、修改等操作；不得擅自升级、改变系统软件版本；不得擅自改变软件系统环境配置				
	企业应当根据业务性质、重要程度、涉密情况等确定信息系统的安全等级，建立不同等级信息的授权使用制度，采用相应技术手段，保证信息系统运行安全有序				
	企业应当建立信息系统安全保密和泄密责任追究制度。委托专业机构进行系统运行与维护管理的，应当审查该机构的资质，并与其签订服务合同和保密协议				
	企业应当采取安装安全软件等措施防范信息系统受到病毒等的感染和破坏				
	企业应当建立用户管理制度，加强对重要业务系统的访问权限管理，定期审阅系统账号，避免授权不当或存在非授权账号，禁止不相容职务用户账号的交叉操作				
系统变更	企业应当建立标准流程来实施和记录系统变更，保证变更过程得到适当的授权与管理层的批准，并对变更进行测试。信息系统变更应当严格遵照管理流程进行操作。信息系统操作人员不得擅自进行软件的删除、修改等操作；不得擅自升级、改变软件版本；不得擅自改变软件系统的环境配置				
	系统变更程序（如软件升级）需要遵循与新系统开发项目同样的验证和测试程序，必要时还应当进行额外测试				
	企业应加强紧急变更的控制管理				
	企业应加强对将变更移植到生产环境中的控制管理，包括系统访问授权控制、数据转换控制、用户培训等				
安全管理	企业应当综合利用防火墙、路由器等网络设备，漏洞扫描、入侵检测等软件技术及远程访问安全策略等手段，加强网络安全管理，防范来自网络的攻击和非法侵入				
	企业对于通过网络传输的涉密或关键数据，应当采取加密措施，确保信息传递的保密性、准确性和完整性				
	企业应当建立系统数据定期备份制度，明确备份范围、频度、方法、责任人、存放地点、有效性检查等内容				
	企业应当加强服务器等关键信息设备的管理，建立良好的物理环境，指定专人负责检查，及时处理异常情况。未经授权，任何人不得接触关键信息设备				

关键控制名称	评价标准	分值	权重	判断依据	实际得分
系统终结	做好善后工作，不管何种情况导致系统停止运行，都应将废弃系统中有价值或者涉密的信息进行销毁、转移				
	严格按照国家有关法规制度和对电子档案的管理规定（如审计准则对审计证据保管年限的要求），妥善保管相关信息档案				

在本案例中，信息系统评价基本上是以信息系统配套指引的规范为基本标准的，具体应用时，可结合被审计单位信息系统的实际情况来确定标准。

六、形成意见

（一）梳理了信息系统现状，编制了信息系统业务流程目录

经审计，乌亥公司在设计信息系统内部控制时，整理了信息系统控制流程图、信息系统内部管理制度及相关文件，并对信息系统方面的业务进行了认真梳理，按业务特点和复杂程度，划分业务流程，编制了信息系统业务流程目录（见表 11-5）。

表 11-5　乌亥公司信息系统业务流程目录

流程编号	一级流程	二级流程	三级流程	四级流程
18	信息系统	□	□	□
18.01	□	信息系统开发	□	□
18.01.01	□	□	信息系统建设方案制定批准	□
18.01.02	□	□	信息系统建设实施	□
18.01.03	□	□	信息系统验收测试	□
18.01.04	□	□	信息系统上线管理	□
18.02	□	信息系统运行与维护	□	□
18.02.01	□	□	日常维护	□
18.02.02	□	□	安全管理	□
18.02.03	□	□	用户管理	□
18.02.04	□	□	备份管理	□

（二）评估了信息系统风险，编制了信息系统风险点及风险描述表

经审计，乌亥公司在设计信息系统内部控制时，评估了信息系统风险，编制了信息系统风险点及风险描述表（见表 11-6）。

表 11-6 乌亥公司信息系统风险点及风险描述表

风险点	风险描述
前期规划	缺乏整体规划或者规划不合理，可能导致企业形成信息孤岛或信息系统重复建设、资源浪费
信息系统开发	系统开发不符合内部控制要求，授权管理不当，可能导致无法利用信息技术实施有效控制
信息系统运行与维护	系统运行维护和安全措施不到位，可能导致信息泄露或毁损，系统无法正常运行

（三）设计了信息系统内部控制，确定了控制目标及措施，编制了信息系统控制矩阵

经审计，乌亥公司内部控制建设组，在信息系统业务流程描述和风险评估的基础上，设计了信息系统内部控制，确定了控制目标及措施，编制了信息系统关键控制点及控制措施表（见表 11-7）。

表 11-7 乌亥公司信息系统关键控制点及其控制措施表

关键控制点	控制措施
制定战略规划	乌亥公司必须制定信息系统开发的战略规划和中长期发展计划，并在每年制定经营计划的同时制定年度信息系统建设计划，促进经营管理活动与信息系统的协调统一。 乌亥公司在制定信息化战略过程中，要充分调动和发挥信息系统归口管理部门与业务部门的积极性，使各部门广泛参与、充分沟通，提高战略规划的科学性、前瞻性和适应性。 信息系统战略规划要与乌亥公司的信息系统、业务范围、地域分布、技术能力等相匹配，避免相互脱节
信息系统开发	乌亥公司应当根据信息系统建设整体规划提出项目建设方案，明确建设目标、人员配备、职责分工、经费保障和进度安排等相关内容，按照规定的权限和程序审批后实施。 乌亥公司信息系统归口管理部门应当组织内部各单位提出开发需求和关键控制点，规范开发流程，明确系统设计、编程、安装调试、验收、上线等全过程的管理要求，严格按照建设方案、开发流程和相关要求组织开发工作。 乌亥公司开发信息系统，可以采取自行开发、外购调试、业务外包等方式。选定外购调试或业务外包方式的，应当采用公开招标等形式择优确定供应商或开发单位
信息系统运行与维护	乌亥公司应当加强信息系统运行与维护的管理，制定信息系统工作程序、信息管理制度，以及各模块子系统的具体操作规范，及时跟踪、发现和解决系统运行中存在的问题，确保信息系统按照规定的程序、制度和操作规范持续稳定运行。 乌亥公司应当建立信息系统变更管理流程，信息系统变更应当严格遵照管理流程进行操作。信息系统操作人员不得擅自进行系统软件的删除、修改等操作；不得擅自升级、改变系统软件版本；不得擅自改变软件系统环境配置。 乌亥公司应当根据业务性质、重要程度、涉密情况等确定信息系统的安全等级，建立不同等级信息的授权使用制度，采用相应技术手段，保证信息系统运行安全有序。 乌亥公司应当建立用户管理制度，加强对重要业务系统的访问权限管理，定期审阅系统账号，避免授权不当或存在非授权账号，禁止不相容职务用户账号的交叉操作